Cambia tu iglesia para bien

brad powell

GRUPO NELSON
Una división de Thomas Nelson Publishers
Desde 1798

NASHVILLE   DALLAS   MÉXICO DF.   RÍO DE JANEIRO

© 2010 por Grupo Nelson®
Publicado en Nashville, Tennessee, Estados Unidos de América.
Grupo Nelson, Inc. es una subsidiaria que pertenece
completamente a Thomas Nelson, Inc.
Grupo Nelson es una marca registrada de Thomas Nelson, Inc.
www.gruponelson.com

Título en inglés: *Change Your Church for Good*
© 2010 por Brad Powell
Publicado por Thomas Nelson, Inc.

A menos que se indique lo contrario, todos los textos bíblicos han sido toma-
dos de la Santa Biblia, Versión Reina-Valera 1960 © 1960 por Sociedades
Bíblicas en América Latina, © renovado 1988 por Sociedades Bíblicas Uni-
das. Usados con permiso. Reina-Valera 1960® es una marca registrada de la
American Bible Society, y puede ser usada solamente bajo licencia.

La cita en el capítulo 4 se sacó de R. Weber, ed., *Biblia Sacra Vulgata*, quartam
emendatum ed. (Stuttgart: Deutsche Bibelgesellschaft, 1990).

Editora General: *Graciela Lelli*

Traducción: *Juan Vásquez Pla*

Adaptación del diseño al español: *www.Blomerus.org*

ISBN: 978-1-60255-424-5

Impreso en Estados Unidos de América
10 11 12 13 14 BTY 9 8 7 6 5 4 3 2 1

A Roxann, mi compañera de la vida y del ministerio: gracias por hacerme mejor en ambas áreas. Sin tu apoyo, tu ánimo, tu inversión y tu amor, mi vida y mi ministerio se verían en blanco y negro en vez de en vivo y a todo color. Gracias por haber dicho «Sí». Y a mis hijos: ustedes llenan mi vida de gozo y significado. Los amo.

Elogios para
Cambia tu iglesia para bien

¡Cambia tu iglesia para bien es un libro excelente! Las verdades y los principios que Brad ofrece en esta obra se pueden aplicar a cualquier iglesia, ministerio, pastor o líder que sea parte de una transición que vaya desde donde está hasta donde Dios quiere que esté… pero sin componendas. El libro provee inspiración, ayuda práctica y esperanza… ¡y es un «hay que leerlo» para la iglesia de hoy!

—**John C. Maxwell, escritor, orador y fundador de los Servicios de Mayordomía INJOY y de EQUIP**

Creo que la iglesia es la esperanza del mundo y que su futuro está en las manos de los líderes. Una de las mayores necesidades de los líderes eclesiásticos es aprender el arte de liderar una transición. Brad Powell y la Iglesia de NorthRidge han elevado a un nuevo nivel el arte de esa clase de liderazgo. Recomiendo inequívocamente el ejemplo de Brad y de su iglesia.

—**Bill Hybels, pastor titular, Willow Creek Community Church**

Brad Powell sabe lo que se necesita para alcanzar a la gente en el siglo veintiuno. Su libro, *Cambia tu iglesia para bien,* te estremecerá, te abrirá los ojos y te conmoverá el alma.

—**Dr. Jerry Falwell, fenecido ex canciller y rector de Liberty University, en Lynchburg, Virginia**

Todo líder que dirige la transición en una iglesia, no importa su tamaño, los años de establecida, la ubicación o el estilo, sabe que está frente a uno de los retos más grandes. En *Cambia tu iglesia para bien,* Brad Powell no solo equipa a los pastores para que lideren a sus iglesias en el proceso de transición, sino que también los inspira, y se identifica con ellos, por medio de la admisión sincera de los errores que cometió y de las dificultades que enfrentó, como un líder nuevo que intentaba resucitar a una congregación moribunda. Necesitas leer este libro si sueñas con ver que tu iglesia se transforme en una comunidad en donde las personas encuentren a Dios.

—Linda Lowry, editora de la revista *Outreach*

He conocido a Brad Powell desde que llegó a la Iglesia Templo Bautista en Detroit, Michigan, y empezó a ministrar en ella. He visto muchos cambios, todos para bien, que han traído renovación y crecimiento a la iglesia que ahora se llama NorthRidge. Brad tiene sus pies en la Palabra de Dios, pero su corazón se apega al cumplimiento de la Gran Comisión, a pesar de los cambios en la sociedad. Sugiere un sinnúmero de maneras extraordinarias de implementar la Gran Comisión en la iglesia estadounidense. Que Dios use este libro para su gloria.

—Elmer L. Towns, vicerector y decano de la facultad de religión de Liberty University, en Lynchburg, Virginia

Brad Powell ofrece esperanza sin exageración para todos los líderes que deseen hacer en sus iglesias la transición hacia una situación nueva, fresca, vibrante y saludable. Su liderazgo en la Iglesia de NorthRidge representa un modelo transferible que te animará a guiar a la iglesia a través de un cambio positivo.

—Dan Reiland, pastor ejecutivo de Crossroads Community Church, en Lawrenceville, Georgia

Me he mantenido estudiando y analizando la iglesia y su crecimiento durante toda mi vida adulta. La iglesia necesita desesperadamente cambiar sus métodos de ministrar para que se pueda sumergir en la cultura sin comprometer la verdad de Dios. No conozco un modelo más exitoso para tal fin que el del pastor Brad Powell y su Iglesia de NorthRidge. Los líderes y las iglesias deben aprovecharse de las lecciones y las ideas nuevas que Brad ha aprendido por medio de la transición en NorthRidge.

—John Vaughan, *Church Growth Today*

Contenido

Reconocimientos

Nadie es líder (o escritor) por sí solo. Lo cierto es que me he apoyado en los hombros de muchos. Las palabras de este libro fluyen de mí pero, en última instancia, soy el producto de la inversión que otros han hecho en mí por medio de la enseñanza, lo que han escrito, el ejemplo y el apoyo. A ellos les debo mi profunda gratitud. Me siento privilegiado y a la vez agradecido por haber tenido gente tan noble que invirtiera en mí.

Deseo también reconocer a aquellos en nuestro mundo que necesitan desesperadamente ver a Jesucristo y descubrir su esperanza… He escrito este libro para ellos. Oro que Dios lo use para ayudar a muchas iglesias a llegar a ser lo que Él quiere que sean: un reflejo claro y convincente de su amor y su verdad… la esperanza del mundo.

Por último, reconozco con amor y gratitud a la familia de mi Iglesia de NorthRidge, especialmente a aquellos que, mientras enfrentábamos pérdidas considerables, escogieron recorrer conmigo el camino del cambio. De verdad que ha resultado ser «un cambio… para bien».

Introducción

Las iglesias se mueren… ¡pero hay esperanza!

L a iglesia había sido edificada con el profundo deseo de honrar a
Dios y ayudar a la gente. Había sido hermosa: el edificio de pie-
dra blanca con una cruz que remontaba el campanario podía verse a
kilómetros de distancia. Hubo un tiempo en que ese edificio se erguía
encumbrado como faro de luz y símbolo de paz. Pero algo horrible le
había acontecido. El edificio terminó abandonado y con las puertas
condenadas, símbolo del desencanto y de sueños hechos pedazos.

Como era típico de muchas de las viejas iglesias, en su patio se
ubicaba un cementerio. Pero en este había una lápida que no era
típica. ¡Habían enterrado la iglesia! La losa decía:

IGLESIA LUTERANA EMANUEL

1906—1963

Se supone que la iglesia sea un lugar que evidencie el poder de la
resurrección de Jesucristo, en el que la gente encuentre vida y esperanza. Que venza la muerte y la destrucción, y no que sucumba ante
ellas. Pero esta iglesia había sido enterrada. Y se supone que no debía
ser así. Eso no encajaba con lo que Jesús dijo en Mateo 16.18: «Edificaré
mi iglesia; y las puertas del Hades no prevalecerán contra ella».

Uno no siempre se encontrará con la cruda sinceridad de la gente
de la Iglesia Luterana Emanuel, sin embargo muchas iglesias están
muertas o están agonizando. No están alcanzando a la gente para
Cristo, ni lo han hecho desde hace mucho tiempo. Son congregaciones
que envejecen y menguan año tras año. Aun cuando los que las consti-
tuyen sean personas sinceras y que las amen, son congregaciones que
parecen no poder ofrecerles nada de valor a los de afuera. Puede que

todavía no hayan grabado su propia lápida, pero las señales de vida se están debilitando rápidamente, si es que todavía existen.

Como consecuencia, hay multitudes de personas que abandonan la idea de asistir a la iglesia. Y, para ser honestos, hay muchas que no merecen que se asista a ellas. Comparado con todo lo otro que las personas pueden escoger hacer con su tiempo, algunas iglesias francamente resultan de segunda categoría, están por debajo de la norma, son de inferior calidad. Es cierto que ellas poseen la verdad más profunda y transformadora de vida que el mundo jamás haya conocido, pero la manera en que muchas la presentan resulta superficial y aburrida. Esto ha llevado a un sinnúmero de personas a concluir que la iglesia no tiene nada que ofrecer. Si no va a animarlas, fortalecerlas, inspirarlas, beneficiarlas y llenarlas de esperanza, ¿por qué asistir? No necesitan añadir a su programa semanal la deprimente experiencia de asistir a la iglesia cuando ya tienen suficientes trastornos en la vida. A la luz de la realidad negativa de muchas de las congregaciones de nuestro día, ¿quién puede culpar a la gente por tomar la decisión de mantenerse lejos?

Hablemos la verdad

La mayoría no espera que un pastor esté escribiendo esto, especialmente alguien que está tan comprometido con la iglesia y que la ama tanto como yo. A muchos, todo esto probablemente les suene más a irreverencia que a devoción. Sin embargo, lo estoy escribiendo para que todos lo sepan. ¿Por qué?

Tengo que reconocer la verdad porque creo en ser honesto y enfrentar la realidad. Nos guste o no, la mayoría de las personas se sienten de esa manera en cuanto a la iglesia en general, y a la suya en particular. Si eres honesto, es probable que te sientas de esa manera aun cuando quizá nunca lo expreses francamente. Permíteme aclararte que esto no te hace más malo que nadie. Lo que significa es que piensas que la iglesia se ha vuelto irrelevante, intratable y sin sentido. Y, triste es decirlo, por lo regular estás en lo correcto.

Aunque algunos te llamen blasfemo por ser honesto, como lo han hecho conmigo, no lo eres. Hablar la verdad no es blasfemar. Honra a Dios. (¿Has oído acerca de los Diez Mandamientos?) Si bien parece un atrevimiento evaluar objetivamente las iglesias, lo que se hace es desenmascarar el problema. Los cristianos y las iglesias están atesorando y valorando cosas equivocadas, y hasta se pelean por causa de ellas. Al hacerlo, se parecen más a los religiosos fariseos que a Jesús mismo. Los fariseos lo resistieron y terminaron rechazándolo. ¿Por qué? Porque Jesús, al propagar la verdad de Dios, ayudar al sufrido, sanar al enfermo y proveer esperanza para el que no la tenía, estaba trastocando las tradiciones que los fariseos atesoraban y valoraban, y eso los indignaba.

En Mateo 15.2-3 encontramos un ejemplo de esta triste y destructiva realidad. Los fariseos le preguntaron a Jesús: «¿Por qué tus discípulos quebrantan la tradición de los ancianos? Porque no se lavan las manos cuando comen pan». Y Él les respondió: «¿Por qué también vosotros quebrantáis el mandamiento de Dios por vuestra tradición?»

Lo mismo sucede hoy. Al igual que los fariseos con Jesús, algunos cristianos atacan y condenan a otros sencillamente por decirles la verdad sobre la condición actual de la iglesia, y por tratar de hacer algo para cambiarla. Los fariseos se equivocaron. Y lo mismo hacen estas personas hoy. Están desubicadas respecto a lo que aman y a lo que los apasiona, prefiriendo las tradiciones antes que la verdad. Pero que esto no nos impida seguir el ejemplo de Jesús. Nosotros seguiremos «la verdad en amor» (Efesios 4.15).

Por supuesto que hablar de Jesucristo de manera crítica *sería* ofensivo. El carácter y las enseñanzas de Jesucristo son el único cimiento firme para nuestras vidas. Como lo dice en Mateo 7.24, 26: «Cualquiera, pues, que me oye estas palabras, y las hace, le compararé a un hombre prudente, que edificó su casa sobre la roca. Pero cualquiera que me oye estas palabras y no las hace, le compararé a un hombre insensato, que edificó su casa sobre la arena». Igualmente insensato sería denigrar o ignorar el valor y el rol definitivo de la iglesia. Después de todo, Cristo amó a la iglesia y se entregó a sí mismo por ella (Efesios 5.25). Él ha prometido edificarla, y ella es la única fuerza en la tierra capaz de prevalecer en contra de los ataques del infierno contra la vida de las personas (Mateo 16.18).

> **Los cristianos y las iglesias están atesorando y valorando cosas equivocadas, y hasta se pelean por causa de ellas.**

Aun así, sería contrario a la Biblia que vaciláramos en ofrecer un juicio honesto sobre la manera en que las iglesias locales puedan estar viviendo o no a la altura de la tarea que Dios les ha dado. La Primera y la Segunda Carta a los Corintios se dedican casi exclusivamente a la tarea de corregir a los creyentes de Corinto que estaban arruinando la iglesia. Poniéndolo en mi propio idioma, un buen resumen de lo que Pablo estaba diciendo en estos dos libros de la Biblia sería: «¡La iglesia de ustedes es de segunda clase, de inferior calidad y engañosa! Ni siquiera se acerca a lo que Dios quiso».

Si una iglesia es:

aburrida, irrelevante y trillada,

y habla de amar a los que están espiritualmente

perdidos pero no hace nada por alcanzarlos,

sino que vive para la tradición a expensas de la verdad,

a la vez que exhibe agudos conflictos y falta de amor,

y habla más del dinero y de los presupuestos

que de la transformación de la vida

y del ministerio,

dando mucho para misiones en el extranjero pero sin

una misión propia,

más preocupada por la limpieza de las alfombras que por las vidas arruinadas y quebrantadas,

que busca la comodidad antes que el sacrificio,

que celebra el ayer y se lamenta del presente,

que se enfoca exclusivamente en el más allá y no en el aquí y ahora,

que suaviza el pecado de la gente en vez de ayudarla a entender su poder destructivo,

que juzga a las personas por sus fracasos en vez de ayudarlas a encontrar el perdón de Dios,

que condena a otras iglesias por lo que están haciendo aunque ella misma no haga nada,

que siente gran desdén hacia las que son diferentes,

que trata a la iglesia más como un museo que como un ministerio de actualidad…

esa es *una iglesia en ruinas*. No es lo que Dios quiso que fuera.

Puede que sea culpa tuya o no… pero, posiblemente, si eres cristiano, algo de ella deberás aceptar. Después de todo, la iglesia no es un edificio, un programa, una tradición, una denominación, un pastor, una junta, un comité, ni nada por el estilo. La iglesia es la gente, la familia de Dios. Una iglesia particular no es otra cosa que el reflejo de los que asisten a ella. Cada congregación refleja las ideas y los principios que los que asisten valoran y aprecian sinceramente. Si valoran la tradición, la iglesia se enfocará en la tradición. Si valoran las instalaciones, el enfoque primario va a ser en el edificio. Si valoran cierto estilo de música o de predicación, se concentrarán en esas cosas. Si valoran el reducido y cómodo ambiente que los protege del mundo, ese será el cuadro presentado por la iglesia. Si valoran la política, su enfoque será político.

> **Una iglesia particular no es otra cosa que el reflejo de los que asisten a ella.**

La iglesia, con todo y lo que el liderazgo pueda influenciarla, es en última instancia una expresión de lo que la congregación valore y esté dispuesta a defender o rechazar. Te hayas percatado o no, si eres creyente, juegas un rol importante en la formación de la iglesia. Por tanto, el nivel de tu participación o no participación, según sea el caso, contribuye a determinar el carácter, la calidad y la dirección de la iglesia. Eso hace que precisar lo que personalmente atesoras, valoras y defiendes sea tan esencial como determinar el rol de los líderes de la iglesia para hacer de ella lo que es hoy. Todos los creyentes deberán decidir hacerse parte de la solución.

Amamos y aborrecemos a la iglesia

Admitir que tu iglesia es ineficaz no indica de modo alguno que no la ames. En efecto, es muy posible que indique que la amas inmensamente. Y debes saber que no eres el único. Hay muchos que aman y aborrecen a la iglesia a la misma vez. Puede que esto parezca incongruente, pero no lo es. Piénsalo. Todos experimentamos estas emociones contradictorias. Por ejemplo, a mí me gusta y me disgusta mi casa a la misma vez. Me encanta lo cómodo que me siento en ella. No hay nada como llegar a casa después de haber estado afuera. Pero, a la misma vez, aborrezco todo el trabajo que ella requiere de mí. De la misma forma, muchos sienten afecto por la historia, el aspecto familiar, la gente, las tradiciones, la localización y los recuerdos de sus iglesias. Pero aborrecen que los servicios sean aburridos, irrelevantes y predecibles. Les disgusta que la iglesia haya dejado de inspirarlos. Que no esté alcanzando a nadie, ni que esté distinguiéndose de manera significativa en el mundo. Les molesta que ya no deseen invitar a sus amigos. Aborrecen tener que arrastrar a sus hijos pequeños a la iglesia en medio de llantos y pataleos. Detestan que cuando sus hijos se hacen adultos abandonen la iglesia. Aborrecen que su congregación parezca más un museo que una iglesia.

Recibí el siguiente correo electrónico de una persona que, sin duda, está lidiando con este asunto. Me escribió así:

> He sido testigo de cómo, cada uno de mis hijos cuando han crecido, se han ido de la iglesia. Oran y todavía creen, pero no le encuentran valor a la grey. Pienso que estoy empezando a entender la razón. La iglesia les es irrelevante. Soy líder en una de ellas y estoy a cargo de un estudio bíblico hogareño los domingos en la noche. La iglesia, en su mayoría, está compuesta por personas mayores, que son las que principalmente la sostienen… Oro que Dios me use para traer nuevas familias que le sirvan, pero nada sucede.

Este hermano representa a muchas personas. Se encuentra decepcionado y desanimado con su iglesia, aun cuando la sigue amando.

No quisiera aceptarlo, pero es así como me sentí con las iglesias que he pastoreado cuando llegué por primera vez a ellas. Algunos de los que están leyendo este libro en estos momentos son pastores o líderes. Permítanme reanimarlos. No son los únicos que piensan así respecto a la iglesia. Mi esposa y yo hemos comentado en el pasado que, si no hubiéramos sido pastores de esas iglesias, jamás habríamos asistido a ellas. Si eres un pastor o un líder que te sientes así, no hay nada malo contigo. Lo cierto es que *hay algo bueno*. A ti te importa lo suficiente la iglesia como para ser honesto en cuanto a su condición y estás buscando desesperadamente respuestas y salidas para cambiarla. Creo de corazón que este libro puede ayudarte. No estás leyéndolo por pura casualidad.

Por supuesto que hay personas que aborrecen la iglesia… y sin amarla. Muchas de ellas son aquellos niños que lloriqueaban y pataleaban cuando estaban allí. Muchos, jamás han regresado. Si eres uno de ellos, lo entiendo. Así me crié yo. ¡Odiaba la iglesia! Apasionadamente. El hecho de que mi familia me obligaba a ir, solo añadía combustible a un fuego que ya ardía sin control. Por desdicha, mis pasiones me llevaron a tomar decisiones equivocadas.

En una ocasión, siendo adolescente y yendo camino a la iglesia vestido con mi ropa de domingo, salté del automóvil de la familia y salí corriendo en busca de libertad. Claro que me alcanzaron. Mi gran escapada no me trajo otra cosa que una mayor amargura. Recuerdo que me siguieron obligando a ir a la iglesia, pero ahora con el agravante de tener que sufrir la ira de un papá avergonzado y disgustado.

¿Por qué las personas menosprecian la iglesia?

¿Qué podría hacer que una persona, sin importar la edad, desdeñe la iglesia a tal grado? En mi caso, habían dos razones principales que recrudecían mi desprecio, y pienso que es lo mismo con otras personas.

La primera razón era un problema personal. Yo no tenía interés en Dios, ni en otros, ni en la eternidad. Estaba embelesado conmigo mismo. Estaba solamente interesado en el momento presente y en cómo disfrutarlo. La Biblia habla sobre esta clase de actitud miope y egoísta… pero las iglesias a las que asistía no me comunicaban la Escritura de forma que pudiera entenderla y aplicármela. En Lucas 12.16-21 Jesús relató la historia de un hombre rico que gastaba todos sus bienes viviendo para los placeres del momento, sin invertir nada en los demás. Pero murió de repente. Y Dios lo llamó necio por haber despilfarrado su vida en lo pasajero antes que invertirla en algo con significado eterno.

Ese era yo. Y puedes ser tú. Pero el problema es que centrarnos en nosotros mismos nos impedirá lograr la realización que estamos buscando, la que solo Dios nos puede dar. Nos dejará, en última instancia, vacíos y resentidos. Aunque sientas que la iglesia no tenga nada que ofrecerte, te animo a que extiendas tu mirada. Tú sabes que uno no encuentra lo que está buscando cuando vive sin Dios. Te animo a que empieces a buscar tu realización donde yo la encontré, en una relación personal con Dios.

La segunda razón de mi menosprecio era un problema de la iglesia. Estoy seguro de que las personas encargadas de los servicios y los programas los diseñaban con sinceridad, pero lo cierto es que todo lo que tuviera que ver con la iglesia me resultaba irrelevante. No captaba la cultura de la iglesia, ni su lenguaje, ni sus razonamientos, ni sus puntos. Me parecía un club con sus saludos, contraseñas, códigos y lenguaje secretos. Parecía como si uno nunca hubiera asistido a la clase en la que se explicaban estas cosas. Para mí, la iglesia era un lugar que valoraba solo a los de adentro. Yo era uno de afuera y, por lo tanto, no era bienvenido… aun cuando el rótulo enfrente del templo dijera lo contrario. La realidad era que las acciones de la congregación hablaban más fuerte que las palabras. De hecho, y por razón de esas acciones, decidí que sus palabras eran tanto baratas como vacías.

Pienso que eso es cierto con muchas personas hoy en día. Les encantaría amar a Dios… si fuera real. Están interesados en el perdón, el propósito, el amor y la esperanza… si es que estas cosas estuvieran realmente disponibles. Pero han investigado la iglesia y no encuentran con qué relacionarse. En consecuencia, han concluido que, si Dios es real, por alguna razón no quiere o no puede relacionarse con ellos. Esto hace que piensen que Dios los está rechazando.

El primer problema causante de mi menosprecio de la iglesia se resolvió cuando descubrí la realidad de Dios en mi vida. Descubrí no solo que Dios era real sino que tampoco me rechazaba. Él no rechaza a nadie. Era yo quien lo rechazaba por causa de mi enfoque egoísta en el placer y el logro personal. Pensaba que se me escondía, pero estaba equivocado. Yo me escondía y Él me buscaba. Por desdicha, no fue en la iglesia donde descubrí esa realidad. Como explicaré más adelante, la hallé en una actividad no eclesiástica. Fue, sin duda alguna, el más grande descubrimiento de mi vida, por medio del cual me ha llegado todo lo que ahora valoro y disfruto, pero cuán triste ha sido que no pude descubrir la realidad de Dios en la iglesia.

Enfrentar el segundo problema, el de que demasiadas iglesias se hayan vuelto irrelevantes para aquellos que más desesperadamente necesitan de Dios, se ha convertido en la misión de mi vida. Hoy soy tan apasionado en mi amor por la iglesia como lo era cuando la aborrecía. Creo que la iglesia es la esperanza del mundo... cuando actúa como debe. Y ahí reside el problema. ¡La mayoría no trabaja así! Esta es la razón por la cual la gente no ve la iglesia como la esperanza del mundo. Más bien la ven como irrelevante.

> **Creo que la iglesia es la esperanza del mundo... cuando actúa como debe.**

Pero hay esperanza, aun cuando esta realidad esté lastimando a muchas personas e impidiéndoles el auxilio, la fe y el encontrar a Dios. La razón por la que el apóstol Pablo escribió dos cartas que identificaban los problemas de la iglesia de Corinto se debe a que hay esperanza aun para las congregaciones extremadamente maltrechas. Pablo lo expresó mejor en Filipenses 4.13: «Todo lo puedo en Cristo que me fortalece». La verdad es que para Dios nada es imposible, aunque para nosotros lo sea (Lucas 1.37).

Esperanza para la iglesia

En esta introducción he identificado clara y sinceramente varias cosas negativas acerca de la iglesia, aunque este no es un libro negativo. Al contrario, es muy positivo... trata acerca de la esperanza. Sin embargo, así como las personas deben reconocer primero su pecado y su culpa antes de que puedan, con fe, experimentar el perdón y la esperanza, las iglesias deben enfrentar primero sus realidades negativas. Cuando lo hagan, empezarán a abrazar y experimentar un futuro lleno de esperanza. La realidad es que aun la iglesia más irrelevante, aburrida y moribunda se puede volver relevante, sensacional y revitalizada. Después de todo, Dios la identifica como «el cuerpo de Cristo»

(1 Corintios 12.27; Efesios 4.12). La verdad del cristianismo es que, aunque Cristo murió, ahora vive. Por ello, una iglesia muerta es una contradicción.

Por tanto, la iglesia volverá a existir como la esperanza del mundo si les quitamos el candado a las puertas de nuestros templos; si la liberamos de las cadenas de hechura humana constituidas por tradiciones, terminología y métodos, a fin de que podamos empezar a comunicar y demostrar el amor de Dios y su verdad de un modo que la gente de hoy lo entienda.

Como te enterarás en el presente libro, esta es la historia real de la iglesia que ahora pastoreo. En nuestra marcha de lo irrelevante a lo relevante, de las ataduras de la tradición a la libertad de la verdad de Dios, de lo enfermizo a lo saludable, de lo moribundo a lo vivificante, hemos aprendido muchísimo... en su mayor parte a la fuerza. Dios nos ha permitido experimentar nuestra transición con el fin de que proveamos asistencia y esperanza para los cristianos que saben que algo está desesperadamente mal con su iglesia; para los pastores, líderes y congregaciones que quieren cumplir de nuevo el propósito de Dios en el mundo; y para los escépticos e indagadores que, lo sepan o no, están buscando con desesperación a Dios y su esperanza... lo cual significa que necesitan con urgencia una iglesia que funcione bien. Es cierto que muchas de ellas están muertas o se están muriendo, pero también lo es que no tienen que permanecer así. En este libro demostraré tanto la posibilidad como la manera en que las iglesias pueden lograr la transición de lo que son a lo que pueden y deben ser. Tu iglesia puede cambiar exitosamente, *sin entrar en concesiones*. La que tengo el privilegio de pastorear hoy, aunque no es perfecta, vive conforme al propósito que Dios le ha establecido: ser la esperanza del mundo. Como notarás en el primer capítulo, la situación no fue siempre esa. Pero creo que toda iglesia tiene el mismo potencial.

Continúa leyendo, y descubre lo que has estado buscando: esperanza... para ti y para tu iglesia.

Aquí está la iglesia

El fracaso no fue final

Si ocurre aquí, puede ocurrir en cualquier sitio

Me sentía destruido. No era como me lo había imaginado. Pensaba que sería ese nuevo y eficiente pastor que, montando un caballo blanco, salvaría a la iglesia. La iglesia no estaba bien y yo la iba a arreglar. Pero habían pasado dos años y no había mejorado; es más, todo el esfuerzo me había dejado exhausto, sin ánimo y derrotado.

Había trabajado más arduamente que nunca, pero sin resultados. No lograba arrancar. La iglesia parecía estar en peores condiciones que cuando llegué. Aun cuando sucedieron algunas cosas buenas, continuaba descendiendo… y en todas las áreas. Tanto la asistencia como las actitudes eran negativas, nada parecía poder cambiar la situación. Fue en ese momento que se me hizo plenamente claro que carecía del caballo blanco. De hecho, en más de una manera, parecía que el problema era yo. Y lo era.

Fue durante ese tiempo que Dios me hizo ver que había estado dirigiendo su iglesia como si hubiera sido «mi» iglesia. Había estado guiando la gente a mí… en vez de a Él. Había estado tratando de cambiar la iglesia por la fuerza de mi personalidad, pero no me estaba funcionando. No demoré en identificar un par de razones. La primera fue que el tamaño de esta iglesia era demasiado grande para que una sola personalidad pudiera impactarla positivamente. Aunque gastaba cada chispa de energía buscando infundir pasión y entusiasmo en esa iglesia, no le estaba haciendo mella. La segunda razón era que mi personalidad no le asentaba bien a la iglesia. La congregación estaba acostumbrada a pastores de mayor edad, refinados y serios. Yo era joven, inoportuno y divertido. En lugar de atraerlos, los repelía. Las cosas no lucían bien.

Quise ver eso con otra perspectiva y decidí tener un breve retiro espiritual asistiendo a una conferencia eclesiástica. Necesitaba un respiro pero, aun más, necesitaba desesperadamente oír a Dios. A mitad del evento, en lugar de la sesión programada, se incluyó un tiempo de adoración. En otras circunstancias eso me habría importunado. Por lo regular me gusta recibir tanta información como sea posible. Pero en esa ocasión la adoración fue exactamente lo que necesité.

Dios usó ese momento para revelárseme *y* para revelarme mi problema. Nunca me había encontrado en una situación así. No sabía qué hacer. No tenía las respuestas. Me sentía miserable y fracasado. Y, aunque me era difícil admitirlo, el problema era conmigo. Pensaba que lo podía hacer todo, sin que importara el lugar ni el momento. Dios me aclaró que *esa* era la razón de mi fracaso. Estaba tratando de dirigir a la iglesia sin tomarlo a Él en cuenta. Aunque Él era el único que podía edificarla, lo estaba manteniendo fuera. Cuando lo reconocí, fui quebrantado. Falté a la mayor parte de lo que restaba del evento para poder dedicar tiempo sobre mis rodillas delante de Dios y de su Palabra. Ese fue un momento decisivo en mi ministerio. Al fin, solo en el cuarto del hotel, fui desnudado de la autosuficiencia que me estaba impidiendo experimentar la plenitud de la presencia, el poder y las promesas de Dios. Gracias a este quebrantamiento me estaba volviendo el hombre que Dios por tanto tiempo me había estado pidiendo que fuera… un genuino líder espiritual.

Dirigir desde abajo

Llegué a esta iglesia a la edad de treinta y dos años y en mis mejores condiciones, o por lo menos así pensaba. Lo cierto era que estaba en el fondo. Me tomó dos años de fracasos entender que me era imposible cambiar exitosamente la iglesia debido a que me era imposible cambiar los corazones de la gente. Solo Cristo podía hacerlo. Aprendí que la única manera de poder dirigirla eficazmente durante un cambio era desde abajo... reconociendo plenamente mis debilidades y mi incapacidad, y dependiendo completamente de Él. La Biblia lo dice claramente, aun cuando yo lo estaba aprendiendo a la fuerza: «Pero él da mayor gracia. Por esto dice: Dios resiste a los soberbios, y da gracia a los humildes» (Santiago 4.6).

> **Había estado dirigiendo su iglesia como si hubiera sido «mi» iglesia. Había estado guiando la gente a mí... en vez de a Él.**

Me consoló saber que el apóstol Pablo tuvo que aprender esa misma lección.

Y para que la grandeza de las revelaciones no me exaltase desmedidamente, me fue dado un aguijón en mi carne, un mensajero de Satanás que me abofetee, para que no me enaltezca sobremanera; respecto a lo cual tres veces he rogado al Señor, que lo quite de mí. Y me ha dicho: Bástate mi gracia; porque mi poder se perfecciona en la debilidad. Por tanto, de buena gana me gloriaré más bien en mis debilidades, para que repose sobre mí el poder de Cristo. Por lo cual, por amor a Cristo me gozo en las debilidades, en afrentas, en necesidades, en persecuciones, en angustias; porque cuando soy débil, entonces soy fuerte. (2 Corintios 12.7-10)

Como resultado de esa revelación, me arrepentí de mi liderazgo y me comprometí a guiar a la iglesia a Dios, por medio de Él. Al fin, por gracia, estaba preparado para liderar, aun cuando la iglesia a la que había sido llamado a liderar probaría esa preparación una y otra vez.

De Templo Bautista a Iglesia de NorthRidge

La iglesia a la que había sido llamado a pastorear era el Templo Bautista de Detroit, Michigan. Esa congregación gozaba de una herencia increíble. En 1969, Elmer Towns la había incluido en su libro, *The Ten Largest Sunday Schools* [Las diez escuelas dominicales más grandes]. La había dirigido un enérgico e innovador pastor del sur del país que llegó a la iglesia en 1935. La sincronización fue perfecta. Como resultado de la floreciente industria automotriz, se había dado una enorme migración desde el sur hacia el área de Detroit. Los obreros de la industria automotriz dejaban atrás a familiares, amigos, iglesias y su cultura, para trabajar y vivir en el norte del país. Este pastor sureño era el tipo perfecto para alcanzarlos. Se contaban por miles los que aceptaban a Cristo y se afiliaban a esta iglesia de cultura sureña. Era como un pedacito de hogar para ellos. Esto resultó en que la iglesia se convirtiera en una enorme e impactante congregación para su día.

Con el tiempo surgieron ciertos problemas insuperables entre el pastor y la iglesia. En 1950, la iglesia decidió sacarlo de su cargo y sustituirlo por el que era su mano derecha. Este último pastorearía la iglesia por veinticinco años. No era la misma clase de comunicador o innovador como líder, pero administró su ministerio con congruente excelencia y un éxito relativo.

Entonces el mundo empezó a cambiar. El flujo de sureños se detuvo, y la cultura de Detroit comenzó a evolucionar de manera significativa. Como consecuencia, lenta pero persistentemente, el estilo sureño de la iglesia se volvió irrelevante para la cambiante comunidad. La iglesia entró en una larga y dolorosa temporada de declinación. Para la fecha en que fue incluida en el libro de Towns, el Templo Bautista ya estaba en declinación desde hacía quince años. El año 1954 fue el punto culminante de esta congregación. Desde entonces, el descenso fue permanente excepto en dos de esos años.

La declinación empezó de manera lenta, pero con el tiempo el ímpetu de la pérdida se volvió incontrolable. A fin de cuentas, el Templo Bautista perdería el setenta y cinco por ciento de la asistencia y el noventa por ciento de la feligresía. La mayor pérdida se dio en los diez años previos a mi llegada. Cuando llegué, la edad promedio de los que se congregaban era de cincuenta y siete años, había muy pocos adultos jóvenes, y aun menos niños. Era claro que la iglesia enfrentaba un futuro cuestionable, a menos que experimentara un giro sin precedentes. Son muchas las congregaciones que necesitan *algún* cambio pero para, que el Templo Bautista pudiera sobrevivir, la transición tendría que darse de cuantas maneras fuera concebible.

Transición cultural

Nuestra iglesia necesitaba una transición cultural. Era una iglesia sureña de principios del siglo veinte tratando de alcanzar a gente de un área de cultura norteña a fines del siglo veinte. Se tocaban banjos en el sótano, había un órgano en cada salón de clases y los ujieres hacían formación contra la pared trasera del auditorio clavando sus miradas en los asistentes durante todo el servicio de adoración. Todo era sensato para los de adentro, pero era un mundo extraño para cualquiera que viniera de afuera. Si esa iglesia iba a dar un giro tendría que experimentar una transición cultural.

Transición generacional

La iglesia necesitaba una transición generacional. Como ya he señalado, la edad promedio de los feligreses era cincuenta y siete. La iglesia había perdido literalmente dos generaciones de personas y estaba comenzando a perder la tercera. No podía retener a sus propios hijos, menos podía alcanzar a nuevos jóvenes. Si la iglesia iba a poder seguir adelante, tendría que empezar a alcanzar a las nuevas generaciones.

Transición organizativa

El Templo Bautista necesitaba una transición organizativa. La iglesia había sido organizada para apoyar y sostener un ministerio con necesidades y problemas diferentes a los que enfrentaba ahora. En efecto, la mayoría de los problemas los causaba su compromiso con las soluciones del pasado. Era un compromiso con una estructura organizativa que no estaba equipada para suplir las necesidades de una iglesia que se encaminaba hacia el siglo veintiuno. Estaba ajustada para apoyar y sostener una visión que ya no era relevante. Si iba a poder ver una transición, tendría que cambiar su organización.

Transición metodológica

Nuestra iglesia necesitaba una transición metodológica. Los métodos que empleaba eran relevantes para una era que ya no existía. No obstante, se creía que esos métodos representaban la única manera apropiada de ministrar. Con el tiempo, habían permitido que sus prácticas se sobrepusieran a los principios de Dios. Para que esa iglesia volviera a ser efectiva se tendría que hacer lo impensable... cambiar los métodos.

Transición filosófica

La iglesia necesitaba una transición filosófica. Su ministerio se había tornado defensivo antes que ofensivo. Tres décadas cuesta abajo habían hecho que la iglesia dirigiera su ministerio a evitar la pérdida de su propia gente antes que a alcanzar a nuevas personas. Sencillamente se había enfocado en los de adentro antes que en los de afuera. Eso tendría que cambiar si la iglesia iba a sobrevivir y ser eficaz.

Transición espiritual

Por último, nuestra iglesia necesitaba una transición espiritual. El enojo y el conflicto prevalecían en el Templo Bautista. Tras tres décadas de declinación, habían comenzado a acusarse y a pelearse entre sí. Era cierto que había gente maravillosa en la iglesia, pero el amor no era siempre evidente. No se estaba comunicando ni experimentando lo suficiente la luz ni la esperanza. Esa iglesia no estaba funcionando bien en ningún sentido. El ímpetu negativo parecía insuperable. De haber una iglesia que pudiera escribir su propia lápida, esta lo era. Para que sobreviviera se requeriría un viraje milagroso.

Con Dios todo es posible

Ahora, imagínate que yo hubiera llegado pensando que podía salvarla… que podía hacer ese «milagro». Hubiera sido una verdadera necedad. Habría sido como si Moisés se hubiese parado frente al Mar Rojo y pensara que podía dividirlo. Pero con todo y lo necio que eso hubiese sido, no lo era la idea de que la iglesia merecía y estaba lista para liberarse. Después de todo, fue Cristo el que dijo: «Para los hombres esto es imposible; mas para Dios todo es posible» (Mateo 19.26). Moisés era incapaz de dividir el Mar Rojo, Dios no. Y lo dividió. Cuando llegué a esta iglesia, mi problema no era que no creyera que ella podía hacer exitosamente la transición. Mi problema era creerme que *yo* podía hacerlo. Cuando por fin quité de en medio mi yo y la confianza en mí mismo, Dios pudo usarme para hacer lo que siempre había prometido hacer… «edificar la iglesia» (Mateo 16.18). Dios estaba esperando que yo me saliera del medio y confiara en Él.

Nuestra iglesia, que ahora se llama NorthRidge, está experimentando lo que la mayoría había considerado imposible. Somos una iglesia saludable, creciente y culturalmente relevante. La edad promedio de los congregantes es de treinta años. Hemos alcanzado miles para Cristo. Somos casi tres veces más grandes de lo que la iglesia era en su mejor año antes de que empezara a declinar. No estamos atados a prácticas culturales ni a tradiciones obstinadas del pasado. Antes, estamos comprometidos con la vivencia de los propósitos y valores de Dios en el presente. Son muchos los que ahora están experimentando y comunicando el amor, la luz y la esperanza de Dios.

¿Por qué todo esto es importante? ¡Porque le provee esperanza a tu iglesia! Es cierto que hay algunas congregaciones saludables y relevantes en el mundo, pero también lo es que hay muchas más que están enfermas y que son irrelevantes. Es posible que tú seas parte de una, o lo hayas sido. Desgraciadamente, la mayoría de las personas les pierde la confianza a estas iglesias. ¡No lo hagas tú! Dios no lo ha hecho. Nuestra iglesia es prueba viviente de eso.

La realidad es esta: si en nuestra iglesia ocurrió una transición exitosa, también puede ocurrir en la tuya. Si Dios me usó para guiar la transición, ciertamente puede usarte a ti. No importa por lo que tú o tu iglesia puedan estar pasando, la esperanza permanece. A la luz de la resurrección, el fracaso no tiene que ser final, ni para las personas ni para las iglesias. Después de todo, la historia de una iglesia es la historia de las personas.

La realidad es esta: si en nuestra iglesia ocurrió una transición exitosa, también puede ocurrir en la tuya. Si Dios me usó para guiar la transición, ciertamente puede usarte a ti.

Si eres parte de una iglesia que no es lo que debería ser, ora por tu pastor y por los líderes de tu iglesia, anímalos y ofréceles ayuda en el comienzo del camino hacia un cambio sincero y sin concesiones.

> **Cuando llegué a esta iglesia, mi problema no era que no creyera que ella podía hacer exitosamente la transición. Mi problema era creerme que yo podía hacerlo.**

Si eres pastor o líder de una grey estancada o en declinación, te animo a que permanezcas firme. Comprométete a confiar en que Dios te usará para que la iglesia haga la transición hacia lo saludable, lo relevante y lo creciente. Las transiciones exitosas dentro de la congregación son a menudo difíciles, pero siempre valdrán la pena, ya que la iglesia, cuando trabaja bien, es la esperanza del mundo. Si la tuya no está trabajando bien, por favor entiende que hay esperanza. Anímate al máximo por lo que nos ha ocurrido a nosotros, ya que si nos ha sucedido a nosotros, le puede pasar a cualquiera.

Estoy seguro que podrás imaginarte cuántas lecciones valiosas hemos aprendido en nuestra transición… algunas de ellas a pesar nuestro. Una de las razones por las cuales Dios nos ha permitido experimentar una transición tan profunda, y aprender estas lecciones, es que podamos alentar y ayudar a otros líderes y a otras iglesias.

En las páginas siguientes encontrarás las verdades bíblicas y los principios de liderazgo que nos guiaron exitosamente en nuestro camino de cambios sin componendas. Si te ocupas de leerlas y entenderlas, confío en que Dios pueda usarlas para hacer lo mismo contigo y con tu iglesia.

La realidad es esta: si en nuestra iglesia ocurrió una transición exitosa, también puede ocurrir en la tuya. Si Dios me usó para guiar la transición, ciertamente puede usarte a ti.

CAPÍTULO 2

Bien concebida

La esperanza del mundo

El libro de Hechos me fascina. Nos presenta a la iglesia irrumpiendo explosivamente en escena, como si fuera un cuento de hadas. Aunque siempre lo anhelamos, parecía que por primera vez en la historia se daba aquello de que: «y vivieron felices para siempre»; por primera vez parecía una posibilidad real. Era asombroso. Cuando la iglesia irrumpió en escena, el evangelio comenzó a derribar toda clase de muro de separación que el hombre había levantado, y se dio a la tarea de esparcir una clase de amor y de esperanza nunca antes experimentados. Grupos que a través de los siglos habían vivido a expensas del odio mutuo, empezaron a alcanzar con amor a los demás, y a aceptarlos. Esta clase de transformación no se había visto antes, aun cuando se sabía que en el pasado otros rivales habían depuesto sus armas como una cuestión de supervivencia. En la medida en que la iglesia actuó bien durante esos primeros días, las vidas fueron cambiadas, el odio fue superado, el prejuicio fue erradicado, el fracaso fue perdonado, el egoísmo fue atenuado, la compasión fue expandida y la verdadera esperanza, que antes se daba solo en cuentos de hadas, se había hecho una realidad. Las palabras del Señor Jesús, aparentemente imposibles de creer, se convirtieron en una experiencia de carne y hueso en la vida de las personas. Estaban de veras disfrutando de una vida en abundancia (Juan 10.10). En un mundo como el nuestro, solo Dios pudo haber visualizado algo así.

¡Y es así como la iglesia *debe ser*! Cuando te la describen así, ¿no sientes que tu corazón late fuertemente? Si buscas en tus adentros, ¿no es verdad que esta es la iglesia que siempre has querido? Es obvio que la mayoría de nosotros nos hemos conformado con muchísimo menos. Aun cuando creemos en la Biblia, si somos honestos, y a juzgar por nuestra experiencia, la iglesia, tal y como se describe en el libro de Hechos, nos parece un cuento de hadas. Pero no tiene que ser así.

Dios ha diseñado y formado la iglesia para que sea la esperanza del mundo. El Señor Jesús lo hizo demasiado claro en Mateo 5.14, cuando dijo: «Vosotros sois la luz del mundo». Es obvio que en un mundo en el que la gente está perdida en tinieblas, la luz representa esperanza. En Mateo 16.18 Jesús dijo: «Edificaré mi iglesia; y las puertas del Hades no prevalecerán contra ella». Las puertas del infierno no prevalecerán contra la iglesia. Que no se te escape. El Señor nos revela en este pasaje que Él ha venido a cambiar el mundo. El infierno había prevalecido en el mundo desde que Adán y Eva decidieron darle la espalda a Dios. El infierno había impedido que el ser humano pudiera percibir el propósito de Dios para su vida, y le había usurpado su belleza y su potencial (Juan 10.10). Pero ahora eso iba a cambiar. Prevalecería la iglesia y no el infierno.

> **Dios ha diseñado y formado la iglesia para que sea la esperanza del mundo.**

La iglesia derribaría las puertas de la oscuridad y el mal, la muerte y la destrucción, los vicios y las perversiones, el vacío y la soledad, el pecado y la culpa. La iglesia iba a estar en donde los quebrantados pudieran ser restaurados, los desesperados pudieran encontrar sosiego, los atemorizados pudieran descubrir paz, los vacíos pudieran ser llenados, y los heridos por el dolor pudieran experimentar gozo. La iglesia había sido diseñada para ser la esperanza del mundo.

Ahora bien, no hay que ser un científico espacial para reconocer que hay un problema. Por lo regular, las iglesias no viven a la altura de este designio. La esperanza no prevalece en la mayor parte del mundo.

La iglesia es la esperanza del mundo… ¡cuando funciona bien! El problema se puede encontrar en estas tres sencillas palabras: «cuando funciona bien».

¿A qué debe parecerse la iglesia?

Nos evitará confusión si nos ponemos de acuerdo aquí en nuestras definiciones. Cuando escribo acerca de la iglesia en singular me refiero a todos los verdaderos cristianos. La iglesia son los que han reconocido su pecado y su culpa ante Dios, y han confiado completamente en la muerte y la resurrección de Cristo para perdón y vida nueva. A esto se refería el apóstol Pablo en Efesios 5.25-27 cuando escribió: «Maridos, amad a vuestras mujeres, así como Cristo amó a la iglesia, y se entregó a sí mismo por ella, para santificarla, habiéndola purificado en el lavamiento del agua por la palabra, a fin de presentársela a sí mismo, una iglesia gloriosa, que no tuviese mancha ni arruga ni cosa semejante, sino que fuese santa y sin mancha». Todos los cristianos genuinos y la iglesia son una y la misma cosa. Cuando escribo acerca de las iglesias en el plural me refiero a las congregaciones individuales, las que han sido desarrolladas por los cristianos genuinos con el fin de reflejar localmente a Cristo y cumplir su propósito de manera palpable (Romanos 16.14, 16; 1 Corintios 16.19; Hebreos 10.24-25). Así como nuestros cuerpos humanos proveen el medio para que podamos expresar nuestro verdadero ser, a las iglesias locales se les ha diseñado para que sean la expresión física de la sola y verdadera iglesia. Siendo que Dios ha llamado a todos los que forman su sola y verdadera iglesia a ser parte de una congregación local, se puede hablar de ambas como sinónimas. Las iglesias locales han sido concebidas y formadas por Dios para que sean una expresión palpable de todo aquello para lo cual Dios ha llamado a la grey. Por consiguiente, el propósito de Dios para todas las iglesias es que sean la esperanza del mundo.

No es aceptable que las iglesias no estén trabajando bien ya que, sin ellas, no existen opciones permanentes de esperanza en este mundo. Ellas deben reconocer el problema, aceptar la responsabilidad y hacer algo al respecto. Pero para que eso suceda, estamos obligados a saber a qué se debe parecer la iglesia cuando esté trabajando bien.

Viva, no muerta

Dios quiso que su iglesia estuviera viva, no muerta. Romanos 6.4 declara: «Porque somos sepultados juntamente con él para muerte por el bautismo, a fin de que como Cristo resucitó de los muertos por la gloria del Padre, así también nosotros andemos en vida nueva». Una iglesia muerta es una contradicción. En vista de la resurrección, ¿cómo podrías tener un cuerpo de Cristo que estuviera muerto? Tenemos muchas organizaciones muertas que han incluido «iglesia» en sus nombres, pero sin realmente serlo. Las iglesias auténticas no pueden estar muertas. ¡La iglesia vive! Pero hay muchas hoy en día que se asemejan a un funeral. En caso de que no te hayas enterado, el luto terminó tres días después de Jesús morir: Su resurrección lo acortó. Dios llama a las iglesias a compartir con el mundo la emoción y la posibilidad de la vida nueva.

> **No es aceptable que las iglesias no estén trabajando bien. Ellas deben reconocer el problema, aceptar la responsabilidad y hacer algo al respecto.**

Amor, no odio

Dios quiso que la iglesia fuera amor, no odio. Como dice 1 Juan 3.14: «Nosotros sabemos que hemos pasado de muerte a vida, en que amamos a los hermanos. El que no ama a su hermano, permanece en muerte». ¿A cuántas iglesias describe esto? De acuerdo a la Palabra de Dios, sabemos que hemos pasado de muerte a vida, que hemos sido libertados de la prisión de pecado y culpa, porque amamos a otros cristianos. Se supone que la iglesia esté llena de amor, pero muchas están llenas de odio. Y a menudo se llenan de odio por asuntos temporales que nada cambian, lo hacen en nombre de Aquel que amorosamente le pidió a Dios que perdonara a los que lo clavaban en una cruz. Estas iglesias utilizan sus vestíbulos para pedir firmas en contra del más reciente disgusto social, cosa que resulta en un obstáculo para ofrecerle la esperanza de Dios a la gente que está del otro lado de ese asunto político o social, y que son los que más esperanza necesitan. Es obvio que tal conducta hace que la iglesia pierda de vista su propósito definitivo de reflejar a Cristo y su amor por este mundo. Como dijo el Señor en Juan 13.35: «En esto conocerán todos que son mis discípulos, si tuviereis amor los unos con los otros».

Perdonar, no condenar

Dios quiere que su iglesia perdone, no que condene. El apóstol Juan lo aclaró cuando escribió: «no envió Dios a su Hijo al mundo para condenar al mundo, sino para que el mundo sea salvo por él» (Juan 3.17). El ministerio de Jesucristo no fue de condenación. No obstante, muchas de las iglesias que pretenden representarlo se caracterizan por condenar. No en balde hay tantas personas, creyentes y no creyentes, que poco les importa la iglesia. En más de una manera, ella se ha ajustado a la forma nada compasiva de los fariseos que querían que se apedreara a la mujer adúltera (Juan 8.3-11). Jesús hizo lo contrario: con gran compasión, la animó con la verdad de que sus fracasos no tenían la última palabra. Le dijo: «Vete, y no peques más». No fue intencionado que la iglesia reflejara una condenación odiosa y dañina. La iglesia debe ser el reflejo del amor y el perdón sanador de Dios.

Verdad, no tradición

Dios quiso que su iglesia tuviera que ver con la verdad y no con la tradición. En Marcos 7.8 encontramos a Jesús aseverándole osadamente a un grupo de religiosos: «Porque dejando el mandamiento de Dios, os aferráis a la tradición de los hombres». Esos religiosos no eran simples asistentes a la iglesia. Eran maestros y líderes religiosos del tiempo de Jesús, los cuales se habían vuelto más leales a las tradiciones que a la verdad de Dios. Por supuesto que eso explica cómo podían impulsar en nombre de Dios la causa del odio, la condenación, el prejuicio y hasta el asesinato (Lucas 19.47). Sus tradiciones *se habían vuelto* su Dios… aquello que adoraban y para lo cual vivían. Por desdicha, la misma realidad parece estarse infiltrando en muchas congregaciones de hoy. Aunque Jesús, al enseñar y vivir el amor y la gracia de Dios, los contrastó tajantemente, muchos cristianos e iglesias reflejan más a los fariseos que a Cristo.

Sea que estés percibiendo por primera vez cómo debe verse la iglesia, o que seas un veterano en esto, debes saber que Cristo está indignado con los que representan a Dios con un espíritu de odio y condenación. De hecho, esas fueron las únicas personas contra las que Jesús protestó. Fíjate lo que les dijo en Mateo 23.15, 25-28:

> ¡Ay de vosotros, escribas y fariseos hipócritas! porque recorréis mar y tierra para hacer un prosélito, y una vez hecho, le hacéis dos veces más hijo del infierno que vosotros. ¡Ay de vosotros, escribas y fariseos hipócritas! porque limpiáis lo de fuera del vaso y del plato, pero por dentro estáis llenos de robo y de injusticia. ¡Fariseo ciego! Limpia primero lo de dentro del vaso y del plato, para que también lo de fuera sea limpio. ¡Ay de vosotros, escribas y fariseos, hipócritas! porque sois semejantes a sepulcros blanqueados, que por fuera, a la verdad, se muestran hermosos, más por dentro están llenos de huesos de muertos y de toda inmundicia. Así también vosotros por fuera, a la verdad, os mostráis justos a los hombres, pero por dentro estáis llenos de hipocresía e iniquidad.

Me parece obvio que este no es el cuadro que Dios quiere que su iglesia pinte. Él quiere que pintemos el cuadro de la verdad, el amor y la gracia.

Libertad, no esclavitud

La tradición esclaviza a las personas. La verdad las liberta (Juan 8.32). Dios quiso que la iglesia tuviera que ver con la libertad, no con la esclavitud. Gálatas 5.1 dice: «Estad, pues, firmes en la libertad con que Cristo nos hizo libres, y no estéis otra vez sujetos al yugo de esclavitud». Se supone que la iglesia libere a las personas.

Tristemente, al mirar a mi alrededor, veo muchas iglesias esclavizando aun más a las personas. Es para volverse loco. Esclavizan a las personas a los rituales, los reglamentos y las tradiciones. Fuerzan a las personas a ciertos estilos de vida, aunque algunos ni siquiera conocen a Dios, así como sucedía en los días de Jesús. Eso es ridículo. Dios creó un mundo diverso. Que alguien o algo, incluida la iglesia, trate de limitar esa diversidad metiendo a la fuerza a todo el mundo en el mismo molde, deshonra a Dios y despoja a las personas del gozo y de la libertad de alcanzar aquello para lo cual Dios las diseñó. Es como si forzáramos a las personas a gatear cuando se les creó para que caminaran.

Aceptación, no rechazo

Dios quiso que la iglesia tuviera que ver con la aceptación y no con el rechazo. Romanos 15.7 dice: «Por tanto, recibíos los unos a los otros, como también Cristo nos recibió, para gloria de Dios». Ahora bien, es aquí donde muchos cristianos e iglesias en realidad empiezan a perder la cabeza. «Oh», preguntan con piadoso desdén: «¿nos estás diciendo que tenemos que aceptar a todas las personas sin importar lo que crean? ¿Que tenemos que estar de acuerdo con sus preferencias cualesquiera sean?» Luego, en tono condenatorio y arrogante, preguntan: «¿De modo que hay que darlo todo por bueno?»

La respuesta es sencillamente que no. Se supone que aceptemos a las personas como lo hizo el Señor Jesús. La verdad es que Él acogió a la adúltera aun cuando los religiosos lo condenaron por hacerlo. Pero, aunque la acogió, no aceptó su estilo de vida. Le dijo: «Dios te ama, pero aborrece que estés destruyendo tu vida. Vete y no peques más». Y esa gracia cambió su vida (Juan 8.3-11; parafraseado).

La iglesia está diseñada para que refleje la gracia y la tolerancia de Jesús. Pero es triste que muchas dejen de hacerlo. Esto explica que no muchas iglesias estén viendo vidas transformadas. Jesús enseñó y demostró que solo la gracia tiene el poder de cambiar verdaderamente la vida de alguien (Juan 3.16-18).

Deseos, no deberes

Dios quiso que la iglesia tuviera que ver con deseos y no con deberes. Un profundo ejemplo de esto lo provee el apóstol Pablo. Él experimentó problemas horribles en la vida y en el ministerio, como lo describe vívidamente en 2 Corintios 11.23-29.

> En medio de gran trabajo; en un sin número de azotes; en cárceles; muchas veces en peligro de muerte. Cinco veces he recibido cuarenta azotes menos uno de parte de los judíos. Tres veces he sido azotado con varas; una vez apedreado; tres veces he padecido naufragio; una noche y un día he estado como náufrago en el alta mar; muchos peligros en los caminos, en los ríos, peligros de ladrones, peligros de los de mi nación, peligros de los gentiles, peligros en la ciudad, peligros en el desierto, peligros en el mar, peligros entre falsos hermanos; en trabajo y fatiga, en muchos desvelos, en hambre y sed, en muchos ayunos, en frío y en desnudez; y además de estas cosas, el peso que cargo sobre mi cada día: la preocupación por todas las iglesias. ¿Quién enferma, y yo no enfermo?

En vista de todo esto, a Pablo se le preguntaba por qué seguía adelante. Su respuesta era simple: «el amor de Cristo» lo hacía continuar (2 Corintios 5.14). Frente a todos los problemas, solo lo urgía un deseo. Haber ido a la cruz por Él, por Cristo. Su amor lo constreñía.

Pablo había dado muerte a varias personas por el hecho de ser seguidores de Cristo, pero terminó descubriendo su profundo amor y su profunda gracia. En medio de tanto abatimiento, dolor y pérdida, el solo sentido del deber no hubiera sostenido a Pablo. Pero el deseo sí, y de hecho lo sostuvo.

Dios jamás concibió que la iglesia fuera impulsada por el deber; la diseñó para que fuera impulsada por el deseo. El amor es el único móvil que nos continuará impulsando, sin importar lo difícil de las circunstancias. El amor fue lo que llevó a Jesús a la cruz, y es lo que se supone que guíe a la iglesia. Jesús lo hizo claro en Juan 14.15: «Si me amáis, guardad mis mandamientos». La realidad es que Dios preferiría que alguien le diera diez centavos por deseo que un millón de pesos por deber. Sin embargo, en el mundo entero los pastores, las iglesias y los cristianos predican el deber en vez de la gracia. Con razón la iglesia ahuyenta a la gente en lugar de constreñirla.

Transformación, no modificación

La Segunda Carta a los Corintios 5.17 dice: «De modo que si alguno está en Cristo, nueva criatura es; las cosas viejas pasaron; he aquí todas son hechas nuevas». En Cristo, las personas pasan por tal metamorfosis que Dios declara que lo viejo se ha ido y que ahora todo es nuevo.

En la mayoría de los casos, esta no es la iglesia que yo veo hoy en día. Veo iglesias que aceptan y alientan la modificación de la conducta. La manera que se enseña el cristianismo en muchas iglesias hoy hace lucir a Cristo como un simple precursor de los maestros de la autogestión del presente. Cristo, después de todo, fue incapaz de cambiar la vida de alguien. Él solo propuso ciertos hermosos clichés que nos ayudan a pensar más positivamente en medio de nuestras negativas realidades. La manera de enseñar de muchas iglesias te haría pensar que Jesús creó el cliché: «La alegría disimulada es mejor que la verdadera depresión». Redúcelo, después de todo, a lo más básico, y verás que esto parece ser lo que muchos están enseñando. Tal cosa trae como resultado que muchas personas vivan la vida cristiana como una parodia y no como una realidad. Aunque siguen luchando con la misma oscuridad del alma, por fuera lucen considerablemente cristianos. Cristo llamó a eso hipocresía. Y la despreció más que ninguna otra cosa, porque la hipocresía crea la ilusión de que Dios no tiene poder para cambiar verdaderamente la vida de nadie.

La iglesia no debe ofrecer ni aceptar algo menos que la transformación genuina. ¿Qué pasaría si Cristo hubiera salido de la tumba medio paralítico? No pienso que el domingo de resurrección habría sido la celebración que todos conocemos hoy, ¿verdad que no? Piénsalo. «Sí, se levantó de los muertos, pero todavía le están suministrando respiración artificial». ¿Cuánta esperanza piensas que una cosa así traería?

La vida cristiana no trata con la modificación de la conducta. Cada programa de autogestión y cada expositor motivacional ofrecen su propio plan para modificar la conducta. Y puede que creen gran inspiración. Sin embargo, esa inspiración no dura. Por lo general, nuestras realidades humanas terminan doblegándonos. Pero no es así con Jesucristo. Cuando de verdad experimentamos su toque, somos transformados.

La iglesia ha terminado sin valor para muchos debido a que, a la vez que cacarea las promesas de Cristo, provee, cuando más, una insignificante modificación de la conducta. Son muchas las iglesias que, en esencia, están diciendo: «Si puedes ajustarte a un par de normas externas y acomodarte a nuestros estándares, pues únete a nosotros, aun cuando tu corazón siga lleno de oscuridad. Siéntete uno de nosotros. Solo asegúrate que no se sepa que sigues ocultando la oscuridad. Y, claro, asegúrate que contribuyas financieramente. Mientras más des, mejor. Incluso te dedicaremos algún edificio a tu nombre». ¡Con razón tantos piensan que la iglesia ya no tiene importancia!

La iglesia debe ofrecer y esperar un cambio de vida, ni más ni menos. Pienso que las iglesias de hoy no ven vidas transformadas porque no están esperando que las vidas de las personas sean transformadas. Lo cierto del caso es que han perdido la fe en el poder de Dios y su Palabra. Por eso declaran el mensaje de Cristo de manera benigna, sin esperar que las vidas cambien. Así pacifican la conciencia y se evitan frustraciones.

Pero aquí está, desde mi perspectiva, lo que quiero proponer. Nunca debemos rebajar a nuestro nivel el poder de Dios con el fin de protegernos de las frustraciones. Debemos decidir ofrecerle a la gente lo que Dios ha prometido y atenernos resueltamente a las consecuencias. Yo preferiría fracasar de acuerdo a los estándares humanos, ofreciéndole a la gente la esperanza

> **La iglesia debe ofrecer y esperar un cambio de vida, ni más ni menos.**

de transformación que Dios ha prometido, que tener éxito diluyendo la verdad divina e impidiéndoles así que nunca la encuentren. ¿No preferías lo mismo? Yo preferiría fracasar creyendo en las promesas y el poder de Dios que tener éxito aminorándolas. Después de todo, sin fe es imposible agradar a Dios (Hebreos 11.6). Es desafortunado, pienso yo, que tantas iglesias, incluso las que se consideran exitosas, no estén agradando a Dios.

Imagínate cuán distinta habría sido la historia de Moisés si este, con el fin de protegerse de la frustración y el fracaso, hubiera decidido limitar las posibilidades de lo que Dios había prometido. Según Éxodo 14, Moisés, como el líder del pueblo de Dios, se encontraba en una situación imposible. Por cumplir con lo que Dios le había indicado, Moisés había colocado al pueblo de Israel en una situación sin escapatoria. Habían quedado atrapados por la geografía por tres de los cuatro lados. Por desdicha, la única ruta de salida que tenían ahora se encontraba bloqueada por el amenazante ejército de la potencia más grande el mundo… Egipto. El propósito de Egipto era humillar al pueblo de Dios, y a Dios mismo. Moisés, sorprendido por circunstancias que estaban más allá de su control y habilidad, tenía solo dos opciones: declarar la audaz promesa de que Dios los rescataría dividiendo el Mar Rojo o proteger su posición como líder (incluyendo el salario y las prestaciones sociales) al aceptar lo imposible y rendirse a Faraón y al ejército egipcio.

Para añadir al drama y a la dificultad, el pueblo al que Moisés le servía de líder quería, por supuesto, rendirse. «Y dijeron a Moisés: "¿No había sepulcros en Egipto, que nos has sacado para que muramos en el desierto? ¿Por qué has hecho así con nosotros, que nos has sacado de Egipto? ¿No es esto lo que te hablamos en Egipto, diciendo: 'Déjanos servir a los egipcios'? Porque mejor nos fuera servir a los egipcios, que morir nosotros en el desierto"» (Éxodo 14.11-12). El pueblo veía solo lo imposible de las circunstancias. Moisés vio las mismas circunstancias pero, distinto a los demás, también vio al Dios que controla las circunstancias. Así que, sin pensar en la decepción o en el fracaso que pudiera sufrir, declaró con arrojo la promesa de Dios. Éxodo 14.13-14 dice: «Y Moisés dijo al pueblo: "No temáis; estad firmes y ved la salvación que Jehová hará hoy con vosotros; porque los egipcios que hoy habéis visto, nunca más para siempre los veréis. Jehová peleará por vosotros, y vosotros estaréis tranquilos"». Y así fue: Dios se apareció y peleó por ellos, y el pueblo fue salvado. El ejército egipcio fue destruido. El poder y la promesa de Dios fueron vistos y experimentados, y el mismo pueblo que acababa de desautorizar a Moisés, ahora lo celebraba. Pero la verdadera recompensa fue que Dios lo honró. Al igual que Moisés, los cristianos y la iglesia están llamados a creer y proclamar el poder y las promesas de Dios… a cualquier costo. Cuando lo hagan, las vidas serán cambiadas, Dios será agradado, y la iglesia experimentará sus bendiciones.

Auténtica, no hipócrita

Dios quiso que la iglesia fuera auténtica, no hipócrita. La Segunda Carta a Timoteo 3.5 dice que algunos «tendrán apariencia de verdad, pero negarán la eficacia de ella; a estos evita». No obstante, algunas iglesias, con el fin de aumentar la feligresía, toleran la hipocresía. Reciben y aprueban a personas que montan un espectáculo de cristianismo en la congregación, pero que no lo viven en sus vidas diarias.

Esto hace que las personas se distancien de la iglesia o la abandonen. Les decepciona ver a la gente que vive contraria a las enseñanzas de Cristo ocupando cargos de influencia en la iglesia, y que todos lo celebren. Hacen bien en decepcionarse. Porque no son pocas las veces que la iglesia continúa tolerando y promoviendo esa situación. ¡Qué tragedia!

Dios quiere que la iglesia sea auténtica. La iglesia debe ser un lugar en el que los quebrantados vengan y encuentren auxilio, y no un lugar que obligue a la gente a encubrir sus aflicciones, tentaciones, adicciones, faltas y problemas. Debe ser un lugar en el que puedan encontrar gracia y salud. Sin embargo, la clase de persona a la que el Señor Jesús vino a ayudar no se sentiría bienvenida, ni tampoco encontraría gracia en muchas de las iglesias de hoy, por la manera en que las iglesias son estructuradas.

Algo parecido sucedía en los tiempos de Jesús. A los religiosos les importaban poco los quebrantados y los abatidos. Los rechazaban sin misericordia, y le reprochaban a Jesús que los aceptara y los amara. Un día, cuando se le preguntó por qué gastaba el tiempo con gente quebrantada y afligida, respondió de manera

> **La iglesia debe ser un lugar en el que los quebrantados vengan y encuentren auxilio.**

memorable: «Los sanos no tienen necesidad de médico, sino los enfermos. Id, pues, y aprended lo que significa: "Misericordia quiero, y no sacrificio". Porque no he venido a llamar a justos, sino a pecadores» (Mateo 9.12-13). Llama la atención que algunos de los que rechazaban a «los pecadores» no fueran mejores que los rechazados. Solo eran mejores disimulando sus ofensas. Pero el problema era que, no importara cuánto esfuerzo hicieran, los líderes religiosos del tiempo de Jesús no podían esconder de sí mismos, ni de Él, la verdad de su vacío. Es cierto que algunos de los líderes religiosos de la actualidad se satisfacen en encubrir su vacío con una imagen artificial, pero la mayoría de la gente no. Es por eso que hay tanta gente en el mundo que rechaza a Dios y la iglesia. Prefieren mejor ser auténticos en su ruina espiritual que vivir con una máscara.

Relevante, no irrelevante

Dios quiso que la iglesia fuera importante, no irrelevante. La Primera Epístola de Pedro 3.15 dice: «santificad a Dios el Señor en vuestros corazones, y estad siempre preparados para presentar defensa con mansedumbre y reverencia ante todo el que os demande razón de la esperanza que hay en vosotros». En otras palabras, que la iglesia debe responder a las preguntas que la gente hace acerca de la esperanza de Dios. Pero la mayoría de ellas pierden el tiempo respondiendo preguntas que nadie plantea.

La gente que viene a las iglesias en estos días hace preguntas sinceras, de corazón, aunque duras. Interrogantes como las siguientes: «¿Cómo puede haber un Dios que me ame cuando todo el mundo me rechaza?» y, «¿Dónde puedo encontrar esperanza en este mundo de oscuridad?» La iglesia, al igual que lo hizo Jesús, se supone que responda con sinceridad a esas preguntas.

Debe estar claro que la respuesta siempre deberá darse en términos de la necesidad que la gente tiene de Dios. Como dice Colosenses 1.27: «Cristo en vosotros, la esperanza de gloria». Juan, al hablar del Señor Jesús, escribió: «Y conoceréis la verdad, y la verdad os hará libres. Así que, si el Hijo os libertare, seréis verdaderamente libres» (Juan 8.32, 36). En Cristo hay esperanza porque Él ha hecho posible que la gente venza el poder destructor del fracaso y de la culpa. En Él, el fracaso no tiene que ser final. El problema consiste en que muchos cristianos e iglesias condenan el fracaso en vez de compartir la verdad de que, en Cristo, el fracaso no tiene la última palabra. Cosa que asombra, puesto que se sabe que todos los cristianos son en sí unos fracasados (Romanos 3.23).

Con razón la gente evade la iglesia. La verdadera tragedia consiste en que, al fin de cuentas, a Dios se le echa la culpa por el fracaso de las iglesias. Cuando la iglesia no responde a las preguntas que la gente hace, ni aplica la verdad de Dios a los problemas que enfrentan, piensa que no son importantes para Dios. Es obvio que nada puede estar más lejos de la verdad. Como dice 1 Pedro 5.7: «echando toda vuestra ansiedad sobre él, porque él tiene cuidado de vosotros». Pero la iglesia comunica lo opuesto al ser incapaz de, o no estar dispuesta a, atender las luchas, las preocupaciones, las heridas y las cargas con las que la gente lidia. Cuando eso sucede, la gente no tiene otra opción que concluir que la iglesia es una pérdida de tiempo y que representa a un Dios irrelevante.

> **La verdadera tragedia consiste en que, al fin de cuentas, a Dios se le echa la culpa por el fracaso de las iglesias.**

Gente, no lugar

Dios quiso que la iglesia tuviera que ver con la gente, no con el lugar. Hechos 8.3 nos dice que «Saulo asolaba la iglesia, y entrando casa por casa, arrastraba a hombres y a mujeres, y los entregaba en la cárcel». Este pasaje comunica claramente que la iglesia era y es la gente. No se arrastraban las casas; se arrastraban a las personas. No obstante, la mayoría de las iglesias tienden a enfocarse en el lugar más que en la gente.

La grey que tengo el privilegio de pastorear posee hermosos alrededores e instalaciones. Pero la iglesia no tiene que ver con los alrededores o las instalaciones. De hecho, nuestros alrededores e instalaciones no valdrían nada a menos que se utilizaran como medio para proveer auxilio y esperanza para el ser humano.

Es triste que algunas iglesias se preocupen más por sus alfombras que por la gente. Claro que nunca lo dirían, pero es obvio. Mantener las alfombras limpias y protegerlas del deterioro toma precedente sobre las personas. Este es el tipo de iglesia en la que aparecen rótulos de «no» por dondequiera. «¡No entre con comida!» «¡No entre con bebidas!» «¡Prohibido correr!» «¡Se prohíbe esto!» «¡Se prohíbe lo otro!» (Mejor sería que colgaran un letrero que dijera: «¿Qué hace usted aquí?»)

En nuestra congregación, aun cuando nos esforzamos por mantener óptimamente nuestras instalaciones, nunca permitimos que nuestro inmueble cobre precedencia sobre la gente. Por ejemplo, invitamos a las personas que traigan sus bebidas al auditorio para el tiempo del culto. Es más, hemos colocado portavasos en los asientos para una mayor comodidad. Tú no te imaginarías cuántas personas, especialmente los no creyentes, nos han dicho que estuvieron dispuestas a visitarnos porque no tenían que venir en ropa de vestir, y porque podían tomar café al gusto mientras les hablábamos de Dios.

Por supuesto, eso trae problemas. A menudo alguien derrama la bebida en la fila de sillas de atrás. Debido a que el piso de nuestro auditorio es a desnivel, el líquido corre hacia el frente. Todo se convierte en un chiste liviano. La congregación trata de adivinar hasta dónde llegará el líquido. Creo que la marca es de veintitrés filas de sillas. Pero el equipo de limpieza nunca se queja. Saben que la bebida la derramó alguien a quien Cristo ama y por quien murió. La derramó alguien que necesitaba esperanza, y quizá la encontró durante el servicio. Limpiar el derrame de una bebida, o sustituir la alfombra manchada o desgastada, es pagar un pequeño precio a fin de demostrarle a la gente que sufre y que busca, que valen para Dios. Cristo ciertamente pagó un precio mucho más significativo.

Relaciones, no religión

Por último, Dios quiso que la iglesia tuviera que ver con relaciones y no con religión. Jesús, mientras oraba en Juan 17.3, no decía: «Y esta es la vida eterna, que guarden todas las normas y los rituales que la tradición de la iglesia y la jerarquía de la denominación han establecido». De veras que esto se habría parecido más a una muerte eterna que a una vida eterna. Al contrario, lo que Jesús dijo fue lo siguiente: «Y esta es la vida eterna: que te conozcan a ti, el único Dios verdadero, y a Jesucristo, a quien has enviado».

Dios nunca quiso que la iglesia fuera un asunto de guardar reglamentos y rituales, o de preservar tradiciones, liturgias y calendarios. Dios quiso que la iglesia tratara de conocerle y de forjar una relación con Él. Después de todo, y en última instancia, conocer a Dios es lo único que cuenta en la vida. Como dice Jeremías 9.23-24: «Así dijo Jehová: "No se alabe el sabio en su sabiduría, ni en su valentía se alabe el valiente, ni el rico se alabe en sus riquezas. Mas alábese en esto el que se hubiere de alabar: en entenderme y conocerme, que yo soy Jehová, que hago misericordia, juicio y justicia en la tierra; porque estas cosas quiero", dice Jehová».

La meta de la iglesia debe ser, no lograr que la gente se enamore de sus tradiciones, sino que se enamore de Dios. Este es el propósito último de la iglesia. En algún punto muchas de ellas y de los cristianos se han descarrilado. Es por esa razón que hay tantas personas que creen que la iglesia es irrelevante, por lo que la evitan a todo costo. Nuestra meta debe ser que la iglesia viva a la altura de su valía... como la esperanza del mundo. A la iglesia se le concibió bien. El problema consiste en que no se lleva a cabo bien.

> **La meta de la iglesia debe ser, no lograr que la gente se enamore de sus tradiciones, sino que se enamore de Dios.**

CAPÍTULO 3

Pobremente ejecutada

No está funcionando bien

Por mucho que me guste leer el libro de Hechos, el cuadro de la iglesia que presenta rara vez ha sido lo que yo veo hoy. A decir verdad, al ver las congregaciones en nuestro país y alrededor del mundo, noto que no son muchas las que reflejan la iglesia que Dios diseñó. Por lo tanto, es probable que lo que yo estoy viendo sea lo mismo que tú estás viendo. En la mayoría de los casos, las paredes de separación continúan inconmoviblemente en su sitio, y son pocas las señales de aquel amor incondicional, y aquella fe inquebrantable, que caracterizaron los primeros días de la iglesia.

Como lo hemos visto, la iglesia es la esperanza del mundo cuando trabaja bien. La iglesia trabaja bien cuando es todo lo que Dios quiso que fuera. Siendo que la mayoría no lo es, los que componen la iglesia, los auténticos seguidores de Cristo, tendrán que aceptar esta realidad y tomar en serio la responsabilidad dada por Dios de cambiarla. De esto estoy seguro: si eres creyente, Dios te ha dado la responsabilidad de que te asegures que la iglesia está trabajando bien. No importa quién o qué seas en la iglesia (pastor, voluntario, miembro del personal, líder, congregante, no congregante), Dios te hace responsable. La razón es sencilla: te guste o no, *tú* eres la iglesia.

Pero para cumplir nuestra responsabilidad de asegurarnos de que la iglesia funcione bien, tenemos que saber qué está mal. He encontrado que la mejor manera de identificar este problema es por medio de un proceso de eliminación. Debemos identificar todos los posibles problemas para luego determinar cuáles nos pueden estar impidiendo experimentar la iglesia como debe ser.

Dios no es el problema

Empecemos con Dios. ¿Puede Dios ser la razón para que la iglesia no trabaje bien? Claro que son muchos los que culpan a Dios por todos los problemas del mundo. Y puede que esta idea resulte conveniente, pero es insostenible. Dios no es el causante del problema en la iglesia. Para que Dios fuera el causante del problema sería necesario que hubiera cambiado. Y esto es imposible. Él es el mismo hoy y siempre. Hebreos 13.8 clarifica esta realidad: «Jesucristo es el mismo ayer, y hoy, y por los siglos». En otras palabras, su carácter no cambia. Si amaba la iglesia ayer, todavía la ama hoy.

> Pero para cumplir nuestra responsabilidad de asegurarnos que la iglesia funcione bien, tenemos que saber qué está mal.

La pasión de Dios es la misma

A Dios nunca lo han apasionado las alfombras limpias, guardar las tradiciones, cantar los mismos cánticos o matar a la gente de aburrimiento. En 2 Pedro 3.9 descubrimos lo que ha sido su pasión, y siempre lo será: «El Señor es paciente para con nosotros, no queriendo que ninguno perezca, sino que todos procedan al arrepentimiento». Su pasión por alcanzar a la gente es tan intensa hoy como lo fue el día que envió a Jesucristo al mundo.

El propósito de Dios es el mismo

En Lucas 19.10, el Señor Jesús nos dio su propósito: «Porque el Hijo del Hombre vino a buscar y a salvar lo que se había perdido». Su propósito no es proteger la identidad de una denominación, las liturgias, las normas de vestir, los estilos musicales, los métodos y programas de los ministerios, ni algunas traducciones específicas de la

Biblia. Su propósito es buscar y salvar al perdido. Si nos preocupan más esas cosas temporales que su propósito eterno tan claramente expresado, reflejaremos a Jonás antes que a Jesucristo. Jonás fue un hombre a quien Dios llamó para ayudar a los ninivitas a evitar el juicio. Dios le indicó que le hablara a la gente de Nínive acerca de su perdón y su esperanza. Pero esa gente era tan vil y tan contraria a lo que era de valor para Jonás, que no quiso que Dios la perdonara. Quería que Dios los juzgara. El propósito de Jonás era contrario al de Dios, lo cual hizo que huyera de su llamado. Al final obedeció a Dios, pero no sin antes haber sufrido una miserable experiencia en el vientre de un gran pez. El propósito de Dios se cumplió: los ninivitas se arrepintieron y fueron salvos. Con todo Jonás se enojó contra Dios por haber salvado a tan menospreciable gente. Demás está decir que Jonás no obtuvo un «Bien, buen siervo y fiel» de parte de Dios. Y es desafortunado que muchos cristianos e iglesias parezcan seguir a Jonás en vez de a Jesucristo. Pero lo lamentarán, como pasó con Jonás, si no se rinden al propósito de Dios que nunca cambia.

La promesa de Dios es la misma

«Edificaré mi iglesia; y las puertas del Hades no prevalecerán contra ella» (Mateo 16.18). Eso no era una promesa temporal. Es tan relevante y tan válida hoy como lo fue el día que Dios la hizo. Él edificará su iglesia.

El poder de Dios es el mismo

Lucas 1.37 lo reconoce: «Porque nada hay imposible para Dios». Aun así, encuentro que a muchos creyentes, líderes y pastores les es difícil aplicar esta verdad a la iglesia. Muchos creen que la declinación moral, los ataques constantes a la Biblia y al cristianismo, y la generalizada actitud negativa de la cultura hacia la iglesia, han hecho imposible el crecimiento de la grey verdaderamente bíblica. Muchos se burlan de la idea de que Dios pueda traer un avivamiento al mundo de hoy. Esa actitud resulta del esfuerzo por justificar la incapacidad de las iglesias de alcanzar gente, y los que así creen piensan que, después de todo, si alguna está alcanzando gente debe ser porque está comprometiendo la verdad de Dios, o porque la está diluyendo.

Estoy seguro de que, en su mayoría, los que así piensan no se dan cuenta de que están abriéndose a la peligrosa y engañosa mentira de que Dios no tiene poder para edificar su iglesia en un mundo como el nuestro. Habría un sinnúmero de problemas con esta manera de razonar, pero quiero señalar los tres principales.

Primero, *esa manera de pensar se basa en la falsa idea de que nuestro mundo es más difícil de alcanzar que el del tiempo de Jesús.* Nada puede estar más lejos de la realidad. No hay duda de que la idea de alcanzar al mundo del tiempo de Jesús era una aspiración mucho mayor que la de alcanzar al nuestro. El concepto de un solo Dios, que tanto se ha extendido hoy, en aquel tiempo lo sostenía un porcentaje reducido de personas. El apóstol Pablo experimentó de primera mano lo difícil que era presentarle este concepto a un mundo fundamentado en la filosofía politeísta y pagana (Hechos 17.16-34).

El que se careciera de respeto a la vida, y de compasión por el necesitado, por el enfermo y por el débil, al extremo en que se carecía en los días de la iglesia primitiva, no puede compararse en lo más mínimo con el mundo de hoy. Nuestros problemas existen pero, en su mayoría, vivimos en un mundo de luz en comparación con la oscuridad del mundo de entonces. Aun así, la iglesia de Jesucristo cambió aquel mundo.

Segundo, esta manera de pensar *mengua a Dios y su poder.* Es un punto de vista que pinta un cuadro de Dios como débil e incapaz de cumplir sus promesas. La realidad es que no hay cultura o poder en el universo que pueda impedir que Dios cumpla sus promesas. La razón que tuvo el Señor para llevar a sus discípulos a Cesarea de Filipo, un centro de adoración pagana, fue prometerles que «Edificaré mi iglesia», en el corazón mismo de un bastión de Satanás (Mateo 16.18). El

Señor tuvo la confianza de expresar lo que quería que sus seguidores creyeran con certeza. El poder de Dios es más que suficiente para que la iglesia le ofrezca a nuestro mundo la misma esperanza que le ofreció al de entonces. Porque nada es imposible para Dios, creamos confiadamente que, por maltrecha que se encuentre una iglesia, todavía hay esperanza.

Por último, *la presencia de Dios es la misma.* El Señor lo aclaró cuando dijo: «He aquí yo estoy con vosotros todos los días, hasta el fin del mundo» (Mateo 28.20). Él está aquí. Solo que algunas iglesias no reconocen ni reclaman su presencia. La única conclusión razonable es, pues, que aunque hay definitivamente un problema con un sinnúmero de iglesias hoy, Dios no es ese problema.

> **Porque nada es imposible para Dios, creamos confiadamente que, por maltrecha que se encuentre una iglesia, todavía hay esperanza.**

El mensaje no es el problema

Otro blanco frecuente de culpa para los problemas de las iglesias de hoy es el mensaje. Es común que la gente ataque la autenticidad, la relevancia y el poder de la Biblia. Hay quienes piden que se modifique el mensaje a tono con la siempre cambiante cultura. Pero la realidad es que el mensaje de Dios no es el problema.

Es desafortunado que parezca que nadie haya notado esta realidad por la manera que se está cambiando el mensaje de Dios para apelar a la cultura de hoy. Hay predicadores notorios que tienden a dejar de lado los absolutos de las enseñanzas de Jesucristo: esos absolutos que tan necesarios son para ofrecerle esperanza a un mundo perdido, en oscuridad y sin esperanza. Absolutos tales como la pecaminosidad y la culpa de todo ser humano (Romanos 3.23); las consecuencias eternas de la destrucción, la muerte y la separación de Dios en esta vida y en la próxima que trae el pecado (Romanos 6.23); lo esencial que son para el perdón y el nuevo nacimiento la vida perfecta de Cristo, su muerte por el pecado y su resurrección (1 Corintios 15.3-4; 2 Corintios 5.17); Jesucristo como el único camino a Dios (Juan 14.6); y la fe en Cristo como el camino de perdón para nuestros fracasos, la experiencia de vida para la que fuimos creados, y el conocimiento de la esperanza celestial (Juan 3.18; 10.10; Efesios 2.8-10; 1 Juan 5.11-13).

> **Si la iglesia va a ofrecerle esperanza a este mundo, tendremos que presentar fielmente su Palabra.**

La Palabra de Dios es poder divino para transformar las vidas y hacerlas libres (Juan 8.32; Romanos 10.17). Si la iglesia va a ofrecerle esperanza a este mundo, tendremos que presentar fielmente su Palabra. El mensaje de Dios no es el problema, aun cuando un sinnúmero de cristianos e iglesias la soslayen, la cambien y se avergüencen de ella. Como dice Romanos 1.16: el evangelio «es poder de Dios para salvación a todo aquel que cree».

El mundo no es el problema

El mundo tampoco es responsable de que la iglesia no esté funcionando bien, aunque por lo regular siempre le echan parte de la culpa. No es raro oírlo de cristianos sinceros y con buenas intenciones. Es casi seguro que has pensado así… aunque sea en grado mínimo. Por favor, tú sabes que no estoy criticándote ni señalándote. Yo también a veces he permitido que este pensamiento se filtre en mi cosmovisión. El mundo es un blanco fácil cuando hay que defender nuestra incapacidad para alcanzar a la gente. Sin embargo, el mundo no es el problema de la iglesia, nunca lo ha sido.

Como vimos anteriormente en este capítulo cuando discutíamos el poder de Dios, no son pocos los que creen que este mundo está demasiado corroído como para que pueda ser alcanzado para Cristo, y que hacer crecer una iglesia verdaderamente bíblica es algo imposible. Razonan que el mundo se encuentra demasiado ensombrecido y sin esperanza para que un grupo comparativamente pequeño de creyentes lo intervenga con luz y esperanza. Ciertamente entiendo esa manera de sentir. El mundo se encuentra sumido en la oscuridad. Sin embargo, cuando dejamos de un lado la defensa propia y el sentimentalismo, tenemos que aceptar que esta idea, cuando se somete a examen, resulta insostenible.

Piensa en esto: a mayor oscuridad, mayor y más impactante es la luz, por poca sea. La oscuridad de nuestro presente mundo provee una oportunidad aun mayor para que la luz de la verdad de Dios se vea, y su influencia se establezca. No olvides que el mundo tampoco era el más maravilloso de los lugares en el tiempo de Jesús. En los primeros días de la iglesia no era extraño que los seguidores de Cristo fueran perseguidos con violencia, ni que murieran por su fe. Ya a la altura del capítulo ocho de Hechos, unos fanáticos religiosos darían muerte a Esteban por causa de su fe. La persecución que sufrían los cristianos se tornó tan severa que tuvieron que dejar sus casas, sus ocupaciones, su familia y sus amigos para vivir en paz y, en algunos casos, para poder sobrevivir. Fueron desparramados por todo el mundo conocido de su día. A los apóstoles se les perseguía continuamente, y todos y cada uno de ellos, excepto Juan, sufrirían la muerte por su fe en Cristo y el compromiso de edificar su iglesia. Juan se libró de ser echado vivo en una caldera de aceite hirviendo, pero terminó siendo desterrado a una isla que lo alejó de todo lo que amaba.

La gente encuentra difícil reclutar a individuos para el ministerio en este mundo nuestro. ¡Pero imagínate como sería en el de los apóstoles! Puedo imaginarme la conversación. «Mira, debes considerar entrar en el ministerio. Es un oficio con extraordinarias recompensas. Uno puede ayudar a las personas que desprecian a Cristo y que te despreciarán a ti. Alcanzarás a algunos, pero la mayoría pensará que mereces el manicomio. No ganarás mucho dinero. Ni tendrás un lugar que puedas llamar tu casa. Pero el plan de jubilación es excelente. De

hecho, la mayoría de los que sirven a Cristo en estos días se están jubi-
lando a una edad relativamente temprana».

Seamos honestos. Desde un punto de vista terrenal y optimista, no
era fácil vender la idea de seguir a Cristo y vivir para Él. Nerón, uno de
los emperadores romanos, para iluminar sus jardines, acostumbraba
a traspasar con lanza a los seguidores de Cristo, derramarles aceite y
prenderles fuego. Está claro que la iglesia fue edificada en medio de un
mundo difícil y violento. De cara a una inimaginable inmoralidad y
crueldad, la iglesia le ofrecía eficazmente luz y esperanza a su mundo.
La iglesia alcanzaba gente y crecía.

La iglesia es el problema

Siendo que el problema de la iglesia no tiene nada que ver con Dios,
con su Palabra ni con el mundo, la respuesta se reduce a una sola. La
iglesia debe ser el problema… los seguidores de Cristo en sí. Y esto no
representa un fenómeno de la era moderna. Esto, de hecho, me hace
recordar la triste historia de Lucas 9.37-42.

Un abatido padre trajo con desesperación a su hijo espiritualmente
vapuleado y demolido para que los discípulos de Jesús lo sanaran.
Porque había oído de la compasión y el poder de Jesús, se atrevió de
nuevo a confiar. Por desdicha, cualquiera que fuera la esperanza que
tuviera, se estrelló de inmediato contra un peñón de realidades. Jesús
debió habérsele parecido a un charlatán religioso más. Después de
todo, el versículo 40 dice que trajo a su hijo a los discípulos de Jesús
para que lo sanaran, «y no pudieron».

Cada uno intentaría por turno. Pero no pudieron ayudar al
muchacho a pesar de todas las palabras de esperanza y los fervientes
esfuerzos de curación. Y puede que tú estés pensando: «¡Por supuesto!
Solo Jesús tenía el poder para liberar a ese muchacho de aquel tor-
mento espiritual». Pero el pasaje bíblico dice algo diferente. Lucas
9.1-2 dice que: «Habiendo reunido a sus doce discípulos, les dio poder

y autoridad sobre todos los demonios, y para sanar enfermedades. Y los envió a predicar el reino de Dios, y a sanar a los enfermos».

Piensa en esto. El Señor les había dado a los discípulos la autoridad y el poder para sanar a este muchacho y, al hacerlo, revelar el amor, el poder y la esperanza de Dios al mundo que les rodeaba. Sin embargo, es triste decirlo, fracasaron. En retrospectiva, la razón fue clara: buscaban representar al Señor de la manera equivocada y por la razón equivocada. En Mateo 17.19-20, Jesús les dijo a estos discípulos que la razón del fracaso se debió a que habían intentado sanar al muchacho con las propias fuerzas. Querían utilizar al muchacho y sus trágicas circunstancias con el fin de demostrar quién era el más grande (Lucas 9.46-48). Estaban empleando el poder de Dios para competir entre sí. Claro está, fracasaron. Dios resiste a los soberbios.

Si Jesús no hubiera bajado del monte y arreglado la situación, no solo el muchacho se habría quedado espiritualmente destruido y derrotado, sino que la idea de que Jesús ofrecía esperanza genuina hubiera perdido toda credibilidad ante los que presenciaron el fracaso de los discípulos.

Es una tragedia que este sea el cuadro que muchos tengan de la iglesia en nuestro mundo hoy. Muchos se han vuelto a la iglesia en busca de ayuda y esperanza, pero debido a que lo que han encontrado es irrelevancia e impotencia, el mensaje genuino de las buenas nuevas ha perdido credibilidad ante multitudes de personas.

¿Cómo ha podido ocurrir esto? De la misma manera que les ocurrió a los apóstoles. Hemos estado haciendo iglesia de la manera equivocada y por las razones erradas. Hemos estado haciendo iglesia de la manera que nos gusta, que disfrutamos, que queremos. Si somos honestos, reconoceremos que todos estamos queriendo probar que la nuestra es la mejor manera. Al igual que los incapaces discípulos de Lucas 9, estamos compitiendo para ver cuál iglesia es la más grande, y así poder condenar a todas las que lo hagan diferente (Lucas 9.48-50). Se nos olvida que, «Antes del quebrantamiento es la soberbia».

No se supone que la iglesia se trate de nosotros. Hay gente maltrecha que necesita desesperadamente ayuda. Se nos olvida que el mundo dirige su mirada hacia nosotros en busca de esperanza. Se nos olvida

Hemos estado haciendo iglesia de la manera equivocada y por las razones equivocadas.

que somos el único Jesús que algunas personas jamás verán. Se nos olvida que lo que las personas vean y experimenten en nuestras iglesias será lo mejor que jamás verán y experimentarán del Señor. Se nos olvida que se está decidiendo la eternidad. Y en este proceso, se nos ha olvidado que Jesucristo puede edificar su iglesia. Que solo Dios puede transformar verdaderamente a una persona. Sin que hayamos caído

en cuenta, estamos sufriendo la pérdida del poder que Dios nos ha dado para revelarle a este mundo su esperanza transformadora.

Confrontemos las razones

Con todo y lo bien que Dios la concibió, la iglesia no está funcionando debido a nuestra pobre ejecutoria. Si no nos comprometemos a hacer todo lo necesario para mejorarla, nuestras iglesias nunca prevalecerán contra las puertas del infierno.

Son varias las posibilidades por las que nos hemos convertido en un obstáculo para que la iglesia se revele al mundo y le remita esperanza.

Tenemos un problema del corazón

Lo primero es que tenemos un problema del corazón. En Apocalipsis 2.4, el Señor Jesús le dice a la iglesia de Éfeso: «Pero tengo contra ti que has dejado tu primer amor». Por desdicha, esto es cierto en cuanto a muchísimas iglesias. Cuando una congregación pierde el amor y la pasión por Cristo, no puede funcionar como es propio. La iglesia que ha dejado su amor por Cristo empieza a amar y a enfocarse en cosas insignificantes y desprovistas de esperanza para los demás. En vez de amar al Señor con pasión y fervor, la congregación se empieza a apasionar por las instalaciones, las etiquetas denominacionales, los nombres de iglesias, las liturgias, las tradiciones y los estilos de ministerios. Aunque es una experiencia común, perder la pasión del primer amor por Cristo es triste y a la vez peligroso. Es un problema del corazón, el cual impide que la iglesia trabaje bien.

Tenemos un problema de enfoque

La segunda posibilidad se deriva de un problema de enfoque. Como los discípulos de Lucas 9, todos los creyentes tienen la tendencia, sin querer, de volver el centro focal de la vida y el ministerio hacia sí mismos. En Filipenses 2.3-5, Pablo encara de frente este problema: «Nada hagáis por contienda o por vanagloria; antes bien con humildad, estimando cada uno a los demás como superiores a él mismo; no mirando por lo suyo propio, sino cada cual también por lo de los otros. Haya, pues, en vosotros este sentir que hubo también en Cristo Jesús».

Esta medicina es amarga. Después de todo, si somos sinceros, no hay ninguno de nosotros que no sea arrastrado por ambiciones egoístas. Yo tengo que tener maneras de contrapesar todo el tiempo mis propios móviles. Incluso los discípulos lucharon con el orgullo y la ambición. Todos poseemos el mismo motor interno que nos impulsa a enfocarnos en nosotros mismos.

Me anima que el Señor nunca ridiculizara a los discípulos cuando batallaron con la ambición. De hecho, lo que buscó fue sencillamente redirigirles ese impulso. Fundamentalmente, lo que Jesús decía era: «Muchachos, no hay nada malo con las ansias de logro e importancia. Sin embargo, el método que emplean carece espantosamente de virtud. La ambición egoísta no es la manera de ascender en la economía de Dios. Servir a los demás… enfocarse en los demás… esa es la manera de experimentar éxito e importancia verdaderos. Si ustedes aceleran los motores del servicio, nunca lo lamentarán» (Marcos 10.35-45; parafraseado).

La ambición personal destruye la habilidad de la iglesia para revelarle la esperanza de Dios al mundo. La gente de la iglesia compite por poder y mayor influencia. Las juntas directivas riñen con sus pastores. Los pastores compiten con sus juntas. Los principales contribuyentes financieros buscan hacer sentir el peso del poder que los asiste. Los feligreses se oponen a las actividades de la iglesia que no les beneficien directamente. Este es un problema de no poca importancia en la grey, el cual paraliza nuestra habilidad para reflejar, revelar y representar el amor abnegado de Cristo, robándole al mundo la esperanza que la iglesia se supone que deba darle.

> **La mayoría de las iglesias se ha organizado para servir a los intereses y el bienestar de los de adentro en vez de los de afuera.**

La iglesia está hecha para reflejar la actitud de Jesucristo, como continúa revelándonos Filipenses 2. Aunque Él era Dios, no se aferró al reconocimiento que merecía. Al contrario, estuvo dispuesto a asumir el rol de siervo. Estuvo dispuesto a sufrir y a morir, sin merecerlo, a fin de proteger a los que merecían sufrir y morir. Esto es congruente con lo que Él enseñó, ya que su actitud abnegada hizo que Dios lo exaltara grandemente.

Dios exalta a los mayores siervos. Como iglesia, estamos llamados a enfocarnos en los demás, no en nosotros mismos. Estamos llamados a organizar una iglesia que refleje a Cristo sirviendo a las necesidades y a los intereses de otros antes que a los nuestros. Es una desgracia que la mayoría de las iglesias se haya organizado para servir a los intereses y el bienestar de los de adentro en vez de los de afuera. Si la iglesia ha de ser la esperanza del mundo, deberemos pelear en contra de esta tendencia natural.

Tenemos un problema de fe

Por naturaleza, queremos ver y tocar antes de aceptar. Y es obvio que esto no es siempre posible. Son muchas las cosas que no vemos pero que estamos obligados a aceptar por fe. Aun así, se nos sigue haciendo difícil ir más allá de nuestra experiencia a fin de creer. Pero para que la iglesia funcione bien será necesario tener fe. Hebreos 11.6 lo aclara: «Pero sin fe es imposible agradar a Dios; porque es necesario que el que se acerca a Dios crea que le hay, y que es galardonador de los que le buscan». Y 2 Corintios 5.7 dice: «(porque por fe andamos, no por vista)».

Cuando la iglesia no trabaja bien, a menudo se debe a un problema de fe. Como hemos visto, Jesucristo prometió que edificaría su iglesia, y que las puertas del infierno no prevalecerían contra ella (Mateo 16.18). En otras palabras, que quiere que su iglesia asuma la ofensiva. Las puertas no atacan; las puertas son atacadas. Entonces, según el Señor Jesús, ¿qué se supone que la iglesia esté haciendo? La respuesta es clara: la iglesia debe atacar las puertas del infierno.

Pero la mayoría de ellas no está jugando a la ofensiva. Al contrario, juega a la defensiva… están sentadas en las bancas. Son iglesias que se esfuerzan por impedir que la gente abandone la fe, y que no dejen sus congregaciones, en vez de esforzarse por alcanzar a gente nueva. A la luz de la promesa del Señor de que las puertas del infierno no podrían ni deberían vencer la iglesia, es increíble y a la vez ridículo que ella esté jugando a la defensiva. Si nuestro principal enfoque y preocupación es que no se nos vaya la gente, la vida de la iglesia será un mundo de lamentos. Representará una pobre ejecución. Las iglesias deben enfocarse en la gente que necesita encontrar perdón, propósito, amor, realización y esperanza en Cristo.

A la luz de la promesa del Señor para su iglesia, ¿qué causa que ella se repliegue por temor a perder gente? La única respuesta es que no estamos confiando ni creyendo plenamente en Jesucristo. Pero esto no es nada nuevo en sus seguidores. Una y otra vez fue la causa de vacilación en sus primeros seguidores (Mateo 6.30; 8.26; 14.31; 16.8; 17.20). De hecho, pocas cosas le produjeron mayor tristeza al Señor Jesús que la falta de fe. Una y otra vez Jesús les preguntó a los discípulos por qué no tenían suficiente fe, o por qué dudaban. Después de todo, habían presenciado su poder. Nunca les había fallado. ¿Por qué dudaban de Él?

A nosotros se nos debe hacer la misma pregunta hoy. ¿Qué causa nuestro problema de fe? Hemos visto el poder del Señor Jesús, aunque no haya sido de primera mano. Sabemos que la iglesia existe a pesar de todos los ataques del infierno en el pasado. Aun así seguimos sin creer que Cristo esté edificando su iglesia hoy. Preferimos jugar a la defensiva, proteger nuestro territorio y competir los unos con los otros por la relativamente escasa gente que tenemos en nuestras iglesias, quedándonos sin ir tras las multitudes cautivas en tinieblas. Pescamos en las peceras medio vacías de pececitos de colores en lugar de los vastos e inexplorados océanos repletos de gente «sin esperanza y sin Dios en el mundo» (Efesios 2.12).

¡Qué triste! Con razón tanta gente piensa que la iglesia es irrelevante. No atestiguan poder sino debilidad. Ven a las iglesias replegarse por temor al mundo en vez de ir a la carga confiadamente para derribar los bastiones de maldad.

Muchos cristianos temen que el infierno entre a la iglesia en lugar de creer en la promesa del Señor Jesús. Hacen todo lo posible por mantener el mundo fuera de sus iglesias. Si el Señor Jesús hubiera adoptado esta filosofía nunca habría venido al mundo. Ciertamente, eso no es lo que hacen los que siguen con sinceridad a Cristo. Eso lo hacen los que se parecen a los fariseos del tiempo de Jesús. Al fin y al cabo, la filosofía y la práctica de los fariseos se fundamentaban en el concepto de que la gente mala había que mantenerla afuera. Esto resultó en que se dedicaran a condenar y excluir a los que consideraban una influencia negativa.

El problema con adoptar esta filosofía consiste en que contradice el propósito que el Señor Jesús le ha dado a la iglesia. Se supone que ella debe ser «la luz del mundo». ¿Cómo podremos cumplir como iglesia con este llamado si nos aislamos de los que están en oscuridad? Imposible. Por eso el Señor Jesús añadió: «Una ciudad asentada sobre un monte no se puede esconder. Ni se enciende una luz y se pone debajo de un almud, sino sobre el candelero, y alumbra a todos los que están en casa» (Mateo 5.14-15). El Señor Jesús hizo claro que su pueblo no se apartaría del mundo ni se aislaría. Infiltrarían intencionalmente el mundo. El Señor lo diría en sus propias palabras a la iglesia: «Id por todo el mundo y predicad el evangelio a toda criatura» (Marcos 16.15).

Exhibimos nuestra falta de fe cuando utilizamos a la iglesia como el lugar para escondernos de las influencias malvadas del mundo. La Biblia es clara: «Dios es nuestro amparo y fortaleza, nuestro pronto auxilio en las tribulaciones» (Salmo 46.1). Si confiamos verdaderamente en Él, no tenemos que replegarnos ante las influencias del mal. Esto es un asunto de fe. Cuando el temor se apoderó de los discípulos porque Jesús dormía en la embarcación, Él les dijo: «¿Por qué teméis, hombres de poca fe?» Nunca se quiso que la iglesia fuera un escondite. Cuando lo es, la iglesia no funciona, y se reduce la oportunidad de que la gente encuentre esperanza.

> **Hechos de los Apóstoles no pretende ser la historia de lo que la iglesia fue una vez; antes bien, es el cuadro de lo que la iglesia debe ser hoy.**

El libro de Hechos provee el cuadro de lo que la iglesia puede ser cuando trabaja bien. El libro de los Hechos de los Apóstoles no pretende ser la historia de lo que la iglesia fue una vez; antes bien, es el cuadro de lo que la iglesia debe ser hoy. El problema parece ser que la mayoría de los cristianos y las iglesias no tienen la fe para actuar así.

El relato de Pedro y Juan cuando sanaron al paralítico en Hechos 3.1-10 provee un claro y poderoso cuadro de esta realidad.

> Pedro y Juan subían juntos al templo a la hora novena, la de la oración. Y era traído un hombre cojo de nacimiento, a quien ponían cada día a la puerta del templo que se llama la Hermosa, para que pidiese limosna a los que entraban en el templo. Este, cuando vio a Pedro y a Juan que iban a entrar en el templo, les rogaba que le diesen limosna… Mas Pedro dijo: «No tengo plata ni oro, pero lo que tengo te doy; en el nombre de Jesucristo de Nazaret, levántate y anda». Y tomándole por la mano derecha le levantó; y al momento se le afirmaron los pies y tobillos; y saltando, se puso en pie y anduvo; y entró con ellos en el templo, andando, y saltando, y alabando a Dios. Y todo el pueblo le vio andar y alabar a Dios. Y le reconocían que era el que se sentaba a pedir limosna a la puerta del templo, la Hermosa; y se llenaron de asombro y espanto por lo que le había sucedido.

La Biblia emplea a menudo a gente con impedimentos físicos para aleccionarnos acerca de la realidad de nuestras vidas espirituales, y de la condición del mundo. En este pasaje, el paralítico representa el cuadro de nuestro mundo: no tenía esperanza. A lo más que podía aspirar era a arreglárselas para sobrevivir. No estaba buscando mejorar su vida, y ni siquiera lo soñaba. Para él, tal cosa estaba fuera de lo posible. Su esperanza se había reducido a simplemente existir. Su mayor esperanza consistía en que alguien le diera la suficiente limosna para sobrevivir hasta el próximo día y poder comenzar de nuevo a pedir.

Esta es la historia de la humanidad. Como lo describe Efesios 2.12, estamos «sin esperanza y sin Dios en el mundo». No importa cuánto la gente logre por su cuenta, el vacío que les queda consume su existencia. Todos quieren algo más.

Un día todo cambió para el hombre que pedía limosna en los atrios del templo. Cuando Pedro y Juan lo introdujeron a la vida y la esperanza que solo Cristo podía darle, pasó de ser alguien imposibilitado y abandonado a un saltarín que alababa a Dios. Esperaba por algunas moneditas que le permitieran completar otro miserable día, pero recibió más de lo que jamás hubiera soñado. Pasó de la existencia a la vida, del vacío a la realización, de la miseria al gozo. Eso sucedió porque Pedro creyó de verdad que Jesucristo era el regalo que este hombre necesitaba, y el mejor que le podía ofrecer. Pedro creía que Jesucristo era la esperanza del mundo. El resultado fue que la vida de este hombre cambió para siempre.

Este es el rol que la iglesia debe cumplir en nuestro mundo. La iglesia es la esperanza del mundo, pero si funciona bien. La iglesia debe irrumpir en la vida de las personas que solo estén existiendo día a día y revelarles la esperanza de la vida «en abundancia» (Juan 10.10). Es lamentable que ella, con demasiada frecuencia, esté solo ofreciéndole a la gente lo que está pidiendo… una ayudita para poder terminar otro miserable día. Le ofrece solo una reparación temporal, un lugar seguro donde esconderse. Esto trae como resultado que la gente siga pidiendo pan.

Necesitamos creer, con el apóstol Pedro, que tenemos la verdad que puede hacer libre a la gente. Tenemos lo que el mundo necesita. Necesitamos alcanzarlos y darles a Cristo, no evadirlos ni acobardarnos cuando nos pidan ayuda. Necesitamos creer y proclamar confiadamente que lo que el mundo necesita es a Jesucristo… que Él todavía tiene poder para salvar. Tenemos que llegar al punto en que podamos decir con Pablo: «Porque no me avergüenzo del evangelio, porque es poder de Dios para salvación a todo aquel que cree». Una de las razones para que la iglesia no esté comunicándole esperanza al mundo es la falta de fe. Hemos dejado de creer que la gente puede ser transformada de esa manera.

No estamos hablando el lenguaje de la cultura

Hay una posibilidad adicional que explica por qué la iglesia no está trabajando bien. Algo que puede impedir que la iglesia cumpla su propósito aun cuando la congregación esté perfectamente bien en todo lo demás. Una iglesia puede tener el *corazón correcto*, el *enfoque correcto* y la *fe correcta*, y con todo ser totalmente ineficiente para alcanzar a la gente con la esperanza divina. Les apasiona agradar a Dios y alcanzar a los que Él ama. Se enfocan en servir a los demás antes que a ellos mismos. Y ciertamente creen en el poder de Dios para cambiar las vidas… incluso en nuestro mundo hoy. Con todo, no ven que las vidas cambien como resultado de su ministerio, ni por medio del mismo. La asistencia se ha estancado o está declinando. Parece que les es imposible atraer a la gente a su ministerio o a la esperanza de Cristo. Esto crea profunda frustración, desaliento y conflicto.

Puede que sea difícil para la gente dentro de la iglesia identificar el problema, pero no así para el que la visita. De hecho, esa es la razón primordial que hace que los visitantes no vuelvan. No importa cuán sinceros sean los de la iglesia, la manera en que ministran no le es relevante al que viene de afuera. La iglesia no está hablando el lenguaje de la cultura. Ninguna cantidad de pasión, concentración o fe remediará la barrera del lenguaje. Esta es una de las razones por las cuales Dios habilitó sobrenaturalmente a los discípulos para que hablaran en idiomas que no habían aprendido (Hechos 2). Si la gente iba a poder conectarse con la verdad de Dios, tendrían que oírla en un idioma que realmente pudieran entender. El corazón, el enfoque y la fe, por importantes que fueran, no podían eliminar la importancia del idioma. Pienso que esta es una de las lecciones importantes de Hechos 2. Cada uno oyó el mensaje en su propia lengua. Como resultado, miles vinieron a Cristo. Cuando la iglesia comunique la verdad poderosa de

Dios y la esperanza transformadora de vida con pasión, enfoque y fe, pero en el idioma de la cultura, nada la detendrá. La gente, para poder beneficiarse de la verdad de Dios y aplicarla a sus vidas, necesitan oírla en un idioma que les permita entenderla. Si no la pueden entender, les será imposible aceptarla y apropiarse de ella.

Ninguna cantidad de pasión, concentración o fe remediará la barrera del lenguaje.

La iglesia es realmente la esperanza del mundo… cuando funciona bien. Por ser la esperanza algo tan escaso en nuestro mundo, la gente necesita ahora más que nunca que la iglesia trabaje bien. Puesto de manera sencilla, el mundo necesita que la iglesia le solucione sus problemas. Si tú eres creyente, eres la iglesia. Y necesitas ser parte de la solución, sin que importe qué puedas ser en la iglesia.

> **Ninguna cantidad de pasión, concentración o fe remediará la barrera del lenguaje.**

Es cierto que la mayoría de las iglesias necesita reforzar el corazón, el enfoque y la fe, pero esto no es razón primordial para que la iglesia esté ejecutando tan pobremente la misión. El problema principal que enfrenta la iglesia de hoy es la barrera cultural. La iglesia no hace lo sensato con la gente porque está siendo incapaz de conectársele. Si vamos a ejecutar el plan de Dios para la iglesia, tendremos que hacer lo que el Señor Jesús hizo. El Señor estaba comprometido a tal punto con proveerle esperanza al mundo, que dejó el cielo y vino a la tierra. Eso fue un cambio mayúsculo. La solución para el problema de la iglesia de hoy es igual: un cambio mayúsculo. El Señor Jesús lo demostró: cambiar no es malo cuando se hace por la razón correcta y de la manera correcta.

CAPÍTULO 4

Todo está en la entrega

Cambio sin concesiones

F ue el peor momento de mi vida como joven. Estaba congelado frente al teléfono. Acababa de ser expulsado de la misma escuela secundaria por segunda vez. Lo que lo hacía peor era que esta escuela estaba a 2,000 kilómetros de distancia de mi casa. Mis padres me habían enviado allí la primera vez con la esperanza de que pudiera comenzar de nuevo. Las decisiones que tomé en los primeros días de escuela fueron de tal naturaleza que pudieron haber destruido mi vida para siempre. Era lamentable que un cambio de circunstancias no me hubiera cambiado a mí. En el primer día de clases me hice el mejor amigo del más rebelde de los estudiantes... el más rebelde hasta que llegué yo. Cualquier observador en su sano juicio habría predicho, estoy seguro, que me expulsarían de la escuela durante el primer semestre.

Aproximadamente un año después, decidí por mi cuenta que quería regresar e intentar de nuevo. Como la esperanza nunca muere, mis padres apoyaron entusiasmados la decisión. Aunque ese segundo intento empezó de forma positiva, tú ya conoces el desenlace. Terminó de la misma manera que la primera vez, pero con una mayor y más profunda sensación de decepción y desánimo en mis padres.

Estar frente al teléfono y marcar el número de mis padres me era una pesadilla. A decir verdad, lo que me imaginé cuando marqué no se comparó con lo que me pasó cuando nos conectamos. El profundo desencanto en sus voces me estremeció. Como padre que soy ahora, no puedo ni siquiera imaginarme tener que tratar con un hijo tan propenso a los problemas de conducta como lo era yo. Pero, congruentes con su carácter probado, mis padres respondieron con un amor incondicional. Arreglaron mi regreso a la casa y, siendo que era mi último año de secundaria, buscaron la manera de que me graduara a tiempo. Aunque dolidos hasta lo indecible, hicieron todo lo que estuvo a su alcance para continuar invirtiendo en mí.

Aunque la historia es más prolongada y complicada que lo que te estoy diciendo, las consecuencias de este reiterado fracaso provocaron en mí un cambio significativo. Por primera vez abracé y experimenté el amor, el perdón y la esperanza divina. Tal y como Él lo había prometido, cuando me volví a Dios, me transformó. Continué dando algunos pasos hacia atrás, pero por fin me estaba inclinando hacia delante. En mi vida se estaba dando una realidad diferente. Después de graduarme de la escuela secundaria, tuve el privilegio de ir en un viaje misionero a Irlanda. Fue en ese viaje que empecé a disciplinarme en mi relación personal con Dios, y a cambiar mi vida. Dios se volvió mi principal valor y mi máxima prioridad y, como siempre sucede, mi vida fue transformada. En ese viaje aprendí a amar la Palabra de Dios, a dedicarle tiempo, a beneficiarme personalmente de ella, y también por primera vez guié a alguien a Cristo. Fue durante esa experiencia que recibí un claro llamado al ministerio, por lo que decidí asistir a una universidad cristiana. Mi vida fue cambiada de manera significativa y para siempre. Fue la respuesta a cuantas oraciones mis padres jamás hubieran pronunciado… y más. Solo puedo imaginarme cuántas gracias le dieron a Dios por el cambio.

Cambio no es una mala palabra

Mi historia demuestra un punto importante que a menudo se pasa por alto: la palabra cambio no es mala. Por lo regular, muchos ven en los cambios algo negativo pero, como bien lo descubrieron mis padres, el cambio es la base para la esperanza. El soltero que espera casarse aguarda un cambio. Lo mismo aplica a la pareja que espera hijos, a los padres que esperan que su pequeño dé los primeros pasos, al estudiante que espera graduarse, al enfermo que espera mejorarse, al que ha sufrido la bancarrota y espera recuperarse financieramente, y al adicto que espera sobreponerse a la adicción. El cambio es la base para la esperanza.

De igual manera, la esperanza del cristianismo se cimienta en la posibilidad de un cambio. Por ejemplo:

- «No os conforméis a este siglo, sino transformaos por medio de la renovación de vuestro entendimiento, para que comprobéis cuál sea la buena voluntad de Dios, agradable y perfecta» (Romanos 12.2).

- «¿No sabéis que los injustos no heredarán el reino de Dios? … Y esto erais algunos; mas ya habéis sido lavados, ya habéis sido santificados, ya habéis sido justificados en el nombre del Señor Jesús, y por el Espíritu de nuestro Dios» (1 Corintios 6.9, 11).

- «De modo que si alguno está en Cristo, nueva criatura es; las cosas viejas pasaron; he aquí todas son hechas nuevas» (2 Corintios 5.17).

Fue esta esperanza de cambio lo que hizo posible la transformación de Saulo de Tarso (el iracundo e inmisericorde perseguidor de los cristianos) en el apóstol Pablo (el ferviente y fiel siervo de Jesucristo). Es esta esperanza de cambio lo que nos ha dado un nuevo comienzo a cada uno de nosotros los que hemos confiado en Cristo hoy. Aunque se nos definió una vez como fracasados, ahora se nos conceptúa como «más que vencedores» (Romanos 8.37). Aunque estuvimos una vez alejados de Dios, ahora somos llamados sus hijos. Aunque caminamos una vez en soledad, vacío, temor, inseguridad, culpa y oscuridad, ahora andamos en el gozo de la presencia, el propósito, la paz, el poder, el potencial y las promesas de Dios. Hemos experimentado la esperanza que solo se siente por medio del cambio.

A la luz de todo eso, ¿por qué tantos cristianos tienen una percepción negativa del cambio cuando de la iglesia se trata? La mayoría de las veces, ven el cambio en la iglesia como sinónimo de componendas. Pero la realidad es que no es tal cosa, a menos que implique comprometer el carácter de la verdad.

Dios mismo provee una excelente ilustración de esta verdad. En un sentido, Dios nunca cambia. Nunca cambia su carácter. Nunca traiciona una promesa ni un principio establecido. Por esa razón, siempre se le puede confiar. Sin embargo, aunque Dios nunca cambia su carácter (lo que Él es), sí cambia coherentemente en su conducta (lo que Él hace). No cambia en principio, pero siempre cambia en la aplicación. La Biblia está repleta de esta realidad. En lo que se refiere al carácter, Dios dice: «Porque yo Jehová no cambio», y «Jesucristo es el mismo ayer, y hoy, y por los siglos» (Malaquías 3.6; Hebreos 13.8). En lo que se refiere a la conducta, Dios dice: «He aquí se cumplieron las cosas primeras, y yo anuncio cosas nuevas» y «He aquí que yo hago cosa nueva» (Isaías 42.9; 43.19). Si Dios alguna vez cambiara de carácter, no podríamos confiar en Él. Pero, si nunca cambiara de conducta, no hubiese habido ni un Jesús, ni una cruz, ni una resurrección, ni una redención, ni una iglesia, ni una esperanza, ni tampoco un futuro.

> Este libro trata acerca de cambiar la iglesia en la conducta (la práctica), sin comprometer el carácter (el principio) de la verdad de Dios.

Este libro trata acerca de cambiar la iglesia en la conducta (la práctica), sin comprometer el carácter (el principio) de la verdad de Dios. Trata acerca de permitir que la iglesia sea un reflejo más claro de quién es Dios y lo que hace.

La iglesia debe ser relevante

La iglesia, para que trabaje bien, debe ser relevante. Debe comunicar la verdad y la esperanza de Dios en el lenguaje de la cultura en la que está situada. Es una desdicha que muchos consideren la relevancia cultural una componenda para la iglesia. Puede que su crítica sea sincera, pero están equivocados. Como ejemplo incontrovertible, permíteme referir algunas palabras de Jesús mismo sobre este tema:

> *Videns autem turbas ascendit in montem et cum sedisset accesserunt ad eum discipuli eius et aperiens os suum docebat eos dicens beati pauperes spiritu quoniam ipsorum est regnum caelorum beati mites quoniam ipsi possidebunt terram beati qui lugent quoniam ipsi consolabuntur beati qui esuriunt et sitiunt iustitiam quoniam ipsi saturabuntur beati misericordes quia ipsi misericordiam consequentur beati mundo cordequoniam ipsi Deum videbunt beati pacifici quoniam filii Dei vocabuntur beati qui persecutionem patiuntur propter institiam quoniam ipsorum est regnum caelorum beati estis cum maledixerint vobis et persecuti vos fuerint et dixerint omne malum adversum vos mentientes propter me gaudete et exultate quoniam merces vestra copiosa est in caelis sic enim persecuti sunt prophetas qui fuerunt ante vos...*

Impresionante, ¿verdad? Aquí se define el mensaje fundamental de Cristo, y se explica su vida y su ministerio, ¿correcto? Bien, acabas de leer una porción del más grande sermón jamás predicado, por el más grande predicador de la historia… el Sermón del Monte (Mateo 5). Las verdades que acabas de leer son parte del fundamento de la esperanza que Jesucristo vino a darnos.

Pero permíteme preguntarte: ¿Cuánta esperanza experimentaste como resultado de leer estas palabras de Jesús? ¿Cuán relevantes resultaron para tu vida? Si eres honesto, a menos que fueras diestro en el latín, estas palabras te han sido totalmente irrelevantes. Y el por qué te han sido irrelevantes se debe a que no las pudiste entender. No eran lógicas para ti. Tu incapacidad para entenderlas las hicieron inoperantes en tu vida. Contienen poderosas verdades, pero leerlas resultó aburrido y una pérdida de tiempo. Es muy posible que ni siquiera intentaste leerlas o que enseguida te diste por vencido.

Cuando la gente perdida y que no está familiarizada con la iglesia, asiste a una congregación que comunica la verdad de Dios en lo que yo llamo «cristojerigonza», necesitamos hacer consciencia de que esa es la experiencia que vive. Ese es el idioma que habla la mayoría de las iglesias en todo el mundo, lo sepan o no. La «cristojerigonza» es el lenguaje de la cultura y la tradición de una iglesia dada. Como es el caso con todos los idiomas, lo entienden sin dificultad solo los que se han criado hablándolo. Pero el problema es que solo los de adentro pueden entenderlo y apreciarlo. Aquellos a los que la iglesia no les es familiar, o son de una iglesia diferente, cuando la visiten les resultará ininteligible la forma propia de la cristojerigonza que una iglesia hable. No tendrán la más mínima idea de lo que se está diciendo. Será como una lengua extranjera para ellos.

Cuando yo era joven, mis padres me llevaban a iglesias como esas. Se me hacía imposible entender una sola palabra de lo que decían. No entendía sus códigos secretos. Me sentía como un extraño indeseado, por lo que consideraba inútil la experiencia de la iglesia.

Así es como se siente la gente no familiarizada con la iglesia cuando entran a una de corte tradicional: que ni se les quiere ni se les recibe. Sienten que la iglesia ha perdido el contacto con la realidad y que no es útil. Se les desconecta literalmente de la verdad a la que hemos sido llamados a compartirles. Aun si quisieran sustraer algún beneficio, no tardan mucho en darse por vencidos, como sucedió con el pasaje en latín.

La componenda es la irrelevancia

Ser relevante, es decir, hablar en el idioma de la cultura, no compromete la verdad de Dios en ningún sentido. Lo que la compromete es ser irrelevante. Es un hecho que Dios ha llamado a los cristianos a ser embajadores de su reino en este mundo. El trabajo de un embajador es aprender el lenguaje y la cultura de la nación a la que ha sido asignado. Un embajador no tiene que adoptar la cultura o las creencias del país, pero debe entenderlo, y entender la cultura y el lenguaje, a fin de representar bien a su propia nación.

Ese es el propósito de la iglesia. La iglesia es para representar el cielo, la esperanza y a Cristo en este planeta. Para ser buenos embajadores, deberemos entender y hablar el lenguaje de la gente en nuestro rincón del mundo. No tenemos que adoptar los valores de su cultura. Pero, al igual que lo hizo el Señor Jesús, debemos aprender a relacionarnos con su gente.

Si no comunicamos la verdad de Dios en el idioma de nuestra cultura, fracasaremos y no cumpliremos el propósito expreso de Dios para la iglesia. Y esa sería en última instancia la componenda. Yo creo que la iglesia de hoy, al oponerse al cambio, está comprometiendo la tarea que Jesucristo nos envió a hacer en este mundo. Él nos envió a que siguiéramos sus pisadas. Dejó el cielo, su zona de confort, para «buscar y salvar» a los que estaban perdidos. Es desafortunado que muchas iglesias prefieran permanecer dentro de su propio mundo de comodidad, y hablar su propio lenguaje privado, antes que cumplir con el arduo trabajo de dejar su zona de seguridad para alcanzar a la gente que está sin Dios y sin esperanza en este mundo. Cuando la iglesia fracasa, se debe a que se rehúsa ser como Jesús. Él no obligó a la gente a aprender el idioma del cielo como condición para poderles expresar la verdad. Adoptó el lenguaje de la cultura de su día, y se relacionó exitosamente con ella. Es tiempo de que la iglesia de hoy empiece a seguir otra vez a Cristo.

Por lo regular, tendemos a ver este asunto a través del lente de nuestra denominación, nuestra tradición o nuestra historia, ya que es ahí en donde se ubican nuestras experiencias, y en donde vivimos las relaciones personales más significativas. En términos generales, esa

> **Si no comunicamos la verdad de Dios en el idioma de nuestra cultura, fracasaremos y no cumpliremos el propósito expreso de Dios para la iglesia.**

es la causa de que dejemos de ser el impacto positivo, y la esperanza, que un cambio puede traerle a la gente que hoy se encuentra fuera de la iglesia. Por supuesto que eso creará estrés, tensión y hasta temor. ¿A quién le gusta perder amigos por alcanzar a extraños? En vista de nuestra naturaleza, a nadie. Sin embargo, en vista de la naturaleza de Cristo, a todos los creyentes nos debe deleitar hacerlo. Cristo lo dio todo por alcanzar a los de afuera. Exponernos a la realidad de la vida de la gente fuera del marco de la iglesia nos ayudará a desarrollar perspectiva. Buscar entender cómo piensan las personas nos incentivará a querer alcanzarlos.

Estas son las preguntas que se hacen muchos de los que no tienen a Cristo: *¿Hay algo acerca de Dios, o acerca de la iglesia, que de verdad me pueda ayudar en mi vida? ¿Hay alguna esperanza?* Cuando uno piensa en las necesidades con las que están luchando las personas que tienen a Dios, y las que no, y luego observa cómo les ministra la iglesia típica, es fácil entender por qué ni siquiera se molestan en venir. ¿Para qué? Si la iglesia no les va a mostrar la manera en que Dios sea real y relevante para sus vidas en el mundo al revés en que viven, ¿para qué ir y perder el tiempo? La Biblia misma está de acuerdo con esa lógica. En 1 Corintios 15.32, Pablo escribió: «Si los muertos no resucitan, comamos y bebamos, porque mañana moriremos». Si no hay sentido ni esperanza más allá de este momento, entonces Dios no importa. Vivir el momento no resuelve ninguno de nuestros problemas, ni llena nuestro vacío, pero mejor vivirlo que perder nuestro tiempo en la iglesia.

Para revertir esta realidad, la iglesia deberá cambiar, pero sin concesiones. Si vamos a poder cumplir el propósito que Dios nos ha designado como creyentes en este planeta, necesitamos comunicar la verdad divina con integridad doctrinal y relevancia cultural.

No podemos corromper la verdad de Dios. No podemos diluirla como lo hacen muchos al tratar de alcanzar a la gente haciendo de la verdad algo que no ofenda demasiado. La verdad es la verdad. La verdad es la única esperanza para que la gente encuentre libertad y perdón. No podemos cambiarla. Debemos presentarla con integridad doctrinal (Romanos 1.16; 10.17; 2 Timoteo 3.16-17).

Pero la verdad no ayudará ni impactará a la gente a menos que se la presentemos de formar culturalmente relevante. La Biblia le asigna a la iglesia la responsabilidad de la integridad doctrinal así como la responsabilidad de la relevancia cultural (1 Corintios 9.19-23). Aunque la relevancia cultural no es negociable cuando de cumplir el propósito de la iglesia se trate, es vital que se entienda que es la verdad la que tiene valor, y no la cultura ni la relevancia. El lenguaje que hablamos no es valioso; la verdad es valiosa. Pero muchos cristianos luchan por preservar la cultura y el lenguaje en el que encontraron a Cristo, más que la verdad en sí misma. Es un resultado directo y predecible que consideren una adulteración el que se haga algún intento de cambiar el lenguaje o la cultura de la iglesia. Ven la relevancia como componenda. Pero la realidad es que, cuando valoran el idioma y la cultura de la iglesia más que la verdad en sí misma, son ellos los de la componenda. Les ponen mayor valor a la cultura, al lenguaje y a las tradiciones de su preferencia, que a las personas a quienes Cristo ama y por quienes murió para salvarlas. Por causa de sus tradiciones, impiden que la iglesia comunique eficazmente la verdad de Dios a los que la necesitan desesperadamente. Esa es la componenda.

Esencial para la vida

La relevancia cultural no es algo necesariamente malo para la iglesia de Dios, es sencillamente el medio para entregar la verdad a las personas que se encuentran atrapadas en una cultura y en una época dadas. El agua simboliza maravillosamente esta realidad. La Biblia la emplea como símbolo de la verdad. Y tiene sentido. No podemos vivir sin agua. No podemos vivir sin la verdad. Sin ella, estamos muertos en nuestros delitos y pecados.

El agua provee una estupenda ilustración de la verdad, posee el poder para promover y sostener la vida, pero sería inútil si la persona no pudiera obtenerla. El hecho de que haya agua en el mundo no ayuda a la persona que se está muriendo de sed en un desierto. Por lo tanto, el agua debe ser accesible a la persona para que su valor pueda sentirse. El agua es importante para la vida, pero no tendría valor sin un sistema eficaz de entrega. Esa es la razón por la cual, a través de la historia, la humanidad ha buscado una manera cada vez mejor de hacer que el agua esté convenientemente accesible para las personas.

La bomba de mano o la llave del agua

En los primeros días de la humanidad, la gente sabía que necesitaba agua para sobrevivir, así que escogían los lugares dónde asentarse según lo próximo que estuviera el agua. Por supuesto que, aunque se ubicaban cerca de las fuentes naturales de agua, siempre tenían que desarrollar un medio de llevar el agua desde donde estaba hasta donde la necesitaban. Y así fue como se inventaron los recipientes. Eso sí, los recipientes solo acomodan cierta cantidad de agua, y el agua en grandes cantidades se vuelve pesada. Transportarla así no era lo más conveniente. Pero el agua era esencial para la vida, y esa era la mejor manera de acarrearla en aquellos días.

Los tiempos cambiaron y la tecnología avanzó. La humanidad puso a trabajar los dones creativos que Dios le había dado, y dio con un medio radicalmente distinto de obtener agua. La encontraron en lo profundo de la tierra, perforaron pozos y comenzaron a extraerla con un innovador aparato llamado bomba de mano. No es exageración decir que este debió ser uno de los inventos más asombrosos en la historia de la humanidad. Le permitió a la gente libertad de movilización. Ya no estaban limitados a vivir cerca de las fuentes naturales de agua. Podían vivir casi en cualquier lugar. Cavaban un pozo, le instalaban una bomba y construían sus casas cerca de este novedoso sistema de entrega de agua. Imagínate cómo cambio la vida. Podías tener agua para todas tus necesidades al lado de tu casa.

Pero no se detuvo ahí. Se puso mejor. El ingenio de la humanidad avanzó tanto que fue capaz de cavar un pozo, construir casas cerca del pozo y luego ubicar la bomba en la mismísima pila de lavar platos de la cocina. Imagínate la conveniencia y el tiempo que se ahorraba. Las familias tenían agua en la cocina. Ya no era necesario caminar hasta el centro del pueblo ni salir al patio de la casa para traer el agua. A fin de obtener el líquido vital, lo único que tenías que hacer era caminar hasta la cocina y bombear. La gente ahora podía vivir en casi cualquier lugar, y con cómodo acceso al agua. ¿Podía haber algo mejor?

Como siempre, la manera de la humanidad ingeniárselas siguió avanzando. No tardó mucho en que tener una sola fuente de agua en la casa resultara impráctico e inconveniente. Era mejor que tener que ir al pozo comunitario, pero ir a la cocina y bombear manualmente agua para suplir todas las necesidades de la casa era demasiado trabajo. Así que, con el invento de la electricidad, se desarrolló una manera nueva y más efectiva. Se instaló una bomba eléctrica en el pozo que fuera capaz de impulsar el agua a través de conductos, haciéndola llegar hasta las pilas de lavar los platos, las tinas de baño y las llaves estratégicamente ubicadas en toda la casa. Claro está, eso también permitió que llegaran los cuartos de baño interiores. El mundo seguía cambiando gracias a esos avances tecnológicos.

Por supuesto que el punto aquí ya es obvio. Hoy el agua se entrega de una manera muy diferente al pasado, pero no hay nada diferente en cuanto al agua misma. Nuestras llaves de agua modernas son solo maneras diferentes a las antiguas bombas manuales. El agua es el valor esencial. Necesitamos agua para sobrevivir. Siendo que ambos sistemas han provisto el medio para que la gente obtenga el agua que necesitan para vivir, ni un sistema ni el otro es correcto o equivocado. Sin embargo, es obvio que un sistema se prefiere más que el otro.

Como ya hemos visto, la verdad es maravillosamente representada por el agua. Ambas son esenciales para la vida. Así como el agua necesita un sistema de entrega, así también la verdad. La cultura es el sistema de entrega de la verdad. Si no entendemos esto, empezaremos a adorar y a valorar las cosas equivocadas. Como hemos visto en la ilustración del agua, el sistema de entrega puede cambiar, pero no el agua. Tampoco la verdad cambia.

El sistema de entrega no importa. Lo que importa es que la verdad, como el agua, llegue a la gente de la manera más eficiente posible. La verdad es vital para la supervivencia de la gente. Así como el agua carece de valor si no se puede obtener, la verdad de Dios (con el poder para producir y sostener la vida espiritual) carecería de valor si la persona no puede obtenerla. Por lo tanto, la verdad deberá ser accesible para que su valor pueda sentirse.

> **La verdad deberá ser accesible para que su valor pueda sentirse.**

No hay absolutamente nada en el agua que llega por medio de una bomba de mano que la haga mejor que la que llega a través de la llave. Nada. Lo mismo es cierto en cuanto a la verdad. No hay nada en la verdad que se haya entregado por medio de anteriores expresiones culturales que la haya hecho mejor. La realidad es que la cultura es solo el medio para entregar la verdad. En la medida en que la verdad permanezca pura, el sistema de entrega será indiferente. El único valor del sistema de entrega es su eficacia para entregar la verdad a la gente.

Entonces, si la preocupación es llevar la verdad de Dios a la gente, lo que la iglesia debería preguntarse es: ¿Cuál es el mejor sistema disponible de entrega hoy en día? Sin embargo, para muchas iglesias esto no es tan fácil como decirlo. La creencia es que la manera de entregar la verdad es tan importante, si no más que la verdad misma. Pero si somos honestos, es insensato pensar así. Considéralo. ¿No te parece que habría sido ridículo que la gente, cuando se inventó la bomba manual de agua, hubiera dicho: «¡No! No se puede usar la bomba para extraer agua. De hecho, está mal. Se debe obtener agua de la manera que Dios lo quiso. Debemos arrodillarnos en el lodo y, apoyándonos en las manos, beber con la boca. Si no lo hacemos así, estoy seguro que todos terminaremos en el infierno»?

O imagínate que alguien, cuando se inventó la plomería interior, hubiera dicho: «Jamás usaré esa cosa tan rara. Yo me quedo con mi bomba manual. Si le sirvió a mis padres, me sirve a mí. De hecho, yo creo que cualquiera que use ese disparate que es la plomería interior, está en contra de Dios». Daría risa, ¿verdad?

Sin embargo, así exactamente es como un sinnúmero de cristianos e iglesias piensan acerca de la entrega de la verdad de Dios, en el nombre de Cristo. Lo que dicen básicamente es esto: «¡Si cambias de la bomba manual a la llave de agua estás mal!» Y esto es triste. Piensa lo ridículo que es que la gente crea que es malo traer la verdad por un medio de entrega diferente, por medio de una cultura diferente. Por supuesto que no lo es. La única maldad posible sería rehusarse llevar la verdad de Dios a la gente a través del mejor sistema de entrega. No obstante, algunos cristianos e iglesias continúan atacando, juzgando y condenando a otros cristianos e iglesias solo porque usan una llave interior de agua, en vez de una bomba de mano, para distribuir el agua de la verdad de Dios.

J. Hudson Taylor: Cambio sin componendas

Un famoso misionero de las postrimerías de siglo diecinueve, de nombre J. Hudson Taylor, tuvo que confrontar ese tipo de pensamiento torcido. Fundó la Misión al Interior de la China para auxiliar en los esfuerzos de exponer al país a la verdad y a la esperanza de Dios. De primera intención, se asoció con una típica agencia misionera de su día. Sin embargo, encontró que la misma buscaba entregar la verdad por medio de un sistema de entrega ineficaz. Se estaba tratando de alcanzar a los chinos de la misma manera que se alcanzaba a los británicos. Los misioneros vivían en un conglomerado británico de viviendas en vez de vivir entre los chinos. Se vestían, hablaban, comían y actuaban como británicos. J. Hudson Taylor concluyó que eso era ridículo. Pensó que era de vital importancia que, si se iba a alcanzar a los chinos, uno se volviera como los chinos. Así que, se dejó crecer el cabello y empezó a vestirse como los chinos.

Eso trajo como resultado que muchos de los compañeros misioneros lo rechazaran. Parece osado que personas que digan amar, seguir y servir a Cristo, rechacen a un compañero creyente por hacer lo que Cristo hizo. Después de todo, Cristo dejó el cielo, asumió la naturaleza de la gente que había venido a alcanzar, y adoptó su cultura e idioma para entregarles la verdad de Dios de la manera más eficaz. Y fue por esa razón que los religiosos del tiempo de Jesús consiguieron que lo mataran. Ahora que uno lo piensa, quizá no fue tan osado que la gente de su día criticara a J. Hudson Taylor.

A final de cuentas, J. Hudson Taylor terminó por fundar su propia misión para alcanzar al pueblo chino. Ahora sería norma de la misión que uno hablara el idioma chino, y que se identificara con la cultura, ya que era el sistema apropiado de entrega de la verdad en esa parte del mundo. Aunque muchos lo hostigaron, la misión de J. Hudson Taylor resultó increíblemente exitosa.

Es claro que esto también explica la mucha basura que se ofrece hoy «en el nombre de Jesús». Un número considerable de cristianos tradicionales critica a las iglesias que buscan comunicar la verdad de Dios en el lenguaje de la cultura. Lo más asombroso es que muchos de esos alborotosos confiesan amar y admirar a J. Hudson Taylor. Si hubieran vivido en su tiempo, es probable que también hubiesen tronado contra él.

Pero no hay que sorprenderse por eso. Entendamos que ese es un problema común. Tendemos, por naturaleza, a enfocarnos en las cosas que no debemos, y a valorarlas. Valoramos el sistema de entrega que se utilizó para alcanzarnos con la verdad de Dios. Principiamos a enamorarnos de la bomba manual, y cuando alguien quiere quitarla para instalar llaves de agua, empezamos a vociferar alarmados: «¡No te atrevas a quitarme mi bomba!» Más valdría que se cantara: «Tu fidelidad, oh bomba, es grande», o «Sublime bomba del Señor». Cuando nos comportamos así, estamos valorando el sistema de entrega más que a Dios y su verdad.

> **Estamos perdiendo generaciones de personas que necesitan desesperadamente a Cristo. ¡Eso hay que detenerlo!**

Esto afecta a un gran número de personas y de iglesias. Estamos perdiendo generaciones de personas que necesitan desesperadamente a Cristo. ¡Eso hay que detenerlo!

Jesús fue culturalmente relevante

Puede que estos conceptos te resulten nuevos, pero no lo son. Jesús tuvo que lidiar con lo mismo que estamos haciendo aquí cuando tratamos de comunicar la verdad en el idioma de la cultura. A Jesús lo llamaron Satanás. Lo despreciaron. Lo aborrecieron. Lo rechazaron. Fue puesto en la cruz hasta morir. ¿Por qué? Porque tomó la verdad de Dios y la entregó a la gente por medio de un sistema diferente al de los líderes religiosos atados a la tradición. El Señor Jesús quiso comunicar la verdad divina en el idioma de la cultura de su día. Pero la comunicó con integridad doctrinal y pertinencia cultural. Nunca modificó ni contaminó la verdad, pero sí cambió significativamente la manera en que la comunicaba. Lo hacía en el idioma de la gente de su época. El Señor era culturalmente relevante.

En Juan 14.7-9, Jesús les dijo a Felipe y a los demás discípulos: «El que me ha visto a mí, ha visto al Padre». Este era su propósito. Vino a revelar al Padre. Pero, ¿cómo alcanzó ese propósito?

Dejó su zona de seguridad

Primero, el Señor Jesús dejó su zona de seguridad, el cielo, y vino a la tierra. Eso, en efecto, es hablar de un cambio de cultura. Dejó su paraíso, todo lo que conocía, merecía y disfrutaba, con el fin de comunicarnos y revelarnos al Padre y la verdad. Cambió la totalidad de su mundo para alcanzar a los que lo habían rechazado. ¡Caracoles! Y pensar que la iglesia de hoy no esté dispuesta a ceder su cómodo mundo para poder entregar el mensaje del amor y de la esperanza de Cristo a los prójimos. Eso no tiene perdón.

Se vistió como los de la cultura

Segundo, el Señor escogió revelar al Padre haciéndose culturalmente relevante para la gente de su día. Se vistió como los de su cultura. No olvides que aquí estamos hablando de Dios. Con todo, no se vistió con ropas que lo señalaran como diferente e inaccesible, como lo hacían los líderes religiosos de aquel tiempo. Se vistió con las ropas que lo identificaban claramente con el hombre común.

Lamentablemente, muchos cristianos e iglesias hoy en día han decidido moldearse a la usanza de los líderes religiosos del tiempo de Jesús, y no a la de Él. Esa clase de cristianos va a insistir en que las personas espirituales vistan bien, que se pongan traje y corbata, ropa fina y hasta túnicas. Aclaro que no hay nada malo en todo esto. Pero tampoco nada inherentemente bueno. Las decisiones tocantes a nuestro ropero no deberán ser nunca influenciadas por intereses históricos o tradicionales. Después que el principio de la modestia haya sido atendido, lo que vestimos deberá ser influenciado por lo que mejor nos ayude a comunicar la verdad de Dios a la gente dentro de nuestra esfera de influencia.

Habló el idioma de la cultura

El Señor Jesús habló el idioma de los de su cultura. Nunca insistió en hablar el idioma del cielo, o en lenguaje religioso formal alguno. Vino a revelarle a Dios a la humanidad. El mundo pensaba que Dios era extraño, distante, inaccesible y difícil de conocer, si no imposible. El Señor quería corregir esas equivocaciones. Quería romper barreras. ¿Había razón para que prefiriera lo contrario? Sin embargo, esa es exactamente la manera en que muchos cristianos e iglesias presentan a Dios, ya que lo comunican en un lenguaje que lo hace parecer extraño, distante, inaccesible y difícil de conocer, si no imposible. Con razón la gente ha concluido que Dios no importa y que la iglesia no vale.

Jesús anduvo, habló, trabajó y vivió con los de su cultura. Es notable que, por lo regular, los cristianos de hoy se aíslen de los que no conocen a Dios. Conocen a los que son cristianos y se asocian solamente con ellos. Por desdicha, eso les imposibilita ser «luz en las tinieblas». No hay que discutir que los cristianos deben estar conscientes de sus debilidades. (Sí, las tenemos.) La Biblia aclara que «las malas conversaciones corrompen las buenas costumbres» (1 Corintios 15.33). También nos advierte contra el relacionarnos demasiado con los que no han abrazado a Cristo y sus valores (2 Corintios 6.14). Sin embargo, aquí se está hablando de nuestras relaciones personales más íntimas e influyentes. Estos no son mandamientos para que nos aislemos de todas las personas que no conocen a Cristo. La realidad es que, si lo hacemos, no nos será posible seguir el ejemplo de Cristo. Él reveló el amor del Padre a los caídos, culpables y alejados de Dios. Siendo que no se aisló de ellos, nosotros tampoco debemos hacerlo.

A los fariseos les molestaba que Jesús vistiera como los de su cultura, que hablara el lenguaje de los de su cultura, y que anduviera y viviera con los de su cultura. No podían descender al nivel del hombre común. Eran mejores. Eran indignos de rebajárseles. ¿No te parece eso interesante? Aquél que era digno escogió andar con los que carecían de dignidad. Pero los que habían nacido en pecado, y no tenían dignidad propia, decidieron pretender que eran dignos. Es desafortunado que muchos de los que dicen representar a Cristo hoy tiendan a hacer lo mismo. Una vez eso sucede, todo se convierte en una parodia que destruye nuestra habilidad para revelar el amor y la esperanza de Dios a gente de carne y hueso que desesperadamente lo necesitan.

> **Los fariseos estaban comprometidos con sus tradiciones más que con la verdad de Dios. Hay que lamentar que, hoy por hoy, demasiadas iglesias estén en la misma posición.**

Si se compara a los líderes religiosos del tiempo de Jesús con los del cristianismo moderno, es lamentable que no se noten mayores diferencias. Un escalofriante ejemplo de esto lo encontramos en Mateo 9.10-13: «Y aconteció que estando él sentado a la mesa en la casa, he aquí que muchos publicanos y pecadores, que habían venido, se sentaron juntamente a la mesa con Jesús y sus discípulos. Cuando vieron esto los fariseos, dijeron a los discípulos: "¿Por qué come vuestro maestro con los publicanos y pecadores?" Al oír esto Jesús, les dijo: "Los sanos no tienen necesidad de médico, sino los enfermos. Id, pues, y aprended lo que significa: 'Misericordia quiero, y no sacrificio'. Porque no he venido a llamar a justos, sino a pecadores, al arrepentimiento"».

Es triste que esta sea la misma clase de actitud que un sinnúmero de cristianos e iglesias tengan hoy respecto a los que quieren alcanzar a los perdidos, a los heridos y a los entristecidos de nuestro mundo. Como lo dijo Jesús, los fariseos estaban comprometidos con sus tradiciones más que con la verdad de Dios. Hay que lamentar que, hoy por hoy, demasiadas iglesias estén en la misma posición. Si Dios nos va a poder usar para que la iglesia trabaje importa quiénes sean. Tenemos que seguir a Jesús.

El apóstol Pablo era culturalmente relevante

Esto ciertamente fue lo que el apóstol Pablo hizo. Forjó claramente su ministerio tras el ejemplo de Jesucristo. Pablo, durante todo su ministerio y enseñanza, comunicó la verdad de Dios con integridad doctrinal y relevancia cultural. Como he indicado anteriormente en este libro, Pablo enseñó con claridad ese valor en 1 Corintios 9.19-23. Sin embargo, un excelente ejemplo de cómo lo practicó se encuentra en Hechos 17. En este pasaje, Pablo les proclama a Cristo a los filósofos de Atenas. Les habló a su nivel y en su idioma. Fue claramente pertinente en la manera de dirigirse a esos atenienses. Pero su relevancia intencional no diluyó el mensaje. Le escucharon y lo entendieron. Algunos aceptaron a Cristo y fueron eternamente cambiados, porque Pablo les habló la verdad divina de manera relevante y sin adulteraciones.

La iglesia debe ser culturalmente relevante

Los cristianos de hoy no tienen excusa para no comunicar la verdad divina de manera culturalmente relevante. No solo tenemos el ejemplo de Cristo y de Pablo, sino que tenemos el mandato de Dios claramente expresado en 2 Corintios 5.18-20: «Y todo esto proviene de Dios, quien nos reconcilió consigo mismo por Cristo, y nos dio el ministerio de la reconciliación; que Dios estaba en Cristo reconciliando consigo al mundo, no tomándoles en cuenta a los hombres sus pecados, y nos encargó a nosotros la palabra de la reconciliación. Así que, somos embajadores en nombre de Cristo, como si Dios rogase por medio de nosotros; os rogamos en nombre de Cristo: Reconciliaos con Dios». De acuerdo a este pasaje, estamos llamados a ayudar a las personas a reconciliarse con Dios. Nuestra asignación dada por Dios es ser embajadores.

Por tanto, cuando la iglesia no hace todo lo que puede para comunicar la verdad de Dios a gente real, y de manera relevante, como lo hizo Jesús, comete un crimen contra todos aquellos por los que Él murió. Comete un crimen contra Él mismo. Él murió en la cruz para ofrecerle esperanza al mundo, la esperanza que todo cristiano experimenta por gracia, por eso la iglesia está llamada a revelársela al mundo. Cuando no lo hacemos, somos criminalmente negligentes.

Puede que esto les parezca duro a algunos, pero es la verdad de Dios, no la mía. En Ezequiel 3.18-19, Dios dijo: «Cuando yo dijere al impío, "De cierto morirás"; y tú no le amonestares ni le hablares, para que el impío sea apercibido de su mal camino a fin de que viva, el impío morirá por su maldad, pero su sangre demandaré de tu mano. Pero si tú amonestares al impío, y él no se convirtiere de su impiedad y de su mal camino, él morirá por su maldad, pero tú habrás librado tu alma». El apóstol Pablo, en Hechos 20.26-27, revela claramente esta verdad a la iglesia: «Por tanto, yo os protesto en el día de hoy, que estoy limpio de la sangre de todos; porque no he rehuido anunciaros todo el consejo de Dios».

Para expresarlo en palabras actuales, si no compartimos con la gente acerca de la necesidad del perdón y la esperanza que Dios da, Él nos pedirá cuentas. A la luz de esta verdad, pienso que hay sangre en las manos de muchas iglesias de hoy, ya que se preocupan tanto por sus amadas «bombas de mano», que no les entregan la verdad divina a las personas en una forma que puedan honestamente entenderla. Se nos pedirá cuentas.

Hay muchos obstáculos que impiden que los cristianos y la iglesia hagan todo lo posible por compartir con el mundo la verdad de Dios y la esperanza. El temor a las pérdidas parece ser el más común de esos obstáculos. Los pastores sienten que perderán el trabajo, los feligreses y hasta los amigos, si presionan a la iglesia y la incomodan. Los cristianos fallan en hablar de Cristo en el trabajo por temor a perder un puesto, el respeto o el estatus. La gente de la iglesia no hace marchar la congregación para alcanzar a otros porque temen perder su serena feligresía en manos de extraños y de maneras extrañas. Pero, para serte sincero, yo preferiría perder todas esas cosas y ser motivo de que Cristo me celebre, que retenerlas y escucharle decir que lo he echado todo a perder.

Concurrencia de responsabilidades

Cuando la iglesia siga el ejemplo de Cristo, y cumpla con la tarea dada por Dios de difundir su verdad, las vidas serán cambiadas. Juan 8.32 lo aclara: cuando una persona conoce la verdad, la verdad lo hace libre. Sin embargo, para que alguien conozca la verdad y experimente este cambio de vida, primero debe escuchar genuinamente la verdad, y entenderla. Luego, al responder a ella, tendrá que aplicársela personalmente.

El proceso de un cambio de vida surge de la concurrencia de una doble responsabilidad: la de la iglesia y la del no creyente.

La responsabilidad de la iglesia

La primera responsabilidad recae sobre la iglesia. Esta deberá ayudar a las personas a escuchar y entender la verdad. A todos los cristianos y, por consiguiente, a todas las iglesias, se les ha dado la responsabilidad de ayudar a los que no conocen el mensaje del amor, la esperanza y la verdad de Dios, para que lo escuchen y lo entiendan. Lo dice Romanos 10.14: «¿Cómo, pues, invocarán a aquel en el cual no han creído? ¿Y cómo creerán en aquel de quien no han oído? ¿Y cómo oirán sin haber quién les predique?» Puesto de manera sencilla, hay un solo modo de descubrir a Dios: los que lo conocen deberán hacer lo que sea necesario para presentárselo a los que no lo conocen. La iglesia debe organizarse para hacer que la verdad de Dios les sea clara y entendible a los que todavía no la conocen. La iglesia debe seguir a Cristo haciendo lo que sea necesario para que eso suceda, aunque se vea obligada a salir de su zona de confort. Esa es la clara responsabilidad de la iglesia.

Lamento que durante la mayor parte de mi vida como cristiano, no lo creí así. Los que tenían influencia espiritual en mi vida me llevaron a creer, por medio de sus palabras y acciones, que la iglesia tenía la responsabilidad de aislarse de la cultura antes que integrase a ella. Fui llevado a creer que ser culturalmente relevante era malo, incluso que era pecado. Como resultado, cuando entré por primera vez en el ministerio, yo mismo empecé a proclamar y practicar tal cosa. Sin embargo, al entregarme al estudio de la Palabra de Dios y de la vida de Cristo, me di cuenta que lo que se me había enseñado, en su mayoría, era contrario a lo que Dios decía y a lo que Jesús hacía. De hecho, lo que se me había enseñado estaba más cerca de los fariseos que de Jesús. Así que decidí dejar de creer en lo que se me había dicho, y me entregué de nuevo a estudiar solo a Cristo, y a seguirlo. Quería que mi vida y mi ministerio fueran una extensión de la verdad de Dios, y no de la cultura cristiana que había heredado. Al hacerlo, encontré que la verdad y la cultura cristiana a menudo se encontraban en serio conflicto. En vez de ser impulsadas por amor, perdón, libertad, deseo, fe y esperanza, un sinnúmero de iglesias aparentaban ser impulsadas por el desdén, la culpa, las ataduras, el deber, la duda y la desesperanza. Era triste, y todavía lo es. Estaba claro que esos creyentes no experimentaban de manera genuina la verdad del Cristo que hace libre a la persona. Y si ese era el caso, ¿cómo podían compartir eficazmente esa verdad con los demás?

A medida que profundicé en las razones de esas circunstancias tan descorazonadoras, encontré que eran simplemente el resultado de valores y prioridades dislocados. En vez de valorar y buscar agresivamente ayudar a los demás a conocer y entender la verdad, esos creyentes se habían enamorado de su manera de entregar la verdad. Se habían enamorado de la bomba de agua manual.

El problema está claro. La verdad, como el agua, es esencial para la vida. El valor no se encuentra en la manera de entregarla; radica en asegurarse de que sea entregada. Es responsabilidad de la iglesia ayudar a las personas a escuchar y a entender la verdad de Dios por los medios que sean necesarios. Ello, por supuesto, demanda que nosotros también la hayamos escuchado y entendido de manera genuina. Mi creencia es que, por desdicha, muchos no lo han hecho. Por el contrario, recitan lo que aprendieron hace veinte años como una extensión de su cultura cristiana, en vez de compartir de forma auténtica la verdad de que la Palabra de Dios todavía sigue siendo pertinente. Para que la iglesia sea lo que Dios quiere, es decir, la esperanza del mundo, eso deberá cambiar.

La responsabilidad del no creyente

La segunda responsabilidad recae sobre el no creyente. Aun cuando la iglesia descargue fielmente su responsabilidad, no hay garantía de que la gente experimente el amor, el perdón, la libertad y la esperanza de Dios. A fin de cuentas, el no creyente tiene que hacer su decisión. Una vez que la verdad se ha hecho clara y entendible, se convierte en responsabilidad del no creyente aplicarla a su vida. Como dice Santiago 1.22: «Pero sed hacedores de la Palabra, y no tan solamente oidores, engañándoos a vosotros mismos». Una vez los no creyentes la oyen y la entienden, deberán responder a ella.

Cuatro claves para la relevancia cultural

Aquí está el asunto que la iglesia no parece entender: su responsabilidad es primero. Algunas iglesias esperan que la gente la acepte antes de que la iglesia esté dispuesta a compartir la verdad con ellos. Eso es inexcusable. Imagínate que Cristo hubiera hecho tal cosa. Nunca hubiéramos descubierto su esperanza, ni conocido su perdón. La verdad es que Cristo tuvo que dejar el cielo, hacérsenos relevante y buscarnos; de otra manera, no hubiera habido esperanza para nosotros. Lo mismo se aplica a la iglesia: tenemos que hacer el primer movimiento, como lo hizo el Señor Jesús. Deberemos abandonar nuestra zona de confort e ir a los que necesitan la esperanza de Dios. Deberemos comunicarles la verdad de Dios de manera relevante para sus vidas. Deberemos llevar el agua al desierto en el que la gente vive. El mundo se muere de sed, no porque no haya agua, sino porque la iglesia se rehúsa a entregársela de forma que pueda recibirla.

> **Deberemos abandonar nuestra zona de confort e ir a los que necesitan la esperanza de Dios.**

Esto tiene que cambiar. Para que la iglesia funcione, debe abrazar y emplear un sistema de entrega relevante, que haga la verdad de Dios clara y entendible en el siglo veintiuno. En otras palabras, la iglesia debe aprender a comunicar la verdad de Dios de manera relevante, lo cual puede hacer si sigue cuatro claves principales.

Clave # 1: Ambiente

El ambiente que la gente encuentre y sienta en la iglesia es vitalmente importante para saber si la considerarán o no relevante. Hay muchos aspectos que entran en la creación del ambiente de una iglesia. La decoración, los vestidos, las actitudes, el estado de ánimo, el entusiasmo y la expectación entre la gente juegan una parte primordial en la formación del ambiente. Una de las cosas que me encanta escuchar de los que visitan nuestra iglesia es: «Nunca había estado en una iglesia como esta que, obviamente, se preocupa mucho por los extraños». ¡Caracoles! Eso sí es relevancia. Y eso sí es un asunto de ambiente. He entrado a algunas iglesias en donde supe inmediatamente, no solo que no era aceptado, sino que no era bienvenido. Es posible que hayas tenido la misma experiencia. El ambiente tiene que ver mucho con la relevancia.

Clave # 2: Estilo

Cuando se trata del asunto de estilos de adoración y culto, creo firmemente que les corresponde a los seguidores maduros de Cristo sacrificarse por los perdidos, y no al contrario. Sin embargo, la mayoría de las iglesias no está estructurada de esa manera. La mayoría lo está para agradar a los cristianos más maduros. ¿Por qué? Porque son los que contribuyen financieramente. Pero tocar al son del dinero en vez de responder al propósito de Dios, invariablemente hará que la iglesia muera. La gente no podrá ver al Cristo verdadero. Recordemos que Cristo se dio y se sacrificó por los que nada le dieron. La iglesia debe hacer lo mismo. Los de adentro deben darse y sacrificarse por los de afuera. Cuando lo hagan, con el tiempo, los de afuera encontrarán la esperanza de Cristo y llegarán a ser de los de adentro. Pero eso no sucederá sin que los de adentro se sacrifiquen. Esta es la razón por la cual la iglesia necesita organizarse y estructurarse para agradar a Cristo, y solamente a Él. Hay varias maneras en que la iglesia puede hacerse relevante en el estilo.

Música. El estilo de música que se usa en una iglesia le dirá a una persona si el mensaje le es relevante. A esto se debe que los jóvenes sientan a menudo que la iglesia les es irrelevante. Su lenguaje musical no está representado en la iglesia. Esto cuenta mucho, ya que la generación más joven ejerce una influencia significativa en el lenguaje de la cultura. La iglesia tiene que trabajar arduamente para asegurarse de que utiliza la música que le es relevante a la generación más joven, y que los músicos sean también jóvenes. Siendo que los estilos musicales cambian constantemente, las iglesias necesitan estar conscientes y ser congruentes en la transición musical continua. Si no lo hacen, encontrarán que no alcanzarán a la generación más joven, la que representa el futuro.

Esta idea no es del agrado de muchos cristianos. De hecho, he escuchado a seguidores declarados de Cristo decir: «Si la gente quiere venir a nuestra iglesia, que aprenda a preferir nuestra música. ¿Por qué tenemos que usar la de ellos?» De nuevo, agradezco que Jesús no tuviera esa actitud. ¿Podrías acaso imaginártelo decir?: «Padre, si las personas quieren llegar al cielo, que averigüen el camino por su propia cuenta. ¿Por qué tengo yo que bajar hasta ellos?»

Presentación. Cuando se ministra, el estilo también tiene que ver con la presentación. Por ejemplo, vivimos en una época marcadamente visual. Ya dejamos de ser una época auditiva. La televisión ha transformado totalmente el paradigma de la comunicación. Por haber crecido con *Plaza Sésamo* y programas similares, las generaciones más jóvenes han desarrollado la necesidad de un estímulo visual de continuo y rápido cambio. La mayoría de la gente de hoy aprende de forma visual. Por lo tanto, si no estimulamos a las personas visualmente, no haremos conexión con ellas. El mundo, y su manera de aprender, han cambiado. Si la iglesia va a cumplir la obligación de ayudar a las personas a escuchar y a entender la verdad, tendremos que ayudarlas a ver la verdad.

Relatos. Los relatos son otro aspecto del estilo. De nuevo, debido a la influencia significativa de la televisión en nuestras vidas, la mayoría de las personas aprenden más por medio de relatos que de la disertación. Por lo tanto, si el maestro utiliza el relato, es probable que él, o ella, cree una conexión más profunda y significativa de la verdad con la vida de la gente. Es obvio que esto se ajusta al paradigma bíblico, ya que la Biblia está llena de relatos. A fin de capitalizarlos, nuestra iglesia utiliza el drama, los testimonios personales (tanto en vídeo como en vivo) y, a veces, grabaciones fílmicas breves y apropiadas.

Pasión. El estilo también se nota en la pasión. Muchas de las iglesias de hoy parecen carecer enteramente de pasión. Esto explica por qué las personas piensan que la iglesia es irrelevante. Si uno no se va a sentir emocionado por ir a la iglesia, no vale la pena hacerlo. Las personas se pintan la cara, se visten bizarramente, y apoyan y gritan hasta el ridículo a favor del equipo deportivo favorito. Pero qué triste es que, cuando se trata de apoyar y celebrar a Aquel que murió y regresó de los muertos por uno, ya no se encuentre pasión en las iglesias. Y lo que más desespera es que estas iglesias carentes de pasión tiendan a condenar a las que son apasionadas.

En la iglesia que yo pastoreo, la característica indiscutible es la pasión. De hecho, la pasión nos distingue. La gente que viene a nuestra iglesia sabe que nosotros creemos genuinamente en el mensaje que estamos comunicando. No dejamos duda alguna al respecto. ¿Verdad que es sensato? Si Jesucristo, en efecto, se levantó de los muertos, ¿cómo pueden sus seguidores no tener pasión? No dudo que Dios quiere que su iglesia haga lo que los ángeles hacen en el cielo. Lucas 15.7 dice: «Os digo que así habrá más gozo en el cielo por un pecador que se arrepiente, que por noventa y nueve justos que no necesitan de arrepentimiento». Cristo quiere que nuestra celebración sea apasionada… más aun, que sea festiva.

Inmediatamente antes de un reciente servicio de bautismo en nuestra iglesia, entonamos una canción titulada, «¡Que empiece la fiesta!», la cual se vocaliza con frecuencia en los estadios deportivos para celebrar al equipo anfitrión. Estoy seguro que podrás imaginarte las interesantes reacciones ante una melodía tan extremadamente enérgica. Después de la canción, introduje el bautismo de la siguiente manera: «Me imagino que, para algunos de ustedes, escuchar esta canción ha sido la experiencia que menos esperaban en una iglesia. De hecho, algunos se habrán preguntado si ha sido apropiado. En todos los estadios deportivos del mundo, se canta una canción similar para celebrar un evento que no tendrá ningún significado diez segundos después de que termine. En cambio, lo que estamos celebrando hoy, vidas cambiadas para siempre por la fe en Jesucristo, tendrá significado eterno. Creemos apasionadamente que este acto, más que ningún otro evento deportivo de los estadios del mundo, merece una celebración de energía extrema. Así que, empecemos la fiesta…»

Acto seguido, el ánimo de la gente cambió considerablemente, y empezaron a celebrar lo que Dios festejaba. Estoy seguro que no todos se inclinaron hacia esta clase de servicio en ese día, pero nadie debió tampoco tener duda de lo apasionado que somos respecto a nuestra fe. La pasión tiene relación con la necesidad de significación en la vida y lleva a otros a considerar si Cristo no podrá acaso generar pasión también en ellos.

El método de relacionarnos con la gente. El estilo también se refleja en la manera en que uno se vincula con las personas… relacional o autoritariamente. En los años que siguieron a la Segunda Guerra Mundial, vivíamos en una cultura autoritaria. La gente, en parte debido a la influencia marcadamente militar, estaba acostumbrada a la estructura vertical de autoridad, lo que permeaba casi todas las áreas de la vida. Los generales les decían a los soldados qué hacer, y lo mismo hacían los jefes con los empleados. Eran pocas las personas que pensaban en términos de autoridad compartida. Se esperaba que se le dijera a uno qué hacer y cómo hacerlo. Y a nadie se le ocurría preguntar por qué. Esta manera vertical o autoritaria de aproximarse a la vida fue traída a la iglesia. Los pastores tendían a sermonear a las personas en vez de hablarles. En los mensajes se le decía a la gente qué hacer, pero nunca por qué era importante que lo hicieran. La iglesia estaba estructurada de arriba hacia abajo. Este estilo se ve claramente en el diseño de muchos templos. Cuando al principio fui llamado a pastorear la iglesia que ahora pastoreo, heredé un templo diseñado para un estilo autoritario de relacionarse con la gente. El auditorio había sido dispuesto para sermonear a la gente. Era estrecho y alargado, y un espacio considerable separaba al pastor de la gente. La plataforma era elevada, para que el pastor estuviera por encima de la congregación. Cuando él subía a la plataforma y se paraba detrás de su púlpito grande y en forma de cruz, inmediatamente le era otorgada autoridad. El pastor también se sentaba en la plataforma, mirando a las personas hasta que llegara el tiempo de predicar. La clara intención era apartarlo y asegurarle una apariencia de autoridad. Todo eso tenía significado cultural en aquel tiempo. Era un estilo relevante.

Ahora nuestro mundo es muy diferente. Vivimos en uno más relacional y horizontal. Así, cuando tuve el privilegio de participar en el diseño de nuestro nuevo auditorio, visualicé un espacio diferente. Quería comunicarme con las personas antes que sermonearlas, así que diseñamos un auditorio más ancho que largo. El auditorio es grande, pero me permite hacer contacto visual con todos los que lo ocupan. También bajamos la plataforma a una altura más razonable. Es una plataforma elevada que no bloquea la vista, pero no está diseñada para impresionar a nadie. Y, claro, nunca me siento en la plataforma en momento alguno durante el servicio, a menos que tenga alguna participación. Hacerlo crearía una distracción innecesaria, o comunicaría equivocadamente que soy yo el centro de atención.

Eso no significa que yo sea mejor que los pastores que dirigieron esta iglesia en el pasado. Es solo un asunto de estilo. Es vital que nos comuniquemos en un estilo que sea pertinente para la cultura en la que vivimos. Es triste que muchas iglesias se aferren al estilo autoritario suponiéndolo bíblico. No lo es. El asunto primordial consiste en comunicar efectivamente la verdad de Dios.

Si tu iglesia es del estilo que sermonea a la gente, ello podría explicar por qué esta no esté escuchando. Por virtud de su cultura, a la mayoría de las personas hoy en día hay que hablarles en vez de predicarles. Claro que habrá los que digan: «Pero eso fue lo que hizo Jesús, predicar». Están equivocados. Lo cierto es que Jesús empleó un estilo mucho más relacional. De hecho, nunca se subió a un estrado. A Él no se le conocía por gritar. Lo que hablaba no se le iba por encima a la gente. Al contrario, por lo general usaba historias de la vida diaria con las que los oyentes podían identificarse. Nunca se consideró superior a nadie. Es más, hizo claro que había venido a servir. Aunque era Dios, guió por amor y por ejemplo. El Señor Jesús era relacional. Y nos está llamando a que seamos iguales. Piensa en sus palabras en Juan 13.35: «En esto conocerán todos que sois mis discípulos, si tuviereis amor los unos con los otros». Si nos movemos más hacia un ministerio relacional, nos estaremos volviendo más como Cristo. Estaremos ciertamente volviéndonos más relevantes para nuestra cultura.

Clave # 3: Lenguaje

El lenguaje, junto al ambiente y el estilo, es otra clave para comunicar de manera relevante. Si vamos a alcanzar verdaderamente a la gente, tenemos que hablar en el lenguaje del momento. Debo cuidarme de no utilizar el lenguaje de las generaciones pasadas, de mi crianza religiosa o de mi educación. Necesito utilizar el lenguaje del día. No puedo emplear el más cómodo para mí, como tampoco lo hizo Jesús. Deberé utilizar el lenguaje que sea más efectivo para hacer que la verdad de Dios sea clara y entendible.

Si mi meta como predicador fuera impresionar a las personas, es obvio que usaría palabras que nadie entendiera. Palabras que hicieran evidente que yo era más inteligente y mejor educado que la mayoría de las otras personas. Sin embargo, esa no es mi meta. A la luz del ejemplo de Jesús, mi objetivo es revelarle a Dios a la gente. Mi trabajo es hacer que Dios sea más real y entendible. Si uso un lenguaje que les sea irrelevante a las personas, o que les pase por encima de sus cabezas, hago que Dios sea más difícil de comprender, que parezca extraño, desconectado e irrelevante para sus vidas.

> A la mayoría de las personas hoy en día hay que hablarles en vez de predicarles.

Las iglesias necesitan hablar el lenguaje de la cultura a fin de que las personas puedan pensar acerca de Jesús y de su relación con Él. Claro que con lo rápido que cambia el lenguaje hoy, eso requiere de un compromiso mayor. Como es el caso con el aprendizaje de cualquier idioma, a veces uno hará el ridículo. Una vez que visité Corea, me enseñaron un par de palabras clave. Me era difícil pronunciarlas, pero trataba. Era obvio que fallaba a menudo. Sin embargo, lo era también que la gente apreciaba mi esfuerzo. He encontrado que lo mismo es cierto cuando busco aprender el lenguaje de la cultural actual, y a comunicarme con él.

Por ejemplo, una vez decidí emplear una frase popular del lenguaje de la actualidad. No recuerdo exactamente de qué estaba hablando, pero tenía que ver con algo que implicaba actividad permanente. Así que dije: «Amigos, este es un asunto de 7/24». Por supuesto, la congregación completa estalló en risas… no se estaban riendo conmigo sino de mí. Mis hijos se hundieron en sus asientos, queriendo desaparecer del mapa. Después del servicio, me dijeron: «Papá, es 24/7, no 7/24. Ponte al día».

Es difícil aprender el lenguaje de esta cultura y poder crecer continuamente en su comprensión. Aun así, si vamos a conectarnos con la gente de hoy, tendremos que hablar su lenguaje. Y para los que piensen que esto es acomodarse a las masas, déjenme recordarles dos cosas. Primero, que Jesucristo murió por las masas (Juan 3.16). Segundo, que Dios nos dio la mayor parte del Nuevo Testamento en el griego común, en el idioma de las masas, y no en el griego clásico. ¿Fue eso ser acomodaticio? No. Lo que Dios quería era que su Palabra fuera accesible a todos. Y así lo debe querer su iglesia.

Es cierto que esto hará del ministerio algo más difícil de lo normal. Aun así nuestra iglesia hace grandes esfuerzos para asegurarse de que estemos comunicando la verdad de Dios en el lenguaje de nuestra cultura. La razón es sencilla. Nuestro propósito no es hacer que el ministerio nos resulte lo más fácil posible; nuestro propósito es hacerlo lo más relevante y efectivo posible. Siendo que el lenguaje de la presente cultura depende grandemente de lo visual, gastamos muchísimo tiempo creando un apoyo de videos relevantes para los servicios y mensajes. Siendo que la música constituye una enorme parte de este lenguaje, nos esforzamos mucho para que su uso hable a los problemas tratados por el mensaje. Cuando hablé anteriormente del estilo, mencioné que utilizamos el drama. El drama permite que la gente sienta la importancia de la verdad a la que me esté refiriendo en una plática dada. Así que, dedicamos un tiempo considerable a desarrollar diseños de escenario que creen un contexto y un apoyo visual para las metáforas que destaco mientras hablo.

Esto requiere mucho trabajo y toma tiempo. Es obvio que no puedo escribir mis pláticas la noche anterior. Trabajamos con semanas y a veces meses de antelación. No es fácil. Para que todo esto suceda, se requiere mucho sacrificio de parte de muchos de nosotros. Y, claro, algunos nos preguntan: «Chispas, ¿por qué pasan tanto trabajo?» A lo que respondemos: «Porque uno de los problemas con la iglesia es que no está pasando el suficiente trabajo para introducir a la gente a la verdad de Dios. Nosotros creemos que todo este trabajo vale la pena si logramos que la gente entienda y se enfoque en el hecho de que Dios los ama, y de que Jesucristo vino para salvarlos, y de que hay esperanza». Iremos casi tan lejos como debamos para conectar estas verdades con la vida de las personas. Hacemos eso porque somos seguidores de Cristo y Él fue bien lejos para hacer que esta verdad fuera posible. Lo hacemos porque la eternidad está en juego.

Clave # 4: Necesidad

Hay una última clave fundamental para la relevancia: la necesidad. Puesto de manera sencilla, un servicio de iglesia, un ministerio o un mensaje no será relevante a menos que sea útil o significativo para la vida real. Deberán atender o suplir una necesidad que la gente real confronte. Una de las razones para que tantas iglesias sean irrelevantes es que se han ido por la tangente. No hablan a lo que está sucediendo en la vida de las personas, ni diseñan los servicios con ese propósito. Les preocupa más el almanaque de la iglesia o la liturgia prediseñada. Siguen las tradiciones sin que les importen los problemas del momento. La triste realidad es que, en las iglesias alrededor del mundo, los servicios y los mensajes responden a preguntas que nadie está haciendo.

Considera lo siguiente. Cuando arrojaron a la mujer adúltera a los pies de Jesús, Él no recurrió a una lectura bíblica o a una liturgia predeterminada. Atendió de inmediato el asunto que tenía a la mano. Se dirigió a la arrogante condenación de los líderes religiosos, y también a la necesidad de la mujer. Habló las palabras perfectas que ella necesitaba escuchar: «"Mujer, ¿dónde están los que te acusaban? ¿Ninguno te condenó?" Ella dijo: "Ninguno, Señor". Entonces Jesús le dijo: "Ni yo te condeno; vete, y no peques más"» (Juan 8.10-11). Ella escuchó y su vida fue cambiada.

Dios es relevante para las necesidades de la gente

La iglesia necesita comunicar claramente la manera en que la Palabra de Dios se aplique a los problemas significativos de la vida, según los sienta la gente de hoy. Una iglesia que funcione bien deberá comunicar la verdad de Dios en el lenguaje de la cultura. Si se falla en esto, se cae en mera moralidad. La gente tiene que saber que Dios es relevante para su necesidad… sea la que sea. Esta es una de las razones de que utilicemos música secular en nuestros servicios. No la usamos porque pensemos que nos haga más a la moda o más aceptable. La utilizamos porque nos ayuda a atender de manera poderosa y relevante las necesidades de la gente que vive sin Dios. Debes saber que los que escriben y presentan la música secular fueron creados y dotados por Dios para expresar, de forma artística y poderosamente atractiva, lo que quieren comunicar. Sin embargo, a menudo viven vidas vacías, sin Dios. Nadie se encuentra mejor capacitado que esos artistas para comunicar los conflictos y heridas de la vida en este planeta sin Dios. Cuando utilizamos sus canciones, se nos hace posible identificar las necesidades, los conflictos, el vacío, las heridas y la soledad de la vida sin Dios. Y ahí es que yo me presento con la solución: la verdad de Dios. La realidad es que esta verdad provee las respuestas para todos los conflictos que los humanos sin Dios experimentan. Utilizamos la música para introducir el conflicto y la Palabra de Dios para comunicar la solución. El impacto es asombroso.

Una vez, en uno de los servicios, utilizamos la canción de Joan Osborne, «(What if God Was) One of Us?» [(¿Y qué si Dios fuera) uno de nosotros?]. En la canción, ella clama desilusionada por un dios con quien pueda relacionarse, y que se relacione con ella. La letra de la canción revela claramente que la religión la ha herido y desilusionado.

> **Aunque debamos hablar el idioma de la cultura, jamás deberemos vendernos a su mensaje.**

La religión ha hecho que Dios le parezca distante, inalcanzable, desinteresado e irrelevante. Más adelante, en el contexto de la canción, ella considera la idea de un Dios cercano que entienda nuestro dolor. Es una canción que refleja desesperación. Es una canción que se relaciona con el deseo que la mayoría de las personas tiene de Dios. Después de escuchada la canción, hablé del único y verdadero Dios, y cuán diferente es al dios de la religión. El Dios único y verdadero no es distante, inaccesible, desinteresado ni irrelevante. De hecho, se hizo uno de nosotros. Les mostré a los presentes a Cristo Jesús con absoluta relevancia, dirigiéndome a la necesidad común, e identificándome con esa desesperación compartida. Ese momento del servicio se revistió de poder, ya que nos permitió contradecir la típica idea equivocada acerca de Dios. Se revistió de poder porque la verdad estaba siendo aplicada a una necesidad genuina. Era relevante.

Sin embargo, es igualmente importante saber que, aunque debamos hablar el idioma de la cultura, jamás deberemos vendernos a su mensaje. Al contrario, debemos usar su lenguaje para condenar su mensaje. Como dice 1 Juan 2.15-17: «No améis al mundo, ni las cosas que están en el mundo. Si alguno ama al mundo, el amor del Padre no está en él. Porque todo lo que hay en el mundo, los deseos de la carne, los deseos de los ojos, y la vanagloria de la vida, no proviene del Padre, sino del mundo. Y el mundo pasa, y sus deseos; pero el que hace la voluntad de Dios permanece para siempre».

La relevancia es distinta para diversas personas

El propósito de la iglesia es revelar la verdad de Dios y su esperanza a un mundo perdido y moribundo. Para cumplir con ese fin, la iglesia, al igual que lo fue Jesús, deberá ser relevante. Pero debe entenderse que la relevancia ha de ser diferente en cada cultura y en cada generación. También ha de ser distinta para los varios grupos, personalidades y generaciones dentro de una misma cultura. No son pocas las veces que las iglesias pierden de vista esa realidad. Dentro de una cultura dada hay muchos segmentos diversos. Así, pues, en una iglesia, cualquiera que sea, deben haber ministerios que busquen comunicarse y conectarse de manera pertinente con numerosos y diferentes grupos.

Para poder ilustrar eso, regresemos a la metáfora del agua. El agua es esencial para la vida, pero necesita un sistema de entrega. El único valor que tiene un sistema de entrega consiste en la capacidad de dar el agua. Como hemos visto, esta es una metáfora hermosa acerca de la verdad. La verdad de Dios es esencial para la vida, pero necesita un sistema de entrega. La cultura es ese sistema. Por lo tanto, para poder entregarle exitosamente la verdad de Dios a la gente, la iglesia deberá seleccionar un sistema relevante de entrega. Esa es la razón para que en nuestra iglesia utilicemos sistemas diferentes de entrega para grupos diferentes de personas.

«El pocillo»

«El pocillo» es perfecto para los niños. Si verdaderamente deseamos hacer que la verdad de Dios sea clara y entendible para los niños, deberemos comunicársela de manera que les sea relevante. Los niños requieren un sistema de entrega muy distinto. En nuestra iglesia tenemos un ministerio infantil que hace que los niños se conecten con la verdad de Dios. Lo cierto es que, en nuestro caso, a menudo los hijos son los que les ruegan a los padres que los traigan a la iglesia, y no los padres a los hijos. ¿Por qué? Porque el ministerio para esos niños es desarrollado a su nivel. Les es relevante. Para que la iglesia pueda entregarles la verdad de Dios a los niños, les deberá tener un ministerio relevante. Y en caso de que no hayas leído los más recientes reportes sobre este trabajo, el uso de los rotafolios ya dejó de ser lo último en la tecnología.

«El gran trago»

Para nuestros muchachos de escuela intermedia y secundaria, resulta perfecto que nos les aproximemos con «el gran trago». Los de 12 a 19 años son distintos a cualquier otra edad. Esos son los años en que algo sucede en su cerebro que los inclina a conductas disparatadas. Por esa razón hemos encontrado que, para que siquiera absorban una pequeñísima cantidad de verdad en sus vidas, necesitan una dosis del tamaño de las Cataratas del Niágara. Así que, el mejor sistema de entrega en este caso es el del «buche grande». Este es un medio relevante para los estudiantes de esa edad. Nuestro personal se pasa todo el tiempo llenándoles de nuevo los vasos gratuitamente con la confianza de que, con la ayuda de Dios, algo asimilen. El punto importante que hay que captar es que el ministerio dirigido a esa edad tiene que ser diferente. La verdad es la misma, pero el sistema de entrega es diferente.

La taza de café «del caro»

Ahora vienen los adultos. Quizá no haya un sistema de entrega más relevante para los adultos que el de la taza de café «del caro». ¿Quién quiere tomar agua cuando hay café «del caro»? Después de todo, ¿no le echan agua de alguna manera al café? Y uno lo pide de la manera que más le gusta. Siendo que los adultos también vienen en todo tipo y tamaño, los ministerios necesitan amoldarse a sus diversas necesidades. A esto se debe que nuestra iglesia haya desarrollado diversos ministerios para cada aspecto de la vida adulta representada en nuestra comunidad, incluyendo los solteros, los casados, los divorciados, los atribulados, los inquietados, los angustiados, los que tienen problemas de adicción, los que confrontan necesidades especiales y así por el estilo. Siendo que nuestra tarea es revelarle a Dios a la gente de una forma pertinente a sus necesidades, hemos desarrollado ministerios que sean relevantes para toda circunstancia potencial del adulto de nuestra área. Eso requiere mucho esfuerzo y recursos, pero creemos que es una responsabilidad dada por Dios.

«Beben del sombrero»

Por último, en toda cultura hay esos individuos únicos, esos que son un tanto distintos a los demás. Lo diferente en este grupo no es la edad o la cultura. Es que son, si se me permite decirlo, raros. Van desde los aficionados a un deporte hasta los coleccionistas y los motociclistas obsesionados. Nuestra iglesia tiene ministerios para todos ellos, y para muchos más. Siendo que Cristo también amó y murió por esa clase de personas, nuestra obligación de proveerles un sistema de entrega relevante para sus vidas es la misma. Hemos encontrado que la metáfora perfecta para este grupo es la de que beben el agua de un «sombrero grande».

Lo que sea necesario

Hay muchas maneras posibles de entregar eficazmente la verdad a las personas. La pregunta nunca deberá ser: «¿Cómo queremos entregarles la verdad?» ni «¿Cuál será la manera más cómoda para nosotros de entregarles la verdad?» La pregunta siempre deberá ser: «¿Cómo necesitan que se les entregue la verdad?» Si alguien requiere que se le entregue la verdad de cierta manera, ¡no olvidemos que esa será la manera en que Cristo se la entregaría! Claro que la deprimente realidad es que hay un sinnúmero de cristianos e iglesias que demuestran ser incapaces de seguir su ejemplo. A la luz de lo que Cristo ha hecho por nosotros, eso no debe ser así. Él no lo pudo decir mejor en Juan 13.15-17: «Porque ejemplo os he dado, para que como yo os he hecho, vosotros también hagáis. De cierto, de cierto os digo: El siervo no es mayor que su señor, ni el enviado es mayor que el que le envió. Si sabéis estas cosas, bienaventurados seréis si las hiciereis». Siendo que el Señor lo hizo así, lo que se le ha asignado a la iglesia, pues, es hacer lo que tenga que hacer con tal de entregar de forma relevante la verdad de Dios a la gente. Lo que tenga que hacer.

Sea que la iglesia triunfe o fracase ayudando a las personas a escuchar la verdad divina de manera relevante, y a entenderla, es algo vital. De una manera o de otra, servirá de fundamento para la opinión que la gente se haga de Dios. Es una desdicha que muchos concluyan que Dios no importa en sus vidas porque un sinnúmero de iglesias fracase en revelarles a Dios como es Él. No puedo pensar en un peor legado para un cristiano o una iglesia. Así no se podrá esperar un «Bien, buen siervo» de la boca del Señor Jesús.

Es una desdicha que muchos concluyan que Dios no importa en sus vidas porque un sinnúmero de iglesias fracase en revelarles a Dios como es Él.

Piensa en lo serio de esto. Las iglesias que no ayuden a la gente a escuchar y entender la verdad de Dios, tampoco las ayudarán a aplicarla a sus vidas. La iglesia nunca deberá fracasar en cuanto a obligar a la gente a hacer una decisión, de una manera u otra, a la luz del esfuerzo de Jesucristo de ofrecerles a las personas la oportunidad de recibir perdón, un nuevo comienzo, la realización en la vida y la esperanza en la muerte. Debemos enfrentarlos con bifurcaciones en el camino. Nunca deberán pasar frente a nosotros sin que nos noten. Nunca deberán poder alejarse de nosotros diciendo, como decía yo cuando joven: «No entiendo nada». La iglesia ha de ser luz en las tinieblas, embajadores que revelen a Dios y que ayuden a las personas a escuchar y entender la verdad de Dios. Demasiados de nosotros fallamos en cuanto a cumplir con nuestra responsabilidad. A eso se debe que tengamos que comprometernos de nuevo a cambiar la iglesia sin comprometer la verdad de Dios.

Para llevar

Esto es lo importante para retener de este capítulo: Si las iglesias han de cumplir el propósito dado por Dios de ayudar a las personas a experimentar el cambio y la esperanza en la vida, tendrán que dedicarse a comunicar con relevancia la verdad divina a este mundo. Como dice Colosenses 3.23: «Y todo lo que hagáis, hacedlo de corazón, como para el Señor y no para los hombres». La evidencia sugiere que las iglesias se dedican demasiado frecuentemente a trabajar para las personas equivocadas o para las cosas equivocadas. No está bien que nos dediquemos, o que trabajemos, para nadie o para nada que no sea Dios. Dios ha hecho claro lo que quiere que su iglesia sea y haga. Cuando las iglesias no satisfacen este claro cometido, no importa cuánto de verdad haya en ellas, no estarán dedicadas a Dios ni trabajarán para Él. Esto no puede continuar así. La iglesia es la esperanza del mundo cuando funciona bien. Pero solo lo hará cuando el propósito de Dios para la iglesia se cumpla. Para que esto suceda, se deberán tomar varias decisiones.

Aplica la verdad de Dios a tu vida

Primero, deberemos decidir disponer continuamente nuestro corazón a escuchar, entender y aplicar la verdad de Dios a nuestras propias vidas. Este es un requisito continuo y que nunca termina. Ya llevo treinta años como pastor, pero necesito crecer hoy más que nunca. De hecho, mientras más crezco, más entiendo la necesidad de crecer más. Necesito adentrarme cada día de mi vida en la Palabra de Dios, y permitir que ella moldee mi pensamiento. Si no lo hago, este empezará a moldear la Palabra. He ahí una razón importante para que la iglesia no esté funcionando bien. Son demasiados los cristianos, los pastores y las iglesias que permiten que su pensamiento moldee la comprensión de la Palabra de Dios, en vez de permitir que la Palabra de Dios les moldee su pensamiento.

Ese fue mi problema por muchos años. Peleaba en contra de los mismísimos asuntos que ahora promuevo en este capítulo. Aunque la Palabra de Dios y el ejemplo de Jesucristo los abrazaban, mi cultura cristiana los rechazaba. Hubo un tiempo en que temía cambiar lo que yo enseñaba. Temía a lo que la gente pensara de mí. Pero eso cambió cuando empecé a recordar diariamente que yo era responsable solo ante un público de Uno: Uno delante de quien algún día estaría de pie para rendir cuentas de mi vida y de mi ministerio. Eso me ayudó a superar el temor al rechazo de mi familia, de mis amigos o de la iglesia que pastoreaba. Todo eso dejó de importarme. Lo que me importaba era que cumpliera el cometido que Dios me había dado. Asegúrate, pues, de no permitir que tu pensamiento moldee la manera en que vives tu vida y cumples tu ministerio. Deja que la Palabra de Dios lo haga.

Establece un ambiente que apele culturalmente

Segundo, deberemos decidir poner continuamente nuestro corazón y nuestra energía en moldear la iglesia para que comunique la verdad de Dios de una manera culturalmente relevante. Por cuanto los cristianos son la iglesia, esto será responsabilidad de todos los creyentes. Para que eso suceda, deberemos establecer ambientes que apelen culturalmente, estilos que encajen culturalmente y lenguajes que conecten culturalmente. Necesitamos asegurarnos de que estemos conectando la verdad de Dios a las necesidades de la gente. Cuando lo hagamos, la iglesia será relevante. La iglesia será la esperanza del mundo porque funcionará bien.

Recibo gran cantidad de correspondencia gracias al impacto que Dios le está permitiendo hacer a nuestra iglesia en la vida de la gente. El primer pensamiento que las cartas me expresan es que por fin la iglesia está haciendo relevantes a Dios y su verdad en la vida de los que las escriben. Muchos ya se habían dado por vencidos en cuanto a la iglesia, y hasta en cuanto a Dios, debido a la experiencia que habían tenido en iglesias irrelevantes. Ahora se han enamorado de Dios porque están en una iglesia que lucha por comunicarles la verdad divina en el lenguaje de su cultura. Sus vidas están cambiando. La única diferencia consiste en que por fin entienden lo que se les está diciendo. Para mí, de esto es que se trata la iglesia. No puedo imaginarme ningún otro propósito.

Por supuesto, se necesita cierto número de disciplinas para aprender a comunicar la verdad divina de forma culturalmente relevante. Deberemos volvernos estudiantes honestos de la verdad de Dios. No podemos permitirnos aceptar continuamente con brazos abiertos todo lo que se nos diga. Deberemos investigar la verdad de Dios con honestidad y por propia cuenta. También deberemos convertirnos en estudiantes de la persona humana. Esta es la única manera de asegurar que tu ministerio se conectará con las necesidades genuinas del ser humano. Y, finalmente, deberemos volvernos estudiantes de la cultura.

Valorar la verdad de Dios más que las formas de la cultura

Tercero, deberemos tener el cuidado de no confundir nuestras formas culturales con la verdad de Dios. Para ser congruentes con nuestra metáfora del agua, necesitaremos tener cuidado de nunca confundir el pozo de agua, la bomba de mano o la llave con el agua misma. Por ejemplo, deberemos entender que los himnos y los himnarios son un sistema de entrega, no la verdad. Temprano en mi ministerio, cuando sustituí los himnarios por el video, me di con gente que me sentó para señalarme apasionadamente que yo estaba pecando contra Dios. En respuesta, lo que hacía era preguntarles qué parte de la Palabra de Dios estaba violando. Aunque lo siguieron llamando pecado, y a mí un pecador, nunca me pudieron señalar en dónde se violaba o se comprometía la verdad de Dios. Eran personas sinceras que se habían enamorado de la «bomba manual de agua». Es desafortunado que tantos líderes de iglesia sucumban a aquellos que dislocan sus valores. Al hacerlo, están entrando en remiendos por razón de comodidad, de tranquilidad o de sus trabajos.

Son muchos los ejemplos de cristianos e iglesias que valoran sus formas culturales más que la verdad de Dios. La lista es totalmente incompleta pero, por breve que sea, ha de incluir el uso de la ropa «apropiada» para la iglesia, los nombres de las iglesias, las estructuras organizativas, los estilos musicales, y las horas y días de los servicios. Hay iglesias que creen de corazón que no reunirse el domingo a las once de la mañana sería una componenda. Lo mismo ocurre con muchas congregaciones en lo que respecta al servicio del domingo en la noche. Claro está, nada hay inherentemente malo (o bueno) con ninguno. El que la hora de las once de la mañana del domingo se hiciera popular respondió a la necesidad de los que trabajaban en las lecherías. Si el servicio se celebraba antes de esa hora, no podían asistir. Pero la pregunta es, ¿cuántos que trabajan en lecherías asisten a la iglesia típica en estos días? El servicio del domingo en la noche resultaba extremadamente pertinente cuando la iglesia era uno de los primeros lugares en la comunidad en tener bombillos eléctricos. Ir a la iglesia le permitía a la gente estar ocupada en algo cuando oscureciera. Por supuesto, desde que se inventó el bombillo eléctrico para acá han surgido un par de nuevos inventos para entretenernos en las noches. No hay nada malo con un servicio el domingo en la noche, pero lo que atraía ya no tiene relevancia. No violará la verdad escoger un tiempo distinto, y quizá más efectivo, para ministrar. Ya que la iglesia tiene la tendencia natural a valorar las formas culturales más que la verdad de Dios, deberemos cuidarnos de nunca confundir ambas cosas.

Vuelve a tu primer amor

Cuarto, nunca deberemos permitir que lleguemos a amar nuestra manera de ministrar más que a Dios y a lo de ver vidas cambiadas. Es una desgracia que un sinnúmero de iglesias se haya enamorado de las cosas equivocadas. Esto trae como resultado que no funcionen bien. Si la iglesia ha de vivir a la altura de su llamado a ser la esperanza del mundo, deberemos regresar a nuestro primer amor (Apocalipsis 2.4).

Comprométete a seguir a Cristo

Por último, deberemos comprometernos a seguir a Cristo, y abandonar nuestra comodidad, haciendo lo que sea necesario para «buscar y salvar lo que se había perdido» (Lucas 19.10). Muchos cristianos y congregaciones protestan porque estamos entrando en arreglos cuando empezamos a cambiar la iglesia para hacerla relevante a la cultura actual, pero la verdad es exactamente lo opuesto. Los que adaptan la cultura y el lenguaje de la iglesia con el propósito de vivir a la altura de la verdad de Dios, no están

> Si la iglesia ha de vivir a la altura de su llamado a ser la esperanza del mundo, deberemos regresar a nuestro primer amor.

negociando con el mundo. Los que entran en acuerdos con el mundo y la cultura son los cristianos que no están dispuestos a seguir a Cristo en la comunicación de la verdad de Dios en el lenguaje de la cultura. Ya sea por comodidad, conveniencia o temor, son ellos los que desobedecen la Gran Comisión de Dios para la iglesia. Para hacer discípulos, tenemos que ir al mundo, no aislarnos de él (Mateo 28.19-20).

Oro porque la iglesia sea una vez más lo que Dios quiso que fuera: la esperanza del mundo. Para que eso suceda, los que amamos a Dios, y lo seguimos, deberemos entregarnos a una mejor ejecución. Eso requerirá cambiar la iglesia sin comprometer la verdad de Dios. Y se puede hacer. Yo lo he experimentado. No es fácil, pero te aseguro que vale la pena hacerlo.

Sin embargo, es aquí donde comienza la batalla por el alma de la iglesia. No son pocos los que se rehúsan considerar lo legítimo de las verdades que he presentado en este capítulo. Los tales pelearán para mantener la iglesia exactamente como ellos quieren, sin pensar en lo que Dios quiere que ella sea. Resistirán los cambios tan ferozmente como mis viejos amigos trataron de impedir los que sucedieron en mi vida después que decidí seguir a Cristo. Pero esto no es razón para que retrocedamos.

Las buenas noticias son que hay esperanza para cualquier iglesia, sin importar las circunstancias. La historia de la transición dentro de la nuestra lo prueba. Si pudo suceder en nuestra iglesia, puede suceder en cualquier otra.

PARTE 2

Empieza la ola

CAPÍTULO 5

Tienes que estar loco

El líder adecuado

M e he dado cuenta, a través de mi propia experiencia, que someter a la iglesia a una transición es como hacer girar una enorme embarcación. Verlo así me ha ayudado a tener la paciencia requerida para darle al cambio su razonable oportunidad. Son demasiadas las personas que tratan de cambiar la iglesia de la misma manera en que le dan vuelta al automóvil: demasiado rápido. Tú no podrás cambiar la iglesia de esa manera. Al igual que un enorme navío, la estructura de la iglesia no responde a giros excesivamente rápidos. Más bien, requiere que el giro sea lento e intencional. El timonel deberá mantener el timón en la posición de girar hasta que tenga la suficiente tracción para hacer que el navío gire. Si has visto la película *Titanic,* podrías visualizar el problema. Este enorme navío se dirigía hacia un témpano de hielo. Se le trató de hacer girar lo más rápido posible para evitar el impacto. El problema consistió en que no se inició el giro con suficiente tiempo de antelación como para que la gran embarcación completara exitosamente la maniobra. Y es que toma tiempo hacer que un enorme navío dé la vuelta. Si lo tratas de hacer girar demasiado rápido, es casi seguro que tendrás un final desastroso.

La iglesia, ciertamente, está sujeta a esa misma realidad. Muchos no se dan cuenta de que, lograr que una iglesia haga la transición del fracaso al éxito, requiere un proceso deliberado. No son pocos los pastores y líderes de iglesias que, cuando se dan cuenta de que necesitan cambiar, empiezan a voltear el timón del barco y a hacer cambios súbitos. Asisten a un coloquio, o ven el modelo de una iglesia exitosa, y deciden empezar a hacer cambios… ¡de la noche a la mañana!

Era predecible, pero se sorprenden cuando, por haberse precipitado creando los cambios, hicieron estallar una Tercera Guerra Mundial en la iglesia. En lugar de ayudar, los cambios bruscos afectan a la iglesia. De hecho, este tipo de intento sincero de ayudar a menudo causa daños irreparables. La iglesia, por lo regular, termina percibiendo el cambio como un enemigo, y asume una posición defensiva. Como consecuencia, cada vez que se hable de cambios en el futuro, el contraataque será frontal. Después de todo, ya lo trataron una vez y no funcionó. Buscar un cambio, sin considerar los principios esenciales para uno exitoso, casi siempre resultará en que la iglesia se atrinchere en contra del cambio. Eso hará que se le robe a ella el placer de la aprobación de Dios y, al mundo, el experimentar la esperanza divina.

Por lo tanto, cuando deseemos generar transición en una iglesia, deberemos hacer todo lo que esté a nuestro alcance para que la transición sea exitosa. Los diez principios que presentaré en las siguientes tres partes de este libro son para hacer que el barco de la iglesia gire con éxito. Son principios que se han aprendido a costa de errores y fracasos en su aplicación. Te los digo con el propósito de que no tengas que aprenderlos por la fuerza, como los aprendí yo. Recuérdalo: el asunto no es la velocidad. El asunto es llegar al destino que Dios te ha indicado. Eso requerirá que pongas las manos sobre el timón de tu embarcación y que hagas que la iglesia gire hacia el destino claramente señalado por Dios. Ya es tiempo de empezar a ejecutar debidamente el plan bien concebido de Dios. La aplicación de estos principios te ayudará, y ayudará a tu iglesia, a evitar ser parte de otro desastre. Claro que, así como una embarcación que navegue por aguas

> **Se necesita el líder apropiado para empezar una ola de cambio que no admita componendas.**

turbulentas requiere del timonel adecuado, la iglesia en transición requerirá de un líder adecuado.

Empecemos la ola

Cuando se está haciendo girar un barco, o cuando una iglesia entra en transición, no hay nada más importante que la fuerza que la impele. Me gustaría compararlo con «la ola». Estoy seguro que ya la has visto en eventos deportivos. Por vivir cerca de Ann Arbor, Michigan, de vez en cuando tengo el privilegio de asistir a los partidos de fútbol americano de la Universidad de Michigan. El estadio de Michigan es uno de los más grandes de la nación, pero hace décadas que los boletos de entrada se vienen vendiendo en la totalidad. Presenciar un partido en un ambiente así es emocionante. Cuando la ola empieza a moverse, la energía que se vive en el estadio es electrizante. Durante la temporada de fútbol, algunas personas arreglan la totalidad de sus quehaceres diarios alrededor de los partidos a celebrarse en ese estadio. ¿Quién no querrá ser parte de algo que agite tan positivamente las emociones?

No puedo estar en medio de un ambiente así sin pensar en la iglesia. Para serte sincero, no importa cuánto yo disfrute y anime al equipo local, el impacto del fútbol me es, a lo sumo, temporal. No así el impacto potencial de la iglesia, que es eterno. Si hay un ambiente que deba atraer a las masas, y hacerlas que salten de alegría y celebración, debe ser el de la iglesia, que es la esperanza del mundo. Al observar la ola, y participar en ella durante un partido, he aprendido algunas lecciones que he podido aplicar al marco de la iglesia. Y no debe sorprender que aplicarlas haya traído resultados.

La primera lección es sencilla. Se necesita el líder correcto para empezar la transición de la ola. Lo cierto del caso es que uno tiene que estar medio chiflado para empezarla. Yo mismo, sentado en primera fila, he visto cómo se empieza la ola en un estadio de miles de personas. Siendo uno testigo del producto final (cien mil personas levantándose en una secuencia casi tan perfecta como la de la natación sincronizada), nunca sabría lo difícil, desalentador y hasta aterrador que es intentar empezar la ola. Tú deberás estar dispuesto a hacer el ridículo al intentar que otros se te unan. También deberás ser paciente. Tendrás que seguirte levantando, como si estuvieras loco, hasta que otros se te unan, ya sea porque los animaste o porque se apiadaron de ti. Pero si eres persistente, la gente te seguirá. Y el esfuerzo valdrá la pena. Ver la ola en acción hace del esfuerzo de haberla empezado una gran satisfacción. Yo he encontrado que es lo mismo cuando uno empieza la ola de la transición en la iglesia.

Se necesita el líder apropiado para empezar una ola de cambio que no admita concesiones. Claro está que ese líder dentro de un marco de referencia dado rara vez lucirá como el líder apropiado dentro de otro. El liderazgo eficaz viene en formas, personalidades y estilos diferentes. Me he dado cuenta de que esto hace más difícil, tanto para el individuo como para la iglesia, poder identificar al líder adecuado.

Características del líder adecuado

Cada líder exitoso, ya sea en la iglesia o en el mundo secular, es diferente. A eso se debe que las iglesias tengan dificultad para determinar cuál es el líder adecuado para su situación. Pero aunque algunos líderes eclesiásticos exitosos parezcan ser polos opuestos, he encontrado que hay características similares que impulsan a todos los que con el tiempo demuestran serlo. Para ser sincero, yo no lucía como el líder adecuado para la iglesia que estoy pastoreando. Visto desde afuera, no encajaba. Era la antítesis de lo que era la iglesia. Yo era del norte del país. Ellos eran una iglesia de cultura sureña. Yo era un impertinente, nacido después de la Segunda Guerra Mundial, a quien le gustaba salirse de las reglas. Ellos eran una iglesia de gente ligada a la industria de la construcción, que seguían las reglas. Yo no parecía ser el líder adecuado. Pero, resultó que sí.

Este es un principio vital para las iglesias y los líderes eclesiásticos. Nos guste o no, mucho de lo que suceda en la iglesia, o deje de suceder, se derivará del líder. Por lo tanto, si la iglesia va a hacer su transición de manera exitosa, será vital que el pastor sea el líder que corresponda. Aun cuando los líderes de la iglesia sean diferentes en casi todo respecto, el líder adecuado siempre precisará de ciertas características no negociables.

Llamado

La primera característica es el *llamado*. El líder adecuado para empezar la ola de la transición será el dirigente a quien Dios llame. El líder adecuado creerá en sus entrañas que Dios lo ha traído para dirigir en ese preciso momento. No será un llamado a ocupar una posición. La posición, en última instancia, nada significa. El deseo de tener u ocupar una posición no es el punto.

Yo tuve este problema al comenzar mi ministerio. Pensaba que si podía ser el pastor titular de una iglesia grande, la vida sería placentera. Esa era una manera torcida de pensar. He llegado a entender que ocupar una posición no hace de la vida algo placentero. De hecho, la puede hacer miserable. Si no, pregúntaselo a cualquier ex presidente de tu país. La posición no significa mucho. La influencia es lo que hace que la persona sea un líder.

Me he dado cuenta de que, en la iglesia, el llamado es clave para la obtención de influencia. Después de todo, Dios puede impedir que el más favorecido de los líderes obtenga influencia, y puede expandírsela al menos de ellos. Eso se vio claramente en el caso de Josué, que sucedió a Moisés como líder de Israel. Dios llamó a Josué para la tarea, y aunque era un verdadero desafío seguirle los pasos a Moisés, Dios ordenó los eventos que llevaron a Josué a adquirir toda la influencia que necesitó para dirigir. «Estaba, pues, Jehová con Josué, y su nombre se divulgó por toda la tierra» (Josué 6.27).

No se necesita un llamado para dirigir, pero sí se necesita un llamado para ser un líder adecuado. Por supuesto que esto no quiere decir que tú encajarás automáticamente en la iglesia a la que has sido llamado como dirigente. A menudo, hay líderes a los que se les escapa el llamado por estar buscando la iglesia en la que encajen perfectamente. Para ser sincero, es raro que esta clase de acoplamiento sea tan obvio. Y eso es lógico. La razón de una transición es permitirle al líder que lleve a la iglesia a un terreno nuevo y diferente. Si el líder luce como uno que se ajusta bien a las circunstancias presentes, la transición posiblemente no se dará.

Lo más probable sea que, en el momento del llamado, el líder adecuado no parezca encajar en la iglesia. Esto lo que quiere decir es que ese líder no se sentirá necesariamente en casa de primera intención, ni aceptado, ni cómodo en la iglesia como la encuentre. Por lo regular, no me sentía que encajaba en las iglesias a las que era llamado a dirigir, aun cuando supiera que había hecho la decisión correcta.

Ese fue ciertamente el caso cuando llegué a la iglesia que pastoreo hoy. Siendo ya su pastor, seguía luchando con el asunto del llamado.

> **Si Dios está llamando realmente a un líder para que guíe a la iglesia en una transición, el impulso para que lo haga vendrá desde sus adentros.**

Sabía que Dios me había llamado a pastorearla, pero había veces que lo cuestionaba. Me parecía un poco al padre en Marcos 9.24, que le dijo a Jesús: «Creo; ayuda mi incredulidad». Aquel incesante preguntarme lo que yo ya sabía se debía a lo claro que me era que yo no encajaba en esta iglesia en ese momento. Me dedicaba de cuerpo y alma a la iglesia, pero las cosas no marchaban bien. Nada estaba funcionando. Empecé a considerar la idea de que Dios estaba gastándome una broma de dimensiones cósmicas.

Como mencioné en el capítulo 1, fue durante ese tiempo de dudas y desaliento que asistí a un retiro-conferencia en donde esos pensamientos alcanzaron su punto de ebullición. Recuerdo que el predicador dijo algo que me sacudió completamente. Él insistía en que, para que hubiera verdadero crecimiento en la iglesia (desde el punto de vista humano), la narrativa del pastor debería encajar en la de la iglesia, la cual debería encajar a su vez en la narrativa de la comunidad. Insistía, además, que cuando las tres se alinearan, la iglesia podría crecer descomunalmente.

Eso me lanzó a la lona para «el conteo de diez». La realidad era que yo no me alineaba ni con la iglesia ni con la comunidad. Y la comunidad y la iglesia no podían ser más distintas. Si todo no hubiera sido tan trágico, habría causado risa. Mientras meditaba en esas realidades, me sentí arropado por la angustia, la miseria y la duda. Fue entonces cuando me permití a mí mismo quedar atrapado en dos pensamientos negativos. El primero fue que me había equivocado en cuanto al llamado de esta iglesia. Ese pensamiento realmente me desconcertó. Si me había equivocado pensando que había oído la clara voz de Dios para que viniera a esta iglesia, ¿cómo iba a estar seguro de que lo oiría de nuevo en el futuro? El segundo pensamiento fue que Dios se estaba burlando de mí. Y este pensamiento tenía el potencial de alejarme de Dios. Me sentía un hombre miserable.

Nunca olvidaré lo que me sucedió en medio de esa situación. Me ausenté de la próxima sesión y me dediqué a batallar con esos pensamientos. Recuerdo que clamaba a Dios por respuestas. No es que eso me suceda con mucha frecuencia, pero Dios me habló directamente a mi alma tan claro como jamás lo había oído: *¿Por qué piensas que te he llamado a esta iglesia? Yo quiero que la hagas pasar por una transición que se ajuste a ti, porque la mudaré a una comunidad que encajará perfectamente contigo y con la iglesia. Te he llamado para que dirijas la iglesia en el cumplimiento de mi propósito en esta generación. Así que, dirige.*

Ese momento cambió mi vida, mi ministerio y mi manera de ver el liderazgo. No se trataba de mí. No había sido llamado para disfrutar de los privilegios de ostentar una posición de liderazgo. Había sido llamado a hacer una inversión del privilegio del liderazgo que había recibido a fin de lograr una diferencia en las demás personas. El

Señor Jesús se lo dijo a los primeros discípulos: los que no conocen a Dios utilizan el privilegio del liderazgo para beneficio propio. Los que conocen y aman a Dios, nunca lo harán. Utilizarán los privilegios del liderazgo para servir a otros (Mateo 20.25-28). Todo fue una lección que cambió mi vida. Dios no me estaba gastando una broma, ni yo era la víctima. Dios me estaba dando el gran privilegio de ser llamado a dirigir. Ello requeriría que yo diera el paso y que hiciera exactamente eso: dirigir.

Si Dios está llamando realmente a un líder para que guíe a la iglesia en una transición, el impulso para que lo haga vendrá desde sus adentros. No será un capricho, sino algo inescapable. Esto no significa que el líder siempre sabrá qué hacer, ni que tendrá todas las respuestas, ni que vencerá, ni que será perfecto. Esto sería una broma. En mi vida, por lo regular, lo opuesto era la realidad. Sin embargo, el líder que ha recibido un llamado genuino, será impulsado a hacer lo que corresponda, a encontrar respuestas, a seguir levantándose cada vez que fracase, y a aspirar ser el mejor. A esto se debe que yo haya asistido a tantos coloquios, y haya leído tanto acerca de la iglesia. A esto se debe que esté escribiendo este libro y tú lo estés leyendo. No lo sabremos todo, pero tendremos el impulso de querer saber tanto como sea posible, a fin de dirigir exitosamente la iglesia al cumplimiento de los propósitos de Dios. Y nada nos detendrá. Es por eso que el líder adecuado demandará un llamado.

Carácter

La segunda característica que no es negociable es el *carácter*. El líder apropiado para empezar la ola de la transición en una iglesia deberá tener carácter, ser auténtico, poseer los móviles correctos y tener integridad.

Son muchos los líderes que tratan de generar transición en una iglesia, pero por las razones equivocadas. Quieren cambio para su propio beneficio, o para convertirse en «alguien» en el reino de Dios.

En última instancia, desafortunadamente, eso perjudicará a la iglesia y al líder. Pablo aludió cabalmente a esto en Filipenses 2.3-9 al escribir:

> Nada hagáis por contienda o por vanagloria; antes bien con humildad, estimando cada uno a los demás como superiores a él mismo; no mirando cada uno por lo suyo propio, sino cada cual también por lo de los otros. Haya, pues, en vosotros este sentir que hubo también en Cristo Jesús, el cual, siendo en forma de Dios, no estimó el ser igual a Dios como cosa a que aferrarse, sino que se despojó a sí mismo, tomando forma de siervo, hecho semejante a los hombres; y estando en la condición de hombre, se humilló a sí mismo, haciéndose obediente hasta la muerte, y muerte de cruz. Por lo cual Dios también le exaltó hasta lo sumo.

Si eres un hijo de Dios, ya eres «alguien» en su reino. Tú no necesitas una posición alta o importante para ser «alguien». Los cristianos no son alguien por lo que hacen. Es una desdicha que tanta gente esté buscando el premio del crecimiento de la iglesia por las razones equivocadas. Por mi propia experiencia puedo decirte que si no tienes los móviles correctos, la transición de una iglesia lo revelará. Y no podrás permanecer como líder por mucho tiempo.

Los líderes con móviles equivocados, por no poder soportar la presión, por lo regular se van en medio de la transición. Siendo que están pensando en ellos mismos, tienden a huir cuando las circunstancias se tornan deslucidas, sin tomar en cuenta que las mismas siempre se dan en tiempos de transición. Al irse, dejan la iglesia tristemente en ruinas. Se culpa al concepto de cambio por los problemas, y la iglesia se repliega al confort de la irrelevancia. Hay probabilidad, pues, de que nunca jamás vuelvan a intentar el cambio. Adoptarán la misma filosofía como iglesia que los israelitas le expresaron a Moisés en Éxodo 14.12: «¿No es esto lo que te hablamos en Egipto, diciendo: "Déjanos servir a los egipcios". Porque mejor nos fuera servir a los egipcios, que morir nosotros en el desierto».

Hay dos razones que hacen del carácter algo esencial para el liderazgo eclesiástico. La primera es que un líder sin carácter confundirá a la iglesia. La Biblia abunda en esta verdad. Proverbios 16.18 dice: «Antes del quebrantamiento es la soberbia, y antes de la caída la altivez de espíritu». Y Santiago 4.6 dice: «Por esto dice: "Dios resiste a los soberbios, y da gracia a los humildes"». Un ejemplo de esta realidad se ilustra vívidamente en la vida de los reyes de Israel. No que estos fueran perfectos, pero los reyes que dirigieron con integridad, gobernaron mejor la nación que los que lo hicieron con arrogancia. Los líderes sin carácter siempre harán que la iglesia sucumba con ellos.

Los líderes y las iglesias necesitan estar plenamente conscientes de esta realidad. No se requiere carácter para disfrutar la influencia del liderazgo, ni la atención que implica pararse en la plataforma enfrente de la gente. Tú podrás disfrutar las dos cosas sin amar a Cristo ni a la iglesia. Tú puedes hacer estas cosas con móviles impuros.

> **No son muchas las personas que traen empotrados dones de liderazgo de alto calibre y, a la vez, dones de comunicación de alto calibre... Los líderes tienden a ser fuertes en un don o en otro.**

Ciertamente, todos nosotros tenemos una naturaleza pecaminosa que nos hace querer ser los más grandes. Con todo, si estamos haciendo nuestro trabajo como es debido, la gente deberá entender que es Jesucristo el más grande. El líder adecuado deberá luchar continuamente contra estos impulsos impuros y pecaminosos.

La segunda razón es tan crítica como la primera. La gente no seguirá por mucho tiempo a un líder que no tenga carácter. Un líder podrá engañar a la gente por un tiempo, pero al fin y al cabo su verdadero carácter se hará evidente. La realidad es esta: la gente no seguirá a un líder que no respete, y ganarse el respeto requiere carácter.

Aptitud

La tercera característica no negociable es la *aptitud*. Si vas a ser el líder adecuado para dirigir un cambio que no entre en componendas, necesitarás dones y habilidades que sean propias del liderazgo. Mi experiencia me indica que se requieren dos dones principales para dirigir la iglesia durante una transición: liderazgo y comunicación.

Soy un apasionado creyente de que la iglesia merece el mejor liderazgo y la mejor comunicación del mundo. La iglesia trata con la eternidad. Siempre me ha intrigado mucho que el mundo de los negocios, cuya influencia e impacto es solo temporal, espere y consiga las personas más talentosas y mejor capacitadas. Y que también las empresas, por lo regular, demanden y provean para el continuo mejoramiento de sus líderes. Por otro lado, la iglesia, que es eterna en su influencia y en su impacto, tiende a quedarse con las sobras, y a conformarse con la mediocridad permanente. Eso no está bien. En mi opinión, si no nos mantenemos mejorando continuamente nuestras destrezas de liderazgo y de comunicación, no seremos los líderes adecuados para la iglesia. Si poseemos una pasión menor por la misión eterna de la iglesia que la que el empresario promedio tiene por su empresa, seremos al menos parte de la razón de que la iglesia sea mediocre.

Si vamos a desarrollar esos dos dones de la mejor manera posible, tendremos que aprender de otros. Esto ha sido clave en mi liderazgo y en mi comunicación. Sin la ayuda de otros, no hay manera de haber sido capaz de dirigir o comunicarme al nivel que lo requirió la transición de nuestra iglesia. Todo lo que sé y hago como líder, y como comunicador, otros lo han fortalecido. De hecho, estoy aprendiendo más ahora que nunca. A medida que nuestra iglesia ha crecido, la necesidad de crecer en mis aptitudes ha sido descomunal. Lo mismo se puede decir de todos los líderes. Lo bueno es saber que tenemos a la mano muchísimos recursos útiles para crecer en nuestras habilidades para dirigir y comunicarnos. Lo malo es que, a menos que pasemos el trabajo de beneficiarnos de ellos, de nada nos valdrá. El líder correcto deberá continuar desarrollando competencias en estas dos áreas tan vitales.

Ahora, para aquellos de ustedes que estén contemplando el liderazgo en la iglesia, o que ya lo estén desempeñando, pero que no sienten que poseen estos dos dones, la esperanza todavía existe. La verdad es que no son muchas las personas que traen empotrados dones de liderazgo de alto calibre y, a la vez, dones de comunicación de alto calibre. Esta es una combinación única. Los líderes tienden a ser fuertes en un don o en otro.

Ambos dones son esenciales para que exista un liderazgo adecuado en la iglesia, pero los mismos no tienen que encarnarse necesariamente en una misma persona. Es frecuente que los pastores sean más dotados en la comunicación que en el liderazgo. Por eso, uno que sea humilde en el mejor sentido de la palabra, desarrollará un equipo de líderes de apoyo que le establezca el curso apropiado de acción para ir adelante. Esto funciona especialmente bien en la iglesia. Dios ha diseñado la iglesia basado en el principio de que sea un cuerpo compuesto de diversas personas con diversos dones. Como dice Romanos 12.5-8: «Así nosotros, siendo muchos, somos un cuerpo en Cristo, y todos miembros los unos de los otros. De manera que, teniendo diferentes dones, según la gracia que nos es dada, si el de … servicio, en servir; o el que enseña, en la enseñanza … el que preside, con solicitud». A la luz de esta verdad, el pastor y su equipo de liderazgo, caracterizados por una genuina humildad, podrán combinar sus habilidades a fin de lograr la clase de liderazgo y de comunicación necesarios para hacer navegar la iglesia a través de las aguas turbulentas del cambio. Si se hace de esa manera, el pastor, como el líder de mayor influencia espiritual, comunicará con pasión y con los valores apropiados la visión acordada. De esa manera la iglesia continuará siendo bien dirigida y moviéndose adelante.

Sin embargo, siendo que la naturaleza humana es una fuerza poderosa aun entre las personas que son espirituales, este tipo de reciprocidad solo funciona cuando los participantes sujetan mutuamente su carácter, y la meta es cumplir con el propósito que Dios le ha dado a la iglesia. Es por eso que creo firmemente que, en última instancia, uno se debe sujetar al pastor como la persona de mayor influencia espiritual en la iglesia (Hebreos 13.17). Puede que esa persona sea o no el líder con los mayores dones, pero sí deberá ser la fuerza primaria en las decisiones finales acerca de la visión y la trayectoria a seguir. La razón es simple: si el pastor no acoge ni comunica plena y apasionadamente la visión de la iglesia, la misma nunca se hará realidad. Aquí estamos hablando de una realidad práctica, no del poder. Las estructuras eclesiásticas que impiden que el pastor sea una voz espiritual vigorosa y positiva, y un visionario para la gente, también impedirán que la iglesia vaya adelante en el cumplimiento de los propósitos de Dios para ella.

Confianza

La cuarta característica no negociable es la *confianza*. El líder adecuado necesita confianza a fin de empezar la ola de la transición. La confianza es una cualidad de liderazgo muy importante, aun cuando exista una seria carencia de ella entre pastores y líderes eclesiásticos. Este es un problema mayor, y explica por qué hay tantas iglesias que no están siendo exitosas en cuanto a distinguirse en el mundo.

El problema surge de una cierta manera equivocada y espiritualizada de ver la confianza. A los cristianos se les ha dicho que la confianza y la arrogancia son hermanas. Aunque este es un criterio completamente equivocado, son muchos los círculos que lo enseñan, privando a la iglesia de los líderes que tan desesperadamente necesita. La verdad es que toda persona que alguna vez haya hecho algo para Dios, ha necesitado confianza. Confiar en Dios es la única forma de enfrentar el enemigo. No negamos que a la mayoría de los que han obedecido confiadamente a Dios se les ha acusado de sufrir ambición egoísta o arrogancia. Moisés es un ejemplo importante de ello. Era obvio que Moisés había sido llamado por Dios, y que era el hombre más humilde sobre la tierra (según Números 12.3), pero Moisés tenía confianza. Cuando por fin se sometió al llamado de Dios a su vida, tuvo confianza en su liderazgo. Eso llevó a los otros que pretendían el liderazgo a acusarlo de arrogancia (Números 16). Pero el Señor en ese pasaje reivindicó claramente a Moisés.

La clave para determinar la diferencia radica en identificar la fuente de la confianza de la persona. Si la confianza es en uno mismo, será una confianza enfermiza o arrogante. Si la confianza de uno está en Dios, como lo fue con Moisés, entonces es una confianza saludable. Esta confianza se arraiga en la comprensión de la debilidad de uno y en la fe en la fortaleza de Dios. En 1 Corintios 15.58, Pablo nos dio un ejemplo específico de cómo desarrollar y mantener una confianza piadosa: «Así que, hermanos míos amados, estad firmes y constantes, creciendo en la obra del Señor siempre, sabiendo que vuestro trabajo en el Señor no es en vano». Nuestra confianza deberá cimentarse en el carácter y las promesas de Dios. No hay que retroceder frente a nada ni a nadie, puesto que Dios nunca permitirá que nuestra decisión de vivir para Él quede sin fruto o sin recompensa.

> El líder que confía también comete errores. Solo que los comete sin perder la confianza, y los admite de igual manera.

El líder que dirige una iglesia deberá creer, especialmente cuando ella se encuentra en tiempos de cambio. Esa es la *única* base para la confianza necesaria. El líder deberá creer que es la persona adecuada para el momento adecuado y que está haciendo lo adecuado. Si no, la vacilación, la inseguridad y la duda mancillarán el liderazgo. Las tres son cualidades horribles en un líder. Sin embargo, eso explica mucho de lo que está pasando en la iglesia en estos días: la gente no seguirá hacia lo desconocido a líderes vacilantes e inseguros.

Preferirán quedarse plantados en su sitio. Y eso es exactamente lo que está pasando en la mayoría de las iglesias hoy. Se han quedado plantadas en su sitio. Prefieren mejor no hacer nada, ni dirigirse a ningún lugar, antes que seguir a un líder inseguro.

Esa realidad se me hizo agonizantemente clara en una conferencia de pastores a la que asistí temprano en mi ministerio. Un joven pastor había sido invitado a hablar. Habían transcurrido diez minutos de la plática y todo lo que había hecho era básicamente excusarse. Decía cosas como: «No puedo creer que me hayan dado el privilegio de hablarles. Todos y cada uno de ustedes merece más que yo esta oportunidad. Ustedes tienen mucho más experiencia que yo. No puedo imaginarme cómo se me pidió que les hablara. Debía estar escuchándolos, y aprendiendo de ustedes. Estar aquí es un honor para mi corto ministerio, y les agradezco que hayan venido. No estoy seguro de que pueda decir algo que ustedes ya no sepan, pero haré lo mejor que pueda».

Yo pensé dos cosas acerca de lo que decía ese joven. Primero, que él mismo no se creía una palabra de lo que decía. Lo que pensaba era que esa falsa humildad le aseguraría influencia. Segundo, que perdió la oportunidad de impactar a la audiencia. Perdió a su público, ya que nadie escuchará a una persona que no tenga confianza en lo que dice. Y perdió a los que se percataron de su falsa humildad, ya que nadie escuchará a alguien que carezca de autenticidad.

Si yo me preparo de forma diligente, siempre tendré confianza en que lo que voy a decir merece que se escuche, ya que Dios tiene un importante mensaje para el mundo, y me ha llamado a mí para que se lo comunique. De igual manera, dirigiré con confianza, ya que sé que Dios me ha llamado a dirigir, y me ha prometido sabiduría, si se la pido creyendo (Santiago 1.5). Así lo hizo el apóstol Pablo. Me fascina la manera en que lo expresa en 2 Corintios 3.4-6: «Y tal confianza tenemos mediante Cristo para con Dios; no que seamos competentes por nosotros mismos para pensar algo como de nosotros mismos, sino que nuestra competencia proviene de Dios, el cual asimismo nos hizo ministros competentes». No hay ningún problema con tener confianza. Lo importante es que ella se arraigue en la fuente correcta: Dios, y no uno. Como dice Zacarías 4.6: «Esta es palabra de Jehová a Zorobabel que dice: "No con ejército, ni con fuerza, sino con mi Espíritu", ha dicho Jehová de los ejércitos».

Claro está que un líder que tenga confianza no tendrá que ser perfecto. El líder que confía también comete errores. Solo que los comete sin perder la confianza, y los admite de igual manera. Es un hecho el que gran parte de lo que la iglesia hace con éxito hoy lo ha aprendido de sus errores. Yo mismo tomé malas decisiones de liderazgo durante nuestra transición. La arrogancia hubiera pretendido que no eran tan malas. Pero el que confía, admite sus errores y busca aprender y beneficiarse de ellos.

Los líderes necesitan entender que una mala decisión no hace que un dirigente sea malo. Si fuera así, podrían estar consintiendo que los errores los despojen de la confianza. Si consienten tal cosa, será imposible que dirijan con eficacia. El líder adecuado debe creer humildemente que es la persona apropiada, en el momento apropiado y que está haciendo lo que es apropiado. Y si echa algo a perder, debe estar dispuesto a decir: «¡Mis excusas!», y continuar dirigiendo con confianza. Si no lo hace, ¿habría razón para que la gente lo siguiera? Se me rompe el corazón por las iglesias que no tienen líderes que estén dispuestos a reclamar la sabiduría de Dios para la visión y la trayectoria. Hasta que no encuentren esa clase de líderes, nunca experimentarán el gozo de ser iglesias que trabajen bien.

Valor

La quinta característica no negociable es el *valor*. Ser el líder adecuado que guíe la iglesia durante una transición, demandará valor. Toda transición importante será por lo regular difícil. A menudo resulta más como una intervención en la que hay que enfrentar a la persona que hace decisiones que lo están destruyendo. Hay que poner considerable presión en esa persona para que empiece a tomar decisiones que lo socorran y que, incluso, lo libren. Los que intervienen lo hacen con amor, aunque no siempre la gente lo acepte así. De hecho, por lo regular la intervención traerá ira, hostilidad y la promesa de que, los que intervengan, nunca serán perdonados. Eso es duro. Por amar verdaderamente a la persona, y querer librarla, los que intervienen están dispuestos a poner en riesgo las relaciones con esa persona. Pero, cuando por fin la libren, todo de verdad habrá valido la pena. Y, casi en cada intervención exitosa, la persona que ha sido rescatada cantará alabanzas para los que una vez condenó.

Lo mismo ocurre con la persona que busca guiar a una iglesia hacia una temporada de cambio, y dentro del cambio. Como en el caso de la intervención, al principio la persona no será bien recibida. La mayoría de la gente, por lo regular, no responderá bien a la idea del cambio, ni le verá sentido. Es posible que eso genere muchísima tensión y hostilidad. Por eso se necesitará valor. Pero, como lo he experimentado yo de primera mano, cuando una iglesia pasa de estar muerta o moribunda, a vivir y crecer, la experiencia es incomparable.

También he tenido la alegría de restablecer relaciones con gente que me rechazó completamente. Recuerdo una pareja en específico, la cual se enojó y abandonó la iglesia en un altercado. Me atacaron desde adentro y desde afuera, y quisieron influir negativamente en otros para que también dejaran la iglesia. Pocos años después se excusarían por haberme tratado de forma contenciosa y por haber dejado la iglesia. Me expresarían que, por medio de la transición que ellos habían condenado, la iglesia se había vuelto todo lo que en realidad necesitaban. Por haber regresado a nuestra iglesia, pudieron experimentar a Dios y vivir para Él de una manera que nunca hubieran soñado. Fue un momento de afirmación. Requiere valor enfrentarse al rechazo, pero valdrá la pena.

Valor para permanecer solo. El líder adecuado que lleve adelante la iglesia a través de un cambio sin componendas, deberá estar dispuesto a permanecer solo. Por supuesto, este ha sido el caso con todos los líderes piadosos que han hecho una diferencia en este mundo. Los líderes bíblicos que vivieron y lideraron para Dios, aunque eran diferentes en más de un sentido, se vieron obligados a quedarse solos. Moisés, David, Pablo y Jesús, para nombrar unos pocos, todos tuvieron que quedarse solos.

Los líderes piadosos deberán tener el valor de quedarse solos porque *siempre* habrá alguien esperando, dispuesto a traicionarlos. Los que deseen liderar deberán tomar nota de esta realidad. Siempre habrá alguien esperando traicionar al verdadero líder. A menudo serán parte del círculo más estrecho, y líderes ellos mismos. ¿Habrás escuchado de Judas o de Absalón? ¿Y qué de Coré, Datán, Abiram y On? Todos esos traidores eran parte del círculo íntimo del líder, y eran dirigentes por derecho propio. A eso se debe que cuando yo formo un grupo íntimo, soy muy cuidadoso en cuanto a quiénes y a cuántos escojo.

El líder adecuado necesita valor para enfrentarse al traidor. Los Judas y los Absalón de este mundo se han asegurado de posiciones de liderazgo o de influencia en iglesias en necesidad de transición. Y lo han hecho porque no hay dirigentes lo suficientemente valientes como para enfrentárseles. Cuando esta clase de líderes dirige la iglesia, ella nunca será lo que Cristo quiere que sea. Será lo que esos líderes quieren que sea. Si la iglesia va a ser la luz de este mundo, necesitará desesperadamente a líderes valientes que estén dispuestos a enfrentárseles.

Yo me he visto obligado a cumplir con este rol en cada iglesia que he pastoreado. Una vez tuve a un autoproclamado «piadoso» miembro de una junta que me miró fijamente a los ojos y me dijo: «Acabo de ser elegido en esta junta, mi misión es contradecirlo a usted a cada paso». Fue una sorpresa que no dijera, «en el nombre de Cristo». Una transición requerirá valor, porque demandará ir en contra de la corriente. No es fácil, pero es necesario. Y, claro, Jesús mismo actuó así. Siendo que el rol del líder espiritual es ser como Cristo, nosotros también tendremos que ir en contra de la corriente.

Valor para amar a la gente sin que la necesite. Esta clase de valor requiere que amemos a las personas sin que las necesitemos. Cristo Jesús fue esa clase de líder. Amó supremamente a la gente. Su vida entera y su ministerio fueron motivados por un amor sacrificial. Sin embargo, no fue un cautivo de la necesidad de los otros. El Señor evidenció este aspecto de su carácter en Juan 2.23-25: «Estando en Jerusalén en la fiesta de la pascua, muchos creyeron en su nombre, viendo las señales que hacía. Pero Jesús mismo no se fiaba de ellos, porque conocía a todos, y no tenía necesidad de que nadie le diese testimonio del hombre, pues él sabía lo que había en el hombre». Ese fue el secreto detrás del valor de Jesús para continuar diciéndole a la gente la verdad aun cuando decidieran abandonarlo.

Es una desdicha que nosotros, los que escogemos ser pastores, a menudo lo hagamos porque amamos a las personas y las necesitamos. Nos encanta invertir en la vida de las personas, pero a la misma vez nos gusta que la gente nos reafirme y responda a nuestro esfuerzo. Tendemos a tener una necesidad profunda de que la gente nos acepte, nos estime, nos ame y que nos responda positivamente. Esto es común en muchas personas, pero le crea un enorme problema al líder. Si tú necesitas a la gente, harás lo indecible por conseguirla y retenerla… entrando incluso en componendas. Por eso será imposible para el individuo que necesite a la gente, poder dirigir valerosamente. Todo lo que tiene que hacer esa gente es amenazarlo con irse cuando no esté de acuerdo con lo que el líder dice, o hacia dónde la dirige, y el líder gritará: «Socorro». Cuando la gente amenace con retirarle el apoyo personal o dejar de ofrendar, el líder se rendirá a sus demandas. Pero has de saber que si un líder va a tener éxito en la ejecución del cambio, no podrá permitir que esa clase de cáncer crezca, adquiera influencia, ni gobierne la iglesia. El líder debe extirparlo. Sin embargo, son demasiados los líderes incapaces de hacerlo, debido a que necesitan que la gente los ame. Por eso este cáncer crece y destruye todo lo de valor eterno. Esa situación ayuda a explicar el que tantas iglesias estén experimentando conflictos y tan pocas estén viviendo a la altura del potencial con el que Dios las ha dotado.

Cuando fui instalado como pastor de la Iglesia de NorthRidge, tenía treinta y dos años de edad. Heredé dos pastores asistentes que habían estado sirviendo durante una década más de lo que yo tenía de vida. Eran maravillosos y fieles individuos, pero muchos de los cambios que mi liderazgo estaba trayendo les resultaban difíciles. Esto hizo que tuviera que enfrentármeles en múltiples ocasiones. No tengo que decirte que nunca me fue fácil. Me aterraba el largo camino hasta sus oficinas, o la larga espera en mi oficina, para una reunión en la que los enfrentaría con otra situación tensa y dura. Pero, siendo que realmente me interesaba su bienestar, y yo quería que la iglesia fuera todo lo que podía y debía ser, estaba obligado a enfrentarlos. De otra manera, hubiera estado usando mi posición para servir a mis propias necesidades emocionales de amor, comodidad y aceptación. Y había solo una manera de armarme de valor para enfrentarlos, y a la vez reflejar a Cristo: tenía que realmente amarlos, y desear lo mejor para ellos, sin necesidad de que me reciprocaran ese amor.

El tipo adecuado de valor. El líder adecuado necesita valor, pero solo del tipo adecuado. El valor piadoso emana del llamado y la confianza, y no de la arrogancia y de la necedad. Un líder podrá desarrollar la clase correcta de valor si logra el aplauso de la audiencia correcta. Esto fue lo que hizo el Señor Jesús. Él amaba a todas las personas, pero no necesitaba que ellas lo amaran ni lo aceptaran. Con tal de que Dios el Padre lo aplaudiera, Él estaba bien. Uno ve eso durante su vida y su ministerio. Fue claramente evidente al principio de su ministerio. Mateo 4.8-10 dice: «Otra vez le llevó el diablo a un monte muy alto, y le mostró todos los reinos del mundo y la gloria de ellos, y le dijo: "Todo esto te daré, si postrado me adorares". Entonces Jesús le dijo: "Vete, Satanás, porque escrito está: 'Al Señor tu Dios adorarás, y a él sólo servirás'"». Lo mismo se demuestra al final de su ministerio. En Lucas 22.42, entre tanto Jesús se preparaba para la cruz, oró: «Padre, si quieres, pasa de mí esta copa; pero no se haga mi voluntad, sino la tuya». Por vivir de esa manera, Jesús tuvo la complacencia de Dios: «Mientras él aún hablaba, una nube de luz los cubrió; y he aquí una voz desde la nube, que decía: Este es mi Hijo amado, en quien tengo complacencia; a él oíd» (Mateo 17.5).

> El líder adecuado nunca halagará a la audiencia que le paga el salario; le responderá solo a la Audiencia del que lo creó.

Un líder, si es que va a poder guiar efectivamente a la gente a través del cambio, deberá tener el valor que emana de responder a la audiencia de Uno. Un líder que necesite que la gente lo ame, lo respete y lo acepte, jamás podrá tener el valor necesario para dirigir a donde se necesita ir. El líder adecuado nunca halagará a la audiencia que le paga el salario; le responderá solo a la Audiencia del que lo creó. Son demasiados los líderes que viven temerosos de lo que la gente pueda hacer. Se necesita valor para hacer lo que es correcto, aun a riesgo de que sea agraviado. Si la iglesia va a reflejar claramente a Cristo, deberá seguirlo haciendo lo correcto. Se necesita valor para guiar a la iglesia como Cristo la habría guiado, y hacia donde la hubiera guiado.

Durante los primeros días de la transición en la Iglesia de NorthRidge, recibí una llamada telefónica de un pastor. Al igual que muchas de las otras llamadas que recibía en esos días, esta tampoco iba a ser nada halagadora. Este pastor, quien de alguna manera había estado relacionado con nuestra iglesia en el pasado, no estaba de acuerdo con la dirección en que yo la estaba guiando, por lo que me dijo: «Brad, si sigues guiando la iglesia en la dirección en que lo estás haciendo, vas a perder a la gente de dinero». Y no estaba en lo incorrecto. Es una triste realidad que la gente, cuando su corazón no está en el lugar propio delante de Dios, trate de utilizar el dinero para manipular y controlar. Sin embargo, esas amenazas solo trabajarán si el líder tiene sus ojos puestos más en el dinero que en Dios. Así que, al responder al consejo de este pastor, le dije: «Permíteme hacerte una pregunta. ¿Piensas que Dios me ha llamado a la iglesia para retener a la gente de dinero o para guiarla en el cumplimiento de la Gran Comisión?» Eso puso fin a la llamada. Requirió valor enfrentármele a ese pastor, pero lo cierto es que también se necesitó verdadero valor para enfrentarme a la realidad de que «la gente de dinero» se iría. Ese valor solo viene cuando uno complace a la audiencia que realmente importa. Yo había decidido durante esos primeros días de transición que Dios era realmente Dios, y que en la medida en que estuviera complacido conmigo, yo no necesitaría a «la gente de dinero». Después de todo, Él había prometido suplirnos todas nuestras necesidades (Filipenses 4.19), y yo estaba siendo lo suficientemente ingenuo como para creerle.

Moisés pudo haber dicho: «Pero Dios, nos estás dirigiendo al desierto. Allá no habrá agua ni comida». Sin embargo, no lo dijo. Él confiaba que a donde Dios los dirigiera, Dios proveería. Lo mismo sucedió con Abraham cuando iba a dar muerte a su hijo. Decidió confiar en que a donde Dios lo dirigiera, Dios proveería. Y así debe ser con los que asumimos la difícil tarea de dirigir la iglesia en el día de hoy. Tendremos que decidir que, en tanto y en cuanto tengamos a Dios y su complacencia, no necesitaremos a «la gente de dinero» (los tenemos que amar y, por supuesto, no estaría mal tenerlos).

Valor que se gana el respeto. Es casi siempre arduo conservar esta clase de valor, pero es una clave importante para poder dirigir a la gente a través de una transición. La clase correcta de gente, la que se volverá una fuerza positiva en la iglesia, respetará, después de todo, al líder que dirige por convicción y no siguiendo los caprichos de la gente.

Cuando se me estaba entrevistando como posible candidato para pastor de la Iglesia de NorthRidge, había un hermano de influencia que parecía discrepar de casi cada asunto que yo proponía. Si había posibilidad alguna de convertirme en el pastor de esta iglesia, la aprobación de ese hermano iba a ser vital. Pero me encontraba del lado opuesto en casi todo asunto. Por supuesto que, durante una entrevista, la ruta más fácil y más común para tranquilizar a los que toman las decisiones, es suavizar las respuestas. Pero rehusé hacerlo. Si me los ganaba de esa manera, o estaría comprometiendo mi habilidad para tomar las decisiones correctas, o estaría obligándome a comprometer mi integridad una vez me convirtiera en su líder. Siendo que cualquiera de las dos salidas me era inaceptable, me ceñí de valor y no suavicé mis respuestas. Me mantuve firme en lo concerniente a todo lo que creía acerca de la iglesia, y hacia donde la dirigiría si era llamado. Al terminarse la reunión, estaba convencido de que había perdido el apoyo de ese hermano. Pero me había equivocado. No solo me apoyó como el candidato pastoral, sino que puso su influencia al servicio del apoyo. Resultó que lo que ese hermano no quería era a alguien que le dijera solo lo que le agradara a sus oídos. Quería a alguien que le dijera la verdad… sin miramientos. Quería un líder. Y creo que eso es lo que la mayoría de las iglesias busca y desea en sus pastores.

Compromiso

La sexta característica no negociable es el *compromiso*. Un líder adecuado deberá comprometerse. Si no está decidido a permanecer por un tiempo prolongado, no debe intentar liderar la iglesia a través de una temporada de cambio. Pienso que falta a la abnegación y que es lamentable introducir a la iglesia en una transición para luego uno irse antes de completarla. Los líderes correctos terminan lo que empiezan, aunque resulte trabajoso. Hay que entender que eso no está supuesto a tratarse del líder. Está supuesto a tratarse de Dios, y de los que necesitan tan desesperadamente su amor y su esperanza. Imagínate a Jesús en Getsemaní, levantándose de sus rodillas y diciéndoles a los discípulos: «Muchachos, despiértense. He decidido que todo esto es innecesario. Vámonos a pescar». ¿Qué hubiera pasado? Era algo que no se habría notado en el momento, pero se le habría privado al mundo de cualquier esperanza de luz, amor y vida. Lo mismo sucederá con la iglesia cuando un líder se vaya en medio de una transición difícil. Puede que no se note en el momento, pero el líder que se rinde le robará a la iglesia cualquier esperanza de tornarse efectiva en el futuro, y de que Dios intervenga en ella decisivamente. Ese tipo de vacante tenderá a que la iglesia se repliegue a su zona de seguridad, y a que vea el cambio como algo temible e indeseable.

Si hay algo que la transición necesita es un líder que continúe con el proceso contra viento y marea. En el caso nuestro, estando ya todos en la iglesia en medio de la transición, parecía que nada saldría bien. La retirada parecía ser el grito de guerra proveniente de todos los ministerios, y hasta de mis líderes más cercanos, y de los que más me apoyaban. De veras parecía que, si no dábamos vuelta atrás, estábamos en medio de una de esas «perfectas tormentas» que destruirían la iglesia. Tuve que asirme con las dos manos del timón de nuestra embarcación y continuar animando a los que estaban a mi lado, a fin de que la transición continuara. Todo era intenso.

Fue durante ese tiempo que recibí una llamada telefónica de una de las iglesias más prominentes y exitosas del país. El pastor, un hombre del que había aprendido mucho, y a quien admiraba profundamente, hacía poco había renunciado. Me llamaron con el pretexto de que deseaban mi consejo respecto a cómo encontrar a alguien que llenara la vacante. Me honraba que me hubieran llamado, y de veras quería ayudarles. Pero, al final de la extensa conversación, me hicieron esta pregunta: «¿Nos permitiría considerarlo como candidato para próximo pastor de nuestra iglesia?» Me pusieron en aprietos. Estaba pasando por el peor tiempo en una iglesia que todavía no mostraba mucha esperanza de convertirse en una iglesia creciente, relevante y efectiva. La oferta me la hacía una de las iglesias emblemáticas del país, que estaba pasando por el mejor de los tiempos. Debo también señalar que la decadente iglesia que yo estaba pastoreando se encontraba en Michigan, mientras que esa exitosa iglesia se encontraba en una de las ciudades más apetecibles del país. Parecía que era una oportunidad única en la vida. Para la mayoría de las personas, no hubiera sido complicado responder: «Sí, déjenme conseguir mi loción para el sol, y nos vemos mañana en la mañana». Y es verdad, no me fue complicado responder, pero en el sentido contrario. Les dije: «Me honran con lo que me piden, pero debo declinar la invitación». Procedí a explicarle a la persona que me llamó que pensaba que sería poco honesto de mi parte dejar mi iglesia en medio de una transición que yo mismo había empezado. Esta decisión no me resulto complicada porque yo ya lo había decidido cuando me comprometí a guiar esta iglesia a través de la transición. Si no hubiera sido así, la situación sin duda habría sido complicada… y yo fácilmente habría fracasado.

Por cuanto tenía la seguridad de que Dios me había llamado aquí, creía de todo corazón que no había mejor lugar para mí. Si Dios no me podía usar donde estaba, ciertamente no lo haría en ninguna otra iglesia. Así que me quedé. Eso ha traído como resultado que haya tenido el privilegio de ser parte de la obra asombrosa que Dios ha hecho en nuestra iglesia. No cambiaría esta experiencia por nada del mundo… ni siquiera por un clima perfecto.

Crecimiento continuo

La séptima y última característica no negociable es el *crecimiento continuo*. El líder adecuado para la transición requiere crecimiento continuo. La realidad es que las iglesias nunca podrán crecer más que sus líderes. Es infortunado el que la mayoría de las iglesias sean dirigidas por pastores, juntas e individuos que son expertos en estructura organizativa, gerencia de personal y programación de ministerios que fueron perfectas hace treinta años. Algo ha detenido su crecimiento. Ya lo dice el refrán: «Si siempre haces lo que siempre haces, siempre lograrás lo que siempre has logrado».

Mi consejo para los líderes que se rehúsan a continuar creciendo y aprendiendo, es que se quiten del medio, y que dejen que la iglesia sea dirigida por alguien que esté dispuesto a sudar gotas de sangre por ella. El líder adecuado debe continuar creciendo porque las circunstancias y los retos nunca dejarán de cambiar. He encontrado que mi necesidad de crecer como líder se expande exponencialmente a medida que pasa el tiempo o que nuestro ministerio crece.

Los líderes eclesiásticos necesitan crecer continuamente debido a su tendencia a desconectarse cada vez más del modo de vida de los de fuera de la iglesia y de la fe. Cuando somos jóvenes, es natural que tengamos todo tipo de puntos de contactos con el mundo y la cultura. Pero eso tiende a cambiar a medida que nos sumergimos en la vida cristiana y dirigiendo la iglesia. La consecuencia es que, sin darnos cuenta, empezamos a vivir en una burbuja de irrelevancia.

Debido a que los retos cambian, los líderes de la iglesia necesitan continuar aprendiendo a medida que crecen sus ministerios. Tal parece que yo sé lo que estoy haciendo, y que soy alguien de éxito como líder, pero la realidad es que nunca había dirigido una iglesia del tamaño y el alcance de esta. Hemos crecido tan rápidamente que me enfrento a desafíos hoy que nunca he enfrentado antes. Si falto a mi crecimiento en cuanto a entender las nuevas circunstancias y desafíos, los enfrentaré de la misma manera en que confronté los del pasado. Y lo más posible es que fracase. Nunca antes he estado en la necesidad de cambiar y entrar en transición como líder como lo estoy ahora. Afortunadamente, gracias a la manera en que fui hecho, nunca he tenido tanta hambre de crecer como ahora. Necesitaré continuar creciendo a fin de ser y permanecer como una fuerza que impulse la grey. Si la iglesia que dirijo empieza a crecer más que yo, me convertiré en un ancla en vez de un motor. Si me rehúso a continuar el crecimiento y el aprendizaje, me convertiré en una importante fuerza que hará que la iglesia fracase en ser lo que Dios quiso… la esperanza del mundo.

No poder terminar bien es uno de mis mayores temores. He visto a tantos terminar tan pobremente. Parecería que eso es un defecto común en todos los que han alcanzado el éxito, no importa en qué empresa humana lo hayan hecho. Por poco haya sido, se quedaron más tiempo de lo debido. Eso sucede en los deportes, en los negocios y también en la iglesia. La única manera de un líder asegurarse de que permanecerá sobre la jugada en el partido de su liderazgo, será por medio de un compromiso con el crecimiento y el aprendizaje continuos.

Una de las razones por las cuales relativamente pocos líderes continúan creciendo consiste en que la responsabilidad recae sobre ellos. Por lo regular, no hay nadie que esté mirando por encima del hombro del líder, para hacerlo crecer. Si dejo de crecer como líder en este momento, lo más probable es que pueda continuar pastoreando la Iglesia de NorthRidge por el resto de la vida. Y la gente pensaría, debido simplemente a su tamaño, que tuve éxito. Pero si ese fuera el caso, me convertiría en un fracaso. Estaría usando la iglesia, la cual fue hecha posible por una cruz y no por mis propios esfuerzos, para vivir una vida más cómoda. Si voy a dejar de ser una fuerza que impulse la iglesia, entonces debo irme. Algo menos que eso estaría siendo motivado por el egoísmo, deshonraría a Dios y destruiría la iglesia. Lo que me impulsa es mi pasión por la iglesia y su propósito.

> La única manera de un líder asegurarse de que permanecerá sobre la jugada en el partido de su liderazgo, será por medio de un compromiso con el crecimiento y el aprendizaje continuos.

Como dice claramente 1 Timoteo 3.1, es algo noble el que tú seas pastor o líder de la iglesia, o que desees serlo. En mi opinión, no hay nada mejor. Después de todo, serlo te coloca en el centro de aquello en lo que el todopoderoso Dios ha escogido prodigarse. Dirigir la iglesia también te coloca en el centro de lo que es la única esperanza para el mundo. No se puede estar en un lugar más asombroso. Pero, precisamente por tal importancia, fracasar no es una opción. Por lo tanto, al

querer ser parte de la maravillosa aventura de dirigir una iglesia, será vital que te asegures de ser el líder adecuado. No aceptes menos.

CAPÍTULO 6

Solo no lo puedes hacer

Invierte en líderes y forma equipos

El líder apropiado no dirige solo. Para poder lograr exitosamente la transición de una iglesia, el líder apropiado deberá invertir en otros dirigentes y en formar equipos. El día que eso deje de ocurrir, la iglesia estará condenada a detenerse, estancarse y declinar. Esa necesidad nunca disminuirá y el proceso nunca deberá detenerse. Nuestro ministerio es amplio y relativamente exitoso, pero, hoy más que nunca, sigo invirtiendo en líderes y formando equipos. De hecho, esto es lo que ahora percibo como mi tarea principal. También he dispuesto que sea el trabajo primario de mi personal. Esa es una realidad que se le requerirá a todo líder que esté buscando movilizar un ministerio o cambiar su rumbo. No hay opción. Me he dado cuenta de que cuando dejo de invertir en líderes y de formar equipos, la iglesia empieza a desacelerarse y a espurrear.

Todo permanece o cae con el liderazgo

He aquí la primera realidad que todo líder, y toda iglesia, necesita entender: todo permanece o cae con el liderazgo. Hay algunas personas amables, sinceras y aparentemente bien intencionadas que minimizan la importancia del liderazgo en la iglesia, pero se equivocan. Es peligroso pensar así, porque si la gente cree que el liderazgo no es importante, tratará de estructurar la iglesia para que limite ese liderazgo. Eso terminará por matar todo potencial que la iglesia tenga de convertirse en una fuerza de socorro y de esperanza en este mundo.

En mi opinión, la iglesia debe ser estructurada a fin de que se les permita a los líderes dirigir, no impedirles que dirijan. Aun así, muchos cristianos creen que un liderazgo fuerte no es saludable para la iglesia. Esa es otra razón principal por la que muchas iglesias no funcionan bien.

Fui pastor de una iglesia en Naples, Florida, durante tres años y medio. Cuando fui llamado inicialmente, la junta se componía de tres miembros. La iglesia tenía una asistencia de unas sesenta personas los domingos por la mañana. El pastor que me precedió había renunciado porque sentía que la iglesia ya le resultaba muy grande. De hecho, al renunciar, lo hizo con esas palabras, expresando su intención de encontrar un pastorado en una iglesia más pequeña.

Estoy seguro de que ese pastor era una buena persona, aun cuando viviera en un mundo inmensamente diferente al mío. Se me hace imposible comprender esa manera de pensar. Cuando llegué a esa iglesia en la Florida, pequeña en tamaño, tranquila y de lento proceder, lo hice proclamando una visión de una asistencia de miles de personas. Jamás olvidaré la reacción de la junta. Sentados en una de nuestras primeras reuniones, me dijeron medio aturdidos: «Creíamos que el pastor anterior era demasiado lento. Teníamos que estarlo empujando para que hiciera las cosas. Pero con usted, ya vemos que lo que tendremos que hacer es recogerle las riendas». No es común que un sentir así se exprese tan franca y claramente, pero así es como piensan muchas personas en las iglesias hoy. Aunque pensar así no tiene sentido, con todo, muchos cristianos siguen sintiéndose amenazados por los líderes que tienen la capacidad de hacer cambiar la iglesia con el fin de que opere una diferencia en la vida de la gente. Estas son las personas que organizan la iglesia de modo que puedan asegurarse de que el líder no funcione eficazmente. Eso es ridículo. Ya te podrás imaginar el hecho de que la oposición al cambio de parte de aquella junta hizo muy difícil mi trabajo como pastor. Eran excelentes personas, y Dios hizo varias cosas hermosas en esa congregación, pero la habían estructurado para limitar el impacto, no para maximizarlo.

Estructura para el liderazgo

Cuando Dios dote a las personas con el liderazgo, debemos no solo dejarlos dirigir, sino también celebrar su liderazgo. Como dice Romanos 12.6-8: «De manera que, teniendo diferentes dones, según la gracia que nos es dada, si el … que preside, [que lo haga] con solicitud».

En la primera iglesia que pastoreé, la primera reunión de la junta a la que asistí gastó todo el tiempo en decidir si iban a asar cerdo o pavo en el evento del Día del Trabajo de ese año. Se trataba de una iglesia que había ido de más de doscientos miembros a solo dieciocho, a pesar de que la comunidad estaba creciendo rápidamente. Nada se habló de alcanzar a la gente ni resolver los conflictos. No hubo un examen serio de los asuntos que enfrentaba la grey. Ciertamente, no se buscó el corazón ni la sabiduría de Dios para la iglesia, aun cuando la reunión empezó y terminó con oración. (Recuerdo que ese era el único papel que se pensaba que yo debía jugar en las reuniones.) Toda la reunión se enfocó en lo del asado de un cerdo o un pavo. Cuando al fin votaron, ganó el cerdo, o perdió, desde el punto de vista del cerdo. Con esa primera reunión pude determinar claramente cuál era el problema en esa iglesia. Sin embargo, cuando intenté asegurarme de que se atendiera el problema, no mostraron interés. Solo querían que me limitara a orar antes y después de que se votara por cosas que no importaban en aquel momento, y mucho menos en la eternidad.

> **Si las iglesias van a poder salir del atolladero y empezar a hacer una diferencia, deberán estructurarse para que los líderes dirijan.**

Una estructura para la rendición positiva de cuentas

Los líderes deben rendir cuentas. En mi presente pastorado, dado el crecimiento y el impacto considerables que hemos experimentado, he logrado una cantidad también considerable de influencia. Eso sí, cuando se dio el tiempo de reestructurar la constitución y los estatutos de nuestra congregación, me aseguré de que la nueva estructura requiriera la rendición de cuentas de mi parte. La razón era sencilla. He vivido lo suficiente como para haber aprendido algo acerca de la condición humana. Conozco mi propia humanidad, y también la de los demás. Los líderes necesitan que se les pida cuentas de manera clara e intencional.

Las iglesias necesitan estructurar la rendición de cuentas de su liderato. Pero la estructura no debe ponerle freno ni estorbar al liderazgo. La estructura debe estar dirigida a alentar y a garantizar que el líder tenga una vida de carácter piadoso, que dirija la grey en el cumplimiento de los propósitos divinos y que permanezca fiel a la Palabra de Dios en su enseñanza y liderazgo. Yo creo firmemente en que los líderes de la iglesia rindan cuentas. Pero la estructura de rendición de cuentas de las iglesias deberá responder a cosas dignas.

Las iglesias no deben restringir a sus líderes requiriéndoles un voto de aprobación para cada decisión menor, o para cada dinero que se gaste. Es cierto que la junta de una iglesia deberá asegurarse de que el presupuesto de gastos apoye las prioridades de liderazgo del pastor y que la cantidad de los fondos asignados sea razonable, pero no deberá inmiscuirse en cada detalle, de cada asunto, de cada área. Es más importante evaluar la manera en que las decisiones del líder impactan el crecimiento integral de la iglesia, que dictarle qué hacer o qué no hacer.

Si las iglesias van a poder salir del atolladero y empezar a hacer una diferencia, deberán estructurarse para que los líderes dirijan.

Deberán pedirles cuentas a los pastores por su fe, su integridad y su veracidad, pero no deberán intentar frenarlos o controlarlos.

El liderazgo es posible dentro de cualquier estructura

Habiendo dicho esto, es importante reconocer que, en términos generales, al líder apropiado le será posible dirigir eficazmente dentro de cualquier estructura eclesiástica. Escucho con frecuencia a líderes eclesiásticos culpar a la estructura de la iglesia por su incapacidad para dirigir. Con toda probabilidad, la estructura será solo un impedimento pero no, en última instancia, el problema.

Las cuatro iglesias que he pastoreado habían tenido al principio estructuras diferentes, pero difíciles. Al igual que con muchísimas otras, la estructura se les había convertido en una parte considerable del problema. Puede que la estructura hubiera apoyado en un tiempo la visión y el propósito de la iglesia, pero ahora se había vuelto el foco de atención y un obstáculo para la misión. No obstante, pude guiar a cada una de ellas a ir adelante dentro de sus propias estructuras. De esa manera fui capaz de facilitar gradualmente la transición estructural de cada una de ellas, excepto una, hacia estructuras que apoyaran más efectivamente al liderato. El líder apropiado puede dirigir dentro de cualquier estructura. Solo se requerirá paciencia, compromiso y un tipo de liderazgo que le sea propio. Por el solo hecho de que la estructura sea difícil, el líder no deberá pensar en salir corriendo. Más bien, deberá procurar la transición de esa estructura. Y valdrá la pena hacerlo, ya que cada iglesia representa el único cuadro del Señor Jesús que algunas personas jamás verán.

En última instancia, toda iglesia se levantará o caerá sobre las bases de su liderato. Por lo tanto, a medida que un líder trata de dirigir a una iglesia hacia la transición, y dentro de ella, recomiendo que se mantenga íntegra la estructura que ella tenga. Hasta tanto la estructura no sea cambiada por medios legítimos, trabajar dentro de esa estructura será una cuestión de carácter para el líder. Si el líder viola la estructura legal y oficial que la iglesia tiene, estará haciendo nula la influencia necesaria y requerida para poder dirigir legítimamente a través del cambio. Siendo que la confianza solo se establece por medio de un carácter probado, un líder deberá vivir por su carácter, ganándose así la confianza necesaria para dirigir. Una vez se establezca la confianza, la posibilidad de guiar legítimamente a la iglesia hacia un cambio de estructura se volverá una realidad.

En una de las iglesias que he pastoreado hubo una hermana que se me presentó como un enorme obstáculo para que la grey avanzara. No pienso que ella tuviera malas intenciones, pero su compromiso con la estructura resultaba un serio impedimento para toda clase de liderato. La manera en que esa iglesia estaba organizada requería una reunión administrativa, y un voto congregacional, para casi cada cosa, y ella controlaba las reuniones. El resultado fue que la hermana se convirtió en la dueña de la dirección de la iglesia. Su secreto, el cual pude descubrir, era este: se consideraba a sí misma una experta en *Brown's Book of Parliamentary Rules and Procedures* [Manual de procedimientos y reglas parlamentarias de Brown]. Yo sabía que si alguna vez iba a poder liderar esa iglesia, necesitaría restringir el poder que ella tenía para controlar las reuniones administrativas. Así que, me propuse la meta de aprender a manejar ese manual mejor que ella.

> Una persona sola no puede lograr transición alguna. Pero una sola persona puede servir de catalítico para iniciar cualquier transición.

Tal y como me lo imaginé, la hermana, en nuestra próxima reunión administrativa, quiso detener el proceso de decisión sobre un asunto en particular. Así fue más o menos como ella se expresó: «Con el permiso, pastor, usted no puede hacer eso porque...», tras lo cual presentó su razonamiento parlamentario. Ella terminó, y ahora era mi turno. «Usted tiene un gran corazón, hermana. Sé que ama a esta iglesia y quiere hacer lo correcto. En eso estamos de acuerdo. Pero si usted ha leído [tal sección, y tal inciso, y tal subinciso de] *Brown's Book of Parliamentary Rules and Procedures,* se dará cuenta de que esto sería tanto aceptable como deseable. Por lo tanto, procederemos». La hermana se sentó, jamás intervino en otra reunión administrativa. De hecho, se hizo amiga mía, y apoyó mi liderazgo. Me siguió mandando tarjetas de cumpleaños durante muchos años después que dejara de ser pastor de esa iglesia. Lo que pasaba era que estaba buscando un líder de carácter. Cuando encontró a uno, se convirtió de leona en cordero.

Una persona sola no podrá lograr una transición

Esta es otra realidad que todo líder y toda iglesia necesita entender: una persona sola no podrá lograr una transición, pero una sola persona sí puede ser el catalítico para que se empiece la transición. Son demasiados los líderes eclesiásticos que pretenden ser un hombre orquesta en su rol como agentes de cambio. Les resultará imposible. A lo más que un líder debe aspirar es a servir como agente catalizador para el inicio de una transición.

Mi primer pastorado fue un fracaso espectacular. Tenía veintiséis años de edad, y aunque había servido como pastor asociado durante un breve tiempo, esa era la primera vez que servía como pastor principal. Estaba emocionado. Me frustraba la falta de entusiasmo e innovación en las iglesias. Sentía que, en su mayoría, eran aburridas y que estaban atadas al pasado y paralizadas por tradiciones innecesarias. Por fin tendría la oportunidad de asumir un liderazgo que cambiaría la iglesia. Mi esposa y yo nos metimos de pies y cabeza, y empezamos a tratar todo lo que siempre habíamos querido hacer. Ella empezó a trabajar con la música, poniéndola al día y llevándola en una nueva dirección, con los niños y con los ministerios femeniles. También empezó a modernizar la decoración. Yo empecé a destacar considerablemente la evangelización, e inicié un ministerio agresivo de alcance comunitario. Cambiamos completamente el formato de los servicios de la iglesia y el de los demás ministerios. Cambiamos significativamente el boletín semanal y el resto de la literatura cristiana que usábamos. Todo en esa iglesia era mustio, así que aprovechamos nuestra nueva oportunidad de liderazgo para refrescarlo.

Las personas empezaron a tomar la decisión de seguir por primera vez a Cristo. La iglesia empezó a crecer inmediatamente. De hecho, en seis meses, había crecido en un 425 por ciento. Mi esposa y yo estábamos emocionados. Toda la gente nueva estaba emocionada. Por desdicha, la gente vieja de la iglesia no lo estaba. Aunque no lo supe hasta después, esa gente había empezado su propio programa de visitación. Estaban visitando a todos los miembros, incluso a los que hacía años que no asistían, con el propósito de hacerme renunciar como pastor.

No podía creerlo. Literalmente, no podía comprender cómo una gente que se llamaba cristiana podía ser tan insensible. ¿Cómo era posible que no se sintieran entusiasmados por la gente que venía a la fe y por una iglesia que creciera? A la luz de todo lo que estaba pasando, ¿cómo era posible que quisieran deshacerse de mí?

Ahora que lo pienso, entiendo perfectamente bien lo que pasó. Fue el resultado predecible del modo en que abordé los cambios en esa iglesia. En vez de guiar a las personas, y generar una transición en ellas, les *impuse* mi liderazgo y mi transición. No tomé en cuenta, en lo más mínimo, a la gente de esa congregación. Yo creía saber lo que había que hacer, y lo hice… sin incluirlos. Como resultado, la cosa me explotó en la cara.

Ese espectacular fracaso me dio una de las lecciones de liderazgo más importantes en la vida. Una persona sola no puede lograr transición alguna. Pero una sola persona puede servir de catalítico para iniciar cualquier transición.

Recordemos la ola

Tengo un buen amigo en nuestra iglesia que tiene bastante más edad que yo. Había llegado a la congregación treinta años antes que yo. Participaba en una de las clases de adultos pero, en términos generales, era un espectador en la iglesia. Sin embargo, después comprobé que también era un observador muy agudo. Varios años después de mi arribo tuve el privilegio de integrarlo a mi liderato. Fue entonces cuando me dijo algunas de sus observaciones. Él fue el que comparó lo que yo estaba haciendo en la iglesia con el que quiere empezar una ola. Me fascinaba lo objetivo de las observaciones de ese hermano. Me expresó que, durante los primeros dos años de mi ministerio, le parecía que aunque yo quería empezar la ola nadie se me unía. Cada semana yo me subía al púlpito liberando energía positiva y entusiasmo. Pero, invariablemente, todo caía como un baño de agua fría. Ese hermano era vendedor de profesión, y no podía creer cómo yo podía presentarme una semana tras otra con la misma energía positiva.

Como él se sentaba en la parte superior del auditorio, tenía una vista panorámica de lo que estaba pasando. Al cabo de dos años, notó que al fin un par de personas se me unieron. Lo supo por la manera en que respondían a la música y a mi enseñanza. Me dijo que le asombraba que esos pocos hubieran tardado tanto en unírseme. Pero, una vez tuve a gente que hiciera la ola conmigo, le asombró todavía más la manera en que se aceleró el impulso, y cómo cientos me respondieron de forma relativamente rápida. Mientras estuve haciéndolo yo solo, era fácil para la gente sentarse y mirarme. Pero cuando otros se me unieron, el entusiasmo se regó rápidamente.

Como mencioné en el capítulo anterior, «la ola» es una excelente ilustración de lo necesario que es el liderato. Una sola persona haciendo la ola no es una ola. Es solo una persona que se para y se sienta. Esa persona es, más bien, una distracción. Pero cien mil personas haciendo la ola es algo realmente asombroso. Ahora bien, la ola no sucederá sin que esa sola persona haga la decisión de convertirse en un catalizador para comenzarla. Pero tampoco se dará si solo esa persona la sigue haciendo sola. Esa persona deberá inspirar a otros a que se le unan.

Lo mismo sucede cuando se está guiando la iglesia a través de un cambio. Una sola persona que cambie, apenas se notará. Cuando más, como pasaba con mi amigo, esa persona resultará en un espectáculo interesante de observar. Pero cuando esa persona influye en otros, y se le unen, los cambios empezarán a tomar impulso. No todo el mundo tendrá que participar para que la ola comience, o para que tenga éxito. La próxima vez que presencies la ola en un evento deportivo, observa cuántas personas deciden no participar. No obstante, la ola se vuelve espectacular con los que participan. Lo mismo se aplica a lo de dirigir a una iglesia a través de la transición. No todos tendrán que participar, pero la ola espectacular que crees siempre se podrá mover alrededor de ellos.

Los líderes son los catalizadores de la transición

Una realidad triste de las iglesias es que los individuos que no participan de la ola, a menudo ocupan posiciones de liderazgo. Esto es problemático. Los líderes, para bien o para mal, influyen en los demás. Esto aclara el problema que enfrentan demasiadas iglesias en nuestro mundo. Una iglesia no termina en el lugar equivocado porque tenga todos los líderes apropiados, con todas las personas apropiadas asignadas a los equipos correspondientes. La verdad es lo opuesto. Por tanto, para que la iglesia logre con éxito una transición, el líder deberá dedicarse a conseguir los mejores líderes y la mejor gente para todos los equipos. A mayor número de líderes positivos que se puedan integrar, más rápido la iglesia empezará a responder. Pero la experiencia me ha enseñado que esto no sucederá por accidente. El líder deberá empezar invirtiendo intencionalmente en dirigentes positivos, y formando equipos positivos, si es que va a ser el catalizador del inicio de una transición.

Invirtamos en los líderes existentes

Los líderes existentes, y las personas con influencia, deberán entender los asuntos que la iglesia encara. Ellos deberán entender las razones detrás de lo que la iglesia esté experimentando en el presente. Deberán entender por qué la iglesia no alcanza nuevas personas, por qué son tan pocos los que profesan la fe y no se bautizan, por qué se ha perdido una generación, por qué no ven una transformación real en las personas, y así el resto de las realidades que la iglesia enfrenta. Es tarea del líder ayudarlos a entender esos asuntos, cómo han terminado en ese enredo, y qué deberán hacer para poder salir del mismo.

Cuando llegué a la Iglesia de NorthRidge, la congregación se encontraba en problemas. Ahora yo era el pastor principal, estaba consciente de que mi trabajo sería entender las razones de su declinación y ayudarla a entenderlas, pero especialmente a los líderes. Así que me di de inmediato a la tarea. Lo primero que hice fue empezar un ministerio denominado Discipulado de diáconos. La iglesia tenía cuarenta diáconos. Todos excepto uno tenían más edad que yo. Les indiqué que nos reuniríamos una vez al mes para discutir las razones detrás de los problemas existentes. Ellos necesitaban entender por qué la iglesia había estado declinando durante treinta años; por qué los jóvenes, incluso sus propios hijos, no asistían ya; y qué había que hacer para cambiar la situación. Claro que, para que tal cosa sucediera, yo también tenía que entenderlo. Esa sería mi primera responsabilidad. Yo necesitaba investigar, identificar y entender esos asuntos para poder ayudar a que los entendieran. Como líder, me di a la tarea de convertirme en el experto de la congregación. Así que, una vez al mes, nos reuníamos, y yo empezaba a decirles lo que había aprendido. Eso resultó vital para poder sentar las bases del cambio y crear relaciones personales con los líderes existentes.

Las discusiones que se dieron en esas reuniones me permitieron identificar a los individuos que eran de influencia positiva en la iglesia, y los que no. Eso fue muy valioso. Descubrí varios tipos de individuos en la junta de diáconos. Había los que se encontraban tan frustrados con los problemas que daban cualquier cosa por cambiarla de inmediato. Lo desalentador de la declinación de la iglesia era más poderoso que el amor de esos individuos por el pasado. Ellos estaban de mi lado. Era obvio que necesitaría continuar invirtiendo en ellos, y ayudarlos a expandir su influencia como líderes. Serían los que me ayudarían a empezar la ola.

Había otro grupo de diáconos que amaba de corazón a Dios y que quería que la iglesia alcanzara gente para Cristo, aunque a la misma vez le gustaba la iglesia como estaba. El cambio que esos individuos adoptarían sería extremadamente lento, pero lo harían, aun a regaña-dientes, si podían ver con honestidad que el cambio agradaba a Dios y cumplía la Gran Comisión. Si, con el debido tiempo, se alcanzaba con éxito a la gente y se revigorizaba la iglesia, esos individuos tarde o tem-prano prestarían su apoyo. Y, gracias a la historia y a la influencia de ellos en la iglesia, ese apoyo crearía un impacto importante. Decidí, pues, que debía continuar invirtiendo en ellos y en su liderazgo, pero que vigilaría el nivel de apoyo que ofrecieran.

> **Sustituir a los líderes negativos no es solo difícil sino contrariado, pero la iglesia se merece el sacrificio que eso requiera.**

También descubrí un tercer grupo. Se com-ponía de individuos que amaban y valoraban a tal punto las tradiciones de la iglesia, su cultura y sus métodos que nunca, bajo ninguna circuns-tancia, considerarían un cambio. En sus mentes, Dios amaba lo que ellos amaban, y lucharían para preservarlo a cualquier costo. Nunca lo hubieran admitido, pero yo sabía que esos individuos no permitirían jamás que la verdad los confundiera o los desviara. Solo veían la verdad a través del lente de lo que creían. Asumiendo que no hubiera intervención, aquello en lo que esos individuos creían nunca cambiaría, no importara cómo se presentara la verdad. Esa es la clase de gente acerca de la cual escribí en el capítulo cuatro, la gente que creía de corazón que quitarle a una iglesia el himnario sería pecado. Esa era su «convicción», aun cuando no hubiera verdad bíblica que la apoyara. En mi caso, no era que yo estuviera comprometiendo de manera alguna la verdad, pero sabía que no podría hacer nada para llevar a esas personas a aceptar los cambios que estaba introduciendo. Se opondrían a todo cambio de manera franca y agresiva. Usarían la posición de liderazgo para influenciar negativamente a tantos como pudieran. Y no lo harían con integridad; lo harían de un modo subversivo. Representaban un peligro claro y real para el futuro de la iglesia. Si yo no tomaba medidas para sacarlos del liderato y reducir su influencia, continuarían lesionando a la grey.

Remueve a los de influencia negativa

Como líder, tenía la responsabilidad de proteger a esa iglesia. Necesitaba encargarme de las personas de influencia negativa. Nunca será fácil hacerlo, y uno no se siente nada de espiritual haciéndolo, pero esa es la responsabilidad que Dios les ha dado a los líderes y a la iglesia: que enfrenten a los cismáticos y traten debidamente con ellos. Romanos 16.17 dice: «Mas os ruego, hermanos, que os fijéis en los que causan divisiones y tropiezos en contra de la doctrina que vosotros habéis aprendido, y que os apartéis de ellos». Tito 3.10 manda: «Al hombre que cause divisiones, después de una y otra amonestación deséchalo». Suena duro, pero enfrentar a esas personas y deshacerse de ellas como es debido, es lo que Dios quiere que hagamos. Dios ciertamente no querrá que los dejemos en posiciones de liderazgo y de influencia. No es que esas personas no le importen a Dios, sino que no dejan de ser un peligro para su grey. Son personas que utilizarán su influencia para encontrar a otras iguales para influenciarlas. Uno tendrá que deshacerse de esa clase de influencia destructiva, de otro modo se comenzará una ola en reverso. La iglesia es demasiado importante como para permitir que un cismático afecte su habilidad de compartir el amor y la esperanza con el mundo.

Parecería extraño, pero la mayoría de la gente piensa que el grupo que se opone al cambio en la iglesia son principalmente las personas de mayor edad. Puede que eso sea cierto respecto a algunos de ellos, pero me he dado cuenta de que la edad no tiene nada que ver con la resistencia al cambio. En nuestra iglesia, no eran pocas las personas de mayor edad que amaban de corazón la Gran Comisión. Querían desesperadamente ver que la gente viniera de nuevo a la fe por medio de nuestro ministerio. Muchos estaban dispuestos a hacer lo que fuera necesario para que se lograra. Por otro lado, a algunos de los adultos jóvenes de nuestra iglesia les obsesionaba el poder. Querían controlar la iglesia. La edad no es un problema cuando se trata de responder al liderazgo y al cambio positivo. El problema es el carácter. Y si el carácter de la persona es cuestionable, no se le deberá permitir que represente ni a Dios, ni al líder, ni a la iglesia.

Sustituir a los líderes negativos no es solo difícil sino contrariado, pero la iglesia se merece el sacrificio que eso requiera. Yo he tenido que pasar muchas veces por esa experiencia con el fin de ver que la iglesia vuelva a ser una fuerza positiva. Una vez, estando yo fuera de la ciudad, uno de los principales oficiales de nuestra iglesia convocó a una reunión de todos los diáconos y de las personas influyentes de la congregación. Quería conducir una «inocente» indagación acerca de cómo andaban las cosas en la iglesia.

Y, claro, de inocente nada había en la indagación. El líder no estaba de acuerdo conmigo en cuanto a cómo yo estaba dirigiendo varios asuntos candentes, como la música. Estaba tratando de crear un oleaje de negativismo en contra de mi liderazgo. Estaba tratando de obligarme a someterme a sus intenciones al querer crear un problema en donde no existía. Y, por supuesto, lo estaba haciendo de manera subversiva. Lo estaba haciendo a mis espaldas, en lugar de abordar el problema de modo positivo y constructivo. La razón de su proceder era sencilla: él sabía que no podría lograr lo que quería si procedía de manera legítima.

Esas cosas ocurren todo el tiempo en las iglesias, pero si no son enfrentadas, se volverán la práctica común, e impedirán cada vez más que la iglesia pueda reflejar a Cristo. Siendo que los enfrentamientos incomodan, los pastores, desafortunadamente, prefieren mejor que se les manipule y se les controle. En casos así, yo creo que las palabras del Señor en Mateo 10.16 deberán ponerse en práctica: «He aquí, yo os envío como a ovejas en medio de lobos; sed, pues, prudentes como serpientes, y sencillos como palomas».

Al regresar esa vez a la ciudad, se me hizo consciente de la reunión y de la indagación. A la vez que traté de mostrarme ingenuo, me volví prudente como la serpiente. Le pedí de inmediato al líder subversivo que nos reuniéramos. A la mañana siguiente vino a mi oficina, y lo enfrenté con el verdadero problema: su carácter. Quiso que discutiéramos los asuntos, y quiso darme a entender que estaba tratando de ayudarme y de protegerme, pero todo era tan obvio que hizo que la farsa se viniera al piso. La persona renunció al cargo y se fue de la iglesia. La Palabra de Dios fue honrada. El respeto a mi carácter y al liderazgo se fortaleció. La iglesia pudo seguir positivamente adelante. Fue algo emocionalmente agotador, y una prueba personal para mí, pero se hizo lo que había que hacer. La iglesia es la esperanza del mundo, pero tiene que funcionar bien. Si no se lleva a cabo esa clase de enfrentamiento, la iglesia nunca funcionará.

Mientras escribo esto, me parece escuchar la respuesta típica de alguien a lo que acabo de relatar: «Mi estructura no me da el poder de quitar líderes». La mía tampoco. Ni lo hubiera necesitado. La persona renunció. Yo le hice ver quién era él, y lo que estaba haciendo. No necesité poderes constitucionales; tenía la autoridad bíblica. Le sostuve las normas de carácter que Dios espera del liderato. El hermano era una persona relativamente inteligente, por lo que se dio cuenta de que había perdido la autoridad. Si me hubiera amenazado con una represalia, yo le habría expuesto mi plan: «En nuestra próxima reunión pública, me pondré de pie y le enseñaré a nuestro pueblo lo que es ser persona de carácter. Y lo usaré a usted como mi principal ejemplo de un líder en nuestra iglesia que vive en clara violación de las normas divinas». Yo le hubiera aclarado que esa era una batalla en la cual yo estaba dispuesto a enfrascarme y a ser derrotado, con tal de mantener en alto las normas de Dios.

Algunos líderes empiezan a sudar solo con pensar en un enfrentamiento de esa naturaleza. Quiero que sepas que a mí no me agradan esas situaciones. Todo lo contrario, soy alguien que congenio con las personas. Quiero a la gente, y deseo que la gente me quiera. Pero valoro más la aprobación de Dios que la de los hombres. Valoro más el bienestar de la iglesia que el mío. Estoy más comprometido con que la gente encuentre la esperanza eterna que con evitarme problemas. Y creo que así debe ser con cada seguidor auténtico de Cristo.

Haz el esfuerzo de trabajar con la gente

La clase de enfrentamiento y de remoción a la que me he referido no es ni típica ni frecuente. Por lo regular, la gente negativa se vuelve positiva, o por lo menos no tan negativa, si se le da alguna atención y ayuda. El líder deberá estar dispuesto a trabajar con la gente, aun con los difíciles, con tal que se abstengan de ser una influencia negativa. El líder deberá estar dispuesto a aceptar la crítica, aunque sea infundada y dura, siempre y cuando se haga a puertas cerradas, y no afecte o impacte negativamente a la gente de la iglesia.

Como he mencionado anteriormente, cuando llegué a esta iglesia heredé un número de asociados que habían estado trabajando con la congregación por décadas. Varios me apoyaron decididamente, pero a un par de ellos se les hizo difícil, y con razón. Si yo hubiera estado en sus zapatos, se me habría hecho difícil, con tanta experiencia y permanencia, encontrarme que ahora tenía que responderle a un individuo de la mitad de mi edad. Me hubiera sido difícil que se me cuestionara todo lo que yo acostumbraba hacer. Así que, traté de ofrecerles a esos dos pastores asociados una gracia inmensa. Mi meta era ayudarlos lo mejor que pudiera para que terminaran bien. Quería honrarlos como era debido, no basarme en la manera en que me trataban sino en sus años de servicio fiel. Por lo tanto, tomé esta decisión: no tendría problemas con sus actitudes negativas, y su crítica, a menos que ellos permitieran que las mismas alcanzaran a la iglesia. Si se podían abstener de influenciar negativamente a la gente de la grey, no me importaría la molestia que me causaran. Pero si empezaban a regar el veneno de la negatividad, tendría que llamarlos a capítulo. Eso era lógico, ya que lo que valía aquí era la salud de la iglesia, y no mi confort. Yo estaba convencido de que honrar a esos hombres, hasta donde fuera posible, sería algo grandemente positivo para la iglesia. La tensión permaneció durante varios años, y las circunstancias no fueron las mejores, pero esa manera de abordarlos ayudó mucho la iglesia, y a mí como líder. Esos compañeros se jubilaron de manera honrosa, y muchos de los que los apreciaban decidieron seguirme. No es fácil, pero así debe lucir la iglesia cuando trabaja bien. Como dijo el Señor Jesús en Juan 13.35: «En esto conocerán todos que sois mis discípulos, si tuviereis amor los unos con los otros».

La gente apropiada en los equipos apropiados

Requiere tiempo y paciencia ubicar a todas las personas apropiadas en los equipos apropiados. El líder deberá mantener sus manos firmes en el timón del barco mientras navega a través de la marea del cambio. El proceso de formar equipos empieza ayudando a los líderes existentes a entender los problemas que la grey enfrenta, a la vez que uno observa la manera en que ellos responden a la identificación de los que influyen positivamente, y los que no. El líder necesita, a la misma vez, desarrollar líderes nuevos y positivos, con el fin de tenerlos listos para que entren en posiciones de liderazgo según surjan las vacantes. Las personas realmente positivas impactan, sea que ocupen posiciones o no; son excelentes en animar a otros. Si se invierte en ellos, se obtendrán considerables beneficios en el aumento del impulso para empezar la ola.

A medida que un líder empieza a aumentar la influencia, puede empezar a utilizarla para movilizar a nuevos líderes hacia posiciones de liderazgo. Lo más fácil es movilizarlos a esas posiciones a medida que los líderes existentes desocupan los cargos. Eso es algo que se puede hacer sin importar el tamaño de la congregación. Todo lo que requiere es el uso cuidadoso de los líderes que están aumentando su influencia. Este proceso continuará hasta alcanzar el punto de cambio en la balanza. Los que influyen positivamente empezarán a tener más peso que los neutrales o los negativos. Y cuando eso suceda, la ola empezará a agarrar fuerza. Yo soy una persona impaciente, lo cual me hacía pensar que, en nuestra iglesia, ese proceso se estaba tomando una eternidad. Sin embargo, llegó el momento en que por fin alcanzamos el punto de cambio. Y fue increíble. A mí me fue posible bajar un poco la guardia, jugar menos a la defensiva en las reuniones de la junta y entre los líderes, y empezar a canalizar sus energías positivas en una mejor dirección. Mis líderes y yo empezamos a trabajar juntos en vez de estar especulando, vigilándonos, preocupándonos y a la expectativa. De verdad que empecé a disfrutarlo.

> El que una iglesia sea pasada considerablemente de moda e irrelevante, la hace perder su habilidad de influenciar a la gente en favor de Cristo y de la eternidad.

En nuestra iglesia, hoy la mayoría participa de la ola. Eso ha traído como resultado que los de afuera se pregunten de qué se trata todo ese entusiasmo. Así que vienen y curiosean. Pero cuando entran, les hablamos de Cristo. Ahora son miles los que hacen la ola. Requirió que se sudaran grandes gotas de sangre, y se derramaran lágrimas, pero ha valido la pena. Y ese puede ser el caso en cualquier ambiente de iglesia… con tal que el líder empiece a invertir en otros dirigentes y a formar equipos positivos. Si lo hace, un día la inversión alcanzará el punto de cambio en la balanza, y se dará la transición.

Habían pasado seis años desde que mis líderes y yo habíamos estado invirtiendo energías en la iglesia, pero sin mayor evidencia de cambio. La verdad era que, al cabo de esos seis años, seguíamos declinando. Uno de mis buenos amigos de la iglesia, que es un líder activo, me dijo una vez que, en ocasiones, llegó a preguntarse si yo era una persona mentalmente sana. Me dijo: «Usted se ponía de pie y empezaba a hablar de todas las cosas grandes que Dios estaba haciendo, y todo lo que yo veía era a tres familias más que también se paraban, pero para irse de la iglesia. Empecé a preocuparme por usted. No estaba seguro de que tuviera un sentido claro de la realidad». Entonces él, mirándome a los ojos, me dijo: «Cuánto me alegro de que usted lo haya creído».

Si no hubiera creído, si me hubiese ido al cabo de los seis años de ese ministerio, me habría perdido la obra inexplicable de Dios en este lugar. Trabajamos durante mucho tiempo sin evidencia alguna de cambio pero, un día, la transición se dio. Y valió la pena esperar.

Los equipos positivos no ocurren por accidente

Este cambio positivo no se habría dado si no hubiéramos invertido en líderes ni formado equipos. Formar equipos con las personas que influyen positivamente creará bolsones de movimiento positivo en la iglesia. A medida que el líder trata de empezar la ola en una esquina, otros estarán tratando de energizarla en otra esquina. Es vital que se tenga gente que le ayuden a uno a crear el cambio. Ellos serán los que contrarrestarán las debilidades del líder, aliviarán sus cargas y ayudarán a que no se sienta solo. Los equipos positivos son el recurso más valioso del líder. Pero no se forman por accidente.

Fui un estúpido al hacer de mi ministerio algo solo mío durante años, puesto que no establecí como prioridad invertir en líderes y formar equipos. Cometí un error. Porque para que una iglesia funcione bien, su líder debe invertir en la vida de otros. Debe formar equipos. Pablo lo hizo claro en Efesios 4.11-12: «El mismo constituyó a unos, apóstoles; a otros, profetas; a otros, evangelistas; a otros, pastores y maestros, a fin de perfeccionar a los santos para la obra del ministerio, para la edificación del cuerpo de Cristo». Dios creó la iglesia para que funcionara como un cuerpo (1 Corintios 12).

CAPÍTULO 7

Provéeles de una razón

Exponlos a la necesidad del cambio

A l llegar a mi presente ministerio me asombré de que muchos no le vieran problema alguno a la iglesia. Como he dicho en el primer capítulo, esta congregación estaba sufriendo una declinación que se había prolongado ya por tres décadas. En los diez años previos a mi llegada, había perdido dos terceras partes de la gente. A mi modo de pensar, era obvio que esta iglesia estaba en problemas. Pero mi pensar no era definitivamente el mismo de ellos. Algunos de los líderes clave entendían plenamente los problemas que se estaban encarando, pero la mayoría pensaba sinceramente que todavía seguían siendo una gran iglesia. Un buen número de personas en esa excelente congregación no podía entender por qué otros se iban. Ni por qué las visitas no regresaban. No lo podían entender porque les encantaba la iglesia, en todo respecto, así como estaba. Se sentían cómodos con ella. Para ellos, la congregación seguía siendo una excelente iglesia.

La manera de sentir de esa gente no era inusual. He visitado algunos hogares con muebles y decorados que, o sufrían de un increíble deterioro, o tenían fecha de expiración de hacía tres décadas. Pero los dueños pensaban que todo estaba perfecto. Se habían acostumbrado. Se sentían a gusto. Sin embargo, para alguien que visitara la casa, era obvio que se necesitaba un cambio. El decorado no afecta el funcionamiento de la casa, pero impactaba considerablemente su valor. Si hubieran querido venderla en esas condiciones, habrían perdido una cantidad considerable del valor acumulado. Ese era el tipo de problema que les habría señalado el corredor de bienes raíces. Era posible que los dueños se hubieran sorprendido y hasta ofendido, pero el sentido común les habría dicho que era mejor modernizar las cosas si querían recuperar el valor completo de su inversión.

La misma realidad se aplica a la iglesia, solo que hay mucho más en juego que el valor de una propiedad. El que una iglesia esté pasada considerablemente de moda, y sea irrelevante, la hace perder su habilidad de influenciar a la gente a favor de Cristo y de la eternidad. Puede que se vea bien para los de adentro, pero cuando entran los de afuera, el mensaje que reciben es meridianamente claro: Dios es un anciano que está cansado, lleno de polvo y que ya no cuenta. «Si Dios es así», concluyen, «no habrá forma de entenderlo. Si esto es lo que significa ser cristiano, nunca podré serlo». Es claro que el estilo y el decorado de la iglesia no tiene nada que ver con la naturaleza de Dios, ni con lo que significa ser cristiano, pero ese es el mensaje que definitivamente se comunica.

> **La mayoría se entusiasmará, y querrá participar, cuando vean el problema y entiendan que pueden ser parte de la solución.**

Esto, además de otros problemas, era exactamente lo que pasaba en nuestra iglesia cuando llegué como pastor. Alguien iba a tener que señalarles los problemas, así como lo hubiera tenido que hacer el corredor de bienes raíces con los dueños de aquella casa. Siendo que se les hacía imposible a los miembros de la iglesia ver por su propia cuenta los problemas, sería imperativo que un líder los expusiera a la necesidad de cambio.

La gente no arregla lo que no está roto

Este es un problema en la mayoría de las iglesias. Hay que verlo desde la perspectiva de ellos: no hace falta arreglar lo que uno piensa que no está quebrado. A la mayoría de los que asisten fielmente a la iglesia, les gusta como es. Se sienten cómodos. Les gusta ver la misma gente. Les gusta la música. Les encanta el antiguo decorado y el olor a viejo. Todo les ofrece cierto ardor en su corazón y los mantiene ligados a su historia. No deja de ser maravilloso tener un lugar de retiro como este en un mundo que se mueve vertiginosamente, y que cambia continuamente.

Lo que esa gente no entiende es que los de afuera no están ligados de manera alguna con esa clase de lugar. En vez de que les arda el corazón, lo que sienten es que se les ignora. Lo que realmente sienten es que ese lugar le pertenece a un club privado y que no tienen necesidad de nuevos miembros. Son personas bien intencionadas; sencillamente no ven el problema. Por lo tanto, el líder tendrá que ayudarlos a que lo vean.

Durante los días de Nehemías, había un problema similar en Jerusalén. La ciudad no servía para nada. La gloria de Dios ya no se manifestaba. El pueblo de Dios vivía en una pocilga y ni siquiera lo notaba. No veían el problema. Se habían acostumbrado. La ciudad no representaba mucho, pero ahí vivían. Eran el pueblo escogido, y vivían en la ciudad de Dios, pero estaban viviendo en ella como si fuera un vertedero.

Nehemías tuvo que venir desde el Imperio Persa para advertirles el problema. Les hizo ver los muros resquebrajados. Les tuvo que recordar que la gloria de Dios solía habitar en ese lugar. Una vez empezó a exponerlos a los problemas, despertaron a la necesidad del cambio. Empezaron a reconstruir los muros. Eso nos lleva a pensar que el problema no era que nada les importara; el problema era que no habían notado nada.

Yo he encontrado una realidad similar en la iglesia. Es tristemente cierto que hay unos pocos a los que nada les importa, pero en el caso de la mayoría de los que asisten a la iglesia, lo que sucede es que simplemente no notan el problema. Así que, alguien tendrá que exponer la iglesia a la necesidad de un cambio si es que va a poder ser guiada hacia y a través del cambio. Claro que también es cierto, como lo fue en los días de Nehemías, que habrá quienes tratarán de impedir que la iglesia se renueve. Pero la mayoría se entusiasmará, y querrá participar, cuando vean el problema y entiendan que pueden ser parte de la solución. Todo lo que se necesita es un líder como Nehemías, que sienta verdadera carga por el problema, y que esté dispuesto a hacer los sacrificios que haya que hacer para que otros vean la necesidad del cambio.

> **Una iglesia fracasa si no vive a la altura de los valores que Dios le ha establecido.**

Cuando vine a esta iglesia, yo ya sufría una enorme carga por ella. Había sido una gran congregación, y había alcanzado a miles para Cristo. Pero, como con Jerusalén, la calamidad los había alcanzado. A mí no me faltaba la pasión y el deseo de ver a esta que fue en el pasado una gran iglesia, volverse grande de nuevo, pero si realmente iba a hacerle ver los problemas, yo mismo tenía que entenderlos. Tenía que conocer completamente y de primera mano cuáles eran sus problemas y qué los causaba. Hasta que yo no los entendiera, no sería capaz de ayudar eficazmente a la iglesia a entenderlos. Así que, mientras llevaba a cabo todas las funciones normales y necesarias de mi pastorado, mi máxima prioridad vino a ser convertirme en el experto de los problemas que la iglesia enfrentaba. Y eso es lo que toda grey necesita: alguien con la carga de ver la iglesia siendo todo lo que Dios quiere que sea, alguien con un afán de hacer de su tarea el que la iglesia entienda, y alguien con un deseo de compartir las razones para el cambio con los demás.

> **Demasiadas iglesias en el día de hoy están jugando a la defensiva al hablar más de cómo retener gente que de cómo alcanzarla. Esto es un fracaso de valores.**

Cambiemos por una buena razón

Mientras examinaba, por así decirlo, los muros de nuestra iglesia, llegué a la conclusión de que, si iba a cambiar sin entrar en componendas, *el cambio debía ser motivado por un criterio esencial*. En otras palabras, si yo iba a lograr mover exitosamente a la gente desde donde se encontraba haciendo iglesia como les gustaba, hacia otra forma de hacerlo, necesitaría ligar el cambio a un criterio fundamental.

Durante mi esfuerzo por entender los problemas de nuestra grey descubrí que estábamos fracasando en dos áreas esenciales. Primero, estábamos experimentando un fracaso de propósito. Teníamos muchísimas actividades, pero no estábamos cumpliendo con la Gran Comisión: «Por tanto, id, y haced discípulos a todas las naciones, bautizándolos en el nombre del Padre, y del Hijo, y del Espíritu Santo; enseñándoles que guarden todas las cosas que os he mandado» (Mateo 28.19-20). Nuestra iglesia estaba haciendo muchas cosas, pero no estaba siendo exitosa en el propósito único que Dios le había dado.

A medida que le hacía ver este problema, me sorprendió con agrado la respuesta de muchos. Descubrí que a un alto porcentaje de la gente le interesaba profundamente que la iglesia pudiera alcanzar personas para Cristo. Disfrutaban de todas las actividades, pero cuando vieron que no estaban ayudando a alcanzar gente para Cristo, muchos empezaron a ver lo que les gustaba de un modo diferente. Era como si por fin pudieran ver los muebles y el decorado pasados de moda de la casa a la luz de un nuevo criterio. Nada cambió de la noche a la mañana, pero muchos de ellos estaban un poco más dispuestos a querer comprar nuevos muebles. Eso es lo que debe suceder en cada iglesia que se enfrenta a la necesidad de un cambio. Alguien deberá ayudar a la iglesia a ver lo que está haciendo a la luz del propósito que Dios le ha designado. Si la iglesia está alcanzando gente para Cristo, y ayudándola a crecer espiritualmente, no habrá necesidad de cambio. Pero si no ha visto a alguien venir a la fe en uno o dos años, ahí habrá una razón fundamental para el cambio.

En segundo lugar, me percaté claramente de que estábamos fracasando en los valores que Dios nos había dado, cosa que discutiré en el próximo capítulo. No había duda de que ese era un asunto esencial. Una iglesia fracasa si no vive a la altura de los valores que Dios le ha establecido. Cuando pude identificar esa realidad en nuestra iglesia, la razón de nuestra declinación se me hizo tan clara como el cristal.

Una vez se identifica el asunto medular, se vuelve más bien fácil hacerle ver el problema a la grey. Será solo un asunto de poner a la iglesia bajo la lupa de la Biblia. Lo que sigue son algunos de los ejemplos que utilicé para hacerle ver a nuestra congregación la necesidad del cambio.

Ofensiva o defensiva

En Mateo 16.18, Jesús dijo: «Edificaré mi iglesia; y las puertas del Hades no prevalecerán contra ella». En otras palabras, «Mi iglesia estará a la ofensiva, no a la defensiva». Jesús hizo claro que la iglesia tendría que atacar las puertas del infierno, las puertas de la oscuridad. Con un grito de guerra como el de, «somos más que vencedores», la iglesia debe estar derribando las puertas del infierno en la vida de las personas. Es una desdicha que demasiadas iglesias en el día de hoy estén jugando a la defensiva al hablar más de cómo retener gente que de cómo alcanzarla. Esto es un fracaso de valores.

Una simple lectura de Hechos 2 clarifica que nadie tuvo que convencer a los creyentes de que era necesario venir a la iglesia. Estaban sucediendo grandes cosas. Las vidas estaban siendo cambiadas. La presencia y las promesas de Dios se notaban. La gente quería ser parte de eso. Y así mismo sucederá cuando la iglesia esté funcionando bien.

Hace unos años, siendo yo pastor de otra congregación, recibí la llamada telefónica de un colega del área. Quería saber si algunos «de los suyos» estaban asistiendo a mi iglesia. Estaba tratando de seguirles el rastro y de hacerlos regresar a donde les pertenecía. Desde la perspectiva suya, que dejaran «su iglesia» no era aceptable. No me faltaron las ganas de decirle: «Compañero, hay otra llamada telefónica que está entrando, y es para ti». Él pensaba que el problema lo tenía la gente, cuando la realidad era que el problema lo tenía él y «su» iglesia. Era un pastor que estaba jugando a la defensiva: trataba de retener personas en lugar de alcanzarlas. Cuando tal cosa ocurre, la iglesia ha fracasado claramente con sus valores.

Verdad o tradición

Muchas iglesias, como la nuestra al principio que llegué, sin saberlo o sin quererlo, han comenzado a valorar sus tradiciones más que la verdad de Dios. Como ya hemos visto, eso ocurrió con los fariseos en los días de Jesús. Mateo 15.1-3 dice: «Entonces se acercaron a Jesús ciertos escribas y fariseos de Jerusalén, diciendo: "¿Por qué tus discípulos quebrantan la tradición de los ancianos? Porque no se lavan las manos cuando comen pan". Respondiendo él, les dijo: "¿Por qué también vosotros quebrantáis el mandamiento de Dios por vuestra tradición?"».

Eso no deja de ser común en las iglesias de hoy. La gente, de manera lenta pero inevitable, empieza a valorar la bomba manual de agua más que el agua misma. Más que la verdad, valoran el nombre, la estructura, los programas, la liturgia, el estilo, la música, el decorado y demás tradiciones de la iglesia. Eso es un fracaso de valores que mata a la iglesia.

Lo bueno o lo malo

De ninguna otra manera es más evidente el fracaso de valores en la iglesia que cuando se ve a la luz de lo que la Palabra de Dios dice referente al hecho de que los creyentes deberán vivir para «otros». Por ejemplo:

Amarse unos a otros (Juan 13.34).

Amarse los unos a los otros ... Preferirse unos a otros (Romanos 12.10).

Ser unánimes entre nosotros ... No ser sabios en nuestra propia opinión (Romanos 12.16).

Recibirse los unos a los otros (Romanos 15.7).

Servirse los unos a los otros (Gálatas 5.13).

Estos son precisamente los valores de Cristo. Lo que hagamos con estos valores marcará la diferencia entre lo bueno y lo malo en la manera de relacionarnos con los demás. Cuando la iglesia exhibe exitosamente estos valores, los mismos se vuelven la luz y la esperanza del mundo. Si no, son valores que no están haciendo su debido trabajo. Es desafortunado que, por lo regular, las iglesias estén padeciendo de un fracaso de valores en esta área. Como resultado, fracasan en cuanto a honrar a Dios. Como en los días de Nehemías, hoy se necesitan líderes que empiecen a hacerle ver estos valores esenciales a la iglesia. Y la gente de buen corazón escogerá el propósito y los valores de Dios antes que los propios.

Si eres líder en tu iglesia, podrás hacer que ella vea el problema y restablezca la gloria de Dios en la congregación, como hizo Nehemías con Jerusalén. Deberás abrazar este propósito como la razón de tu liderazgo. En esta sección he introducido los principios para empezar la transición. Se necesita un líder apropiado, que invierta en los líderes apropiados, que forme los equipos apropiados y que le haga ver a la gente la necesidad de cambio. Cuando estas cosas estén en su lugar, la ola empezará.

PARTE 3

Marca el blanco

CAPÍTULO 8

Ayúdalos a ver en 4-D

Desarrolla e implementa una hoja de ruta de los ministerios

Cuando niño, el establecimiento comercial Kmart me parecía mucho más grande que el universo que yo conocía. Pero poco me importaba. Siempre he sido un aventurero. Así que, aunque apenas tenía seis años, estaba listo para explorar el mundo. Mi mamá, que siempre me sobreprotegía, cumplía fielmente su deber manteniéndome el ojo puesto. No obstante, ese día decidí que era tiempo de explorar esa megatienda por propia cuenta, así que emprendí la escapada. El temor no me acompañaba. Mi idea era que, de alguna forma, yo sabría por dónde ir. Así que emprendí la aventura. Sin embargo, como el perro que ladra tras la llanta de un automóvil en marcha, cuando al fin conseguí lo que quería, me quedé perplejo. Los pasillos de la tienda se tornaron en un laberinto de proporciones gigantescas. Me perdí. Lo mismo hubiera dado que fuera la Ciudad de Nueva York. No recuerdo los rostros que veía ni las palabras que oía, pero sí el terror que me invadió. Me eché a llorar amargamente. Como suele ser el caso con un niño que llore en una enorme tienda, inmediatamente me convertí en el centro de atención de un pequeño ejército de gente. Todo el mundo vino en mi socorro. Por lo regular, toda esa atención hubiera sido suficiente para calmar a alguien. Pero el pánico me había sobrecogido completamente. Todo lo que recuerdo fue la larga y agonizante espera sin que mi mamá apareciera. Pero cuando por fin la vi, mi mundo volvió de repente a la normalidad.

Ese día, y en ese lugar, me di cuenta por primera vez que detesto encontrarme perdido. Soy hombre, y no debe ser así. Pero lo detesto. Detesto perderme más que tener que pasar por la humillación de preguntar cómo llegar a algún lugar. Cuando entro a un establecimiento comercial, lo primero que hago es preguntar dónde está lo que estoy buscando. Nada de eso de pasar horas haciéndome el que sabe. Lo mismo sucede cuando estoy conduciendo el automóvil. Tan pronto pienso que no estoy seguro hacia dónde voy… me detengo y pregunto.

Esa es una de las razones de por qué me encanta el siglo veintiuno. Ahora puedo garantizar mi hombría sin riesgo a perderme. Tengo mi propio sistema de posicionamiento global (GPS, por sus siglas en inglés). Es maravilloso. Prefiero tener un GPS antes que el mejor de los juegos electrónicos computarizados. El GPS ha sustituido al perro como el mejor amigo del hombre. Yo necesito saber dónde estoy, hacia dónde me dirijo, y cuánto tiempo me va a tomar llegar. Y mi GPS me da toda esa información sin tener que darle comida ni recoger lo indeseable.

Esta aversión mía a perderme se refleja en mi estilo como líder. Mi propia experiencia me dice que la mayoría de las iglesias está perdida. No tienen la más mínima idea de dónde están, a dónde van, cómo llegar y cuánto tiempo les tomará. Eso trae como resultado frustración, confusión, desánimo, temor y pérdida de tiempo. Son iglesias que lo único que saben es que se supone que se reúnan a las once de la mañana los domingos, y que hablen de Jesucristo. Y después se preguntan por qué tan pocas personas asisten al servicio.

Es extraño que esa sea la realidad, en vista de que a la iglesia se le ha comisionado ayudar al perdido a encontrar el camino de regreso a casa. No en vano está teniendo tantos problemas hoy. La iglesia nunca podrá cumplir su propósito, ni influir significativamente en el mundo, mientras ella misma se encuentre perdida.

La hoja de ruta de los ministerios

De esto se trata el cuarto principio para lograr una transición exitosa dentro de la iglesia. Esta debe averiguar dónde está, hacia dónde se dirige y cómo llegar, si es que va a poder pasar por una transición que la haga más eficaz, pero sin comprometer la verdad de Dios. Si la iglesia ha de pasar por una transición hacia una mayor eficacia, pero sin comprometer la verdad divina, deberá averiguar dónde está, hacia dónde se dirige y cómo llegar a su destino. La iglesia debe desarrollar y ejecutar lo que yo llamo «una hoja de ruta de los ministerios».

> **La iglesia debe averiguar dónde está, hacia dónde se dirige y cómo llegar, si es que va a poder pasar por una transición que la haga más eficaz, pero sin comprometer la verdad divina.**

Claro que no es necesario que la llames así pero, definitivamente, necesitarás una. Una hoja de ruta así. Clarifica la ruta. Eso hace más fácil evaluar la efectividad de la iglesia. Esta hoja de ruta te permitirá saber al instante dónde se encuentra la grey con relación a su propósito, si está progresando y a qué ritmo. Es esencial que la congregación desarrolle una hoja de ruta, y la siga, a fin de saber si está guiando sus ministerios en la dirección correcta.

No puedo ser categórico en muchas cosas, pero en esta sí. No ha habido iglesia que termine en el lugar equivocado siguiendo el plan correcto. Por lo tanto, si ella no está donde debe o está teniendo dificultades, se deberá a no tener el plan correcto, o a que no lo está siguiendo como es debido. No hay algo más fundamental que eso.

Digámoslo en el siguiente lenguaje: la hoja de ruta de los ministerios representa un cuadro o descripción de lo que la iglesia debe ser. Representa la descripción fundamental de la razón para la existencia de la grey y para la intención definitiva de todas sus actividades. Si la iglesia no clarifica su objetivo en términos sencillos, nunca podrá dirigirse con precisión hacia el mismo. Cualquiera puede disparar un arma de fuego, pero pocos pueden hacerlo con precisión. Hay una sola manera de distinguir al francotirador diestro del que es un principiante: el diestro da en el blanco. Lo mismo es cierto en cuanto a las iglesias.

Es fácil para una congregación decir que está teniendo éxito cuando no se ha fijado una meta específica. Pero cuando se la fija, todo cambia. De aquí la necesidad de una hoja de ruta para los ministerios. La nuestra se reduce a tres sencillas tarjetas o fichas, las cuales ponemos a la disposición de todos. Les llamamos las tarjetas de «lo que más vale». El que las recibe, quien quiera que sea, sabrá de inmediato de qué se trata nuestro ministerio. A los que nos visiten, se les hará tan fácil como a nuestro liderato evaluar lo que estamos haciendo.

Nuestro objetivo se ha hecho claro. A eso se debe que nunca estemos perdidos, aunque a veces nos podamos salir de la ruta. Aun si nos halláramos donde no queremos, sabremos hacia dónde ir y cuál será nuestro destino final. Y todo el que tenga las tarjetas de «lo que más vale», también lo sabrá.

Nuestra hoja de ruta simplemente define la visión, el propósito, los valores y la estrategia de los ministerios de nuestra congregación. Es todo nuestro ministerio en una cápsula. Nuestra hoja de ruta le revela al público el código genético de nuestra iglesia. Nos sirve como nuestro GPS eclesiástico: no nos permite perdernos, ni salirnos de la ruta, ni desperdiciar tiempo.

El tiempo me ha hecho descubrir que la mayoría de las iglesias formulan su propósito de una manera pero se organizan de otra. En otras palabras, son iglesias que lo que dicen no se refleja en lo que son. Pero si la iglesia ha de impactar al mundo, tendrá que asegurarse de que sus actividades sean congruentes con sus reclamos. Para poder lograrlo habrá que desarrollar e implementar la hoja de ruta de los ministerios. En el caso nuestro, hemos desarrollado la nuestra, y sus conceptos básicos, siguiendo cuatro palabras que empiezan con la letra *d*. Animamos a cualquier iglesia que quiera hacer la transición hacia la efectividad «a que ayude a su gente a ver en 4-D».

Visión

Nuestra visión nos *define*. Para mí, la mejor descripción de visión es «el cuadro en el que se pinta nuestro futuro preferido». Yo veo la visión como el cuadro al que nos pareceremos cuando estemos funcionando bien. La visión no cambia; lo que cambia constantemente es la ubicación de la iglesia con relación a su visión. Un día la grey luce exactamente como está pintada en el cuadro. Pero al siguiente ya los colores pueden estar borrosos. A eso se debe el hecho de que hay que tener la visión siempre clara. La visión define a la iglesia.

> **La visión no cambia; lo que cambia constantemente es la ubicación de la iglesia con relación a su visión.**

En Hechos 2.41-47, Dios nos dio su visión para la iglesia. Este pasaje hace un recuento de ella en su primer día de existencia. El cuadro que nos muestra de ella es perfecto, ya que nos la presenta antes de que la gente metiera sus pequeñas y sucias manos en ella, y lo echara todo a perder. Por haber sido ese el primer día de la iglesia, podemos confiar en que así es como Dios quiere que ella se vea. En ese su primer día, el cuadro de la iglesia incluía tres hermosas imágenes. La gente descubría a Cristo, se desarrollaba en Cristo y experimentaba a Cristo.

En nuestra congregación hemos desarrollado un cuadro similar de nuestra visión y lo hemos colgado en la pared. Nuestra visión es «ser un centro en el que uno descubra a Cristo, se desarrolle en Cristo y experimente a Cristo». Un centro al que venga gente de todos los trasfondos y, juntos, descubran el propósito, el potencial y la promesa que se encuentran en Cristo. Nuestra visión nos define. Toda iglesia necesita una visión que defina la razón de su existencia. Es una desdicha, sin embargo, que haya tantas que solo… existan.

Propósito

Nuestro propósito nos *dirige*. Dirige la iglesia para que funcione de cuantas maneras sea necesario a fin de que se parezca al cuadro que ha sido pintado. El propósito dirige todas nuestras actividades, para asegurarnos de que todo se ajuste a nuestra visión. Nos permite asegurarnos de que todo esté trabajando bien.

Creemos que, así como Dios nos da la visión de la iglesia en Hechos 2, Jesús nos da claramente su propósito en Mateo 28.19-20. A esos versículos se les conoce comúnmente como la Gran Comisión. Nosotros hemos expresado este propósito en términos más contemporáneos, pero el propósito de nuestra grey es claramente el que el Señor le definió a todas las iglesias. Nosotros hemos expresado nuestro propósito de la siguiente manera: «Existimos para guiar a las personas a una vida de fe en Cristo, y en un camino de completa devoción a Él, una persona a la vez». Este propósito dirige todas nuestras actividades y decisiones. Nos mantiene a todos moviéndonos congruentemente hacia delante en la misma dirección. Toda iglesia necesita un propósito claramente definido. Muchas, sin embargo, no lo tienen, por lo cual dispersan sus actividades y decisiones en mil rumbos distintos. Como consecuencia, ven sus recursos agotados y su potencial para distinguirse en el mundo se paraliza.

Valores

Nuestros valores nos hacen ser *decididos*. Creemos que nuestros valores proveen literalmente el combustible para toda actividad positiva en la iglesia. Siendo que vivo cerca de Detroit, es lógico que emplee un ejemplo de la industria automotriz. La visión de nuestra iglesia se compararía a un hermoso cuadro de cómo lucirían unas vacaciones si todo saliera como lo planeáramos. La visión es el cuadro en la pared que define la vacación perfecta. Vivo en un lugar en el que el invierno nos acompaña durante casi seis meses del año, así que es mejor que identifique el lugar de las vacaciones ideales en el sur de California.

El propósito de la iglesia orienta al automóvil para que se enrumbe al lugar de las vacaciones. Ese rumbo deberá ser hacia el oeste. Pero aun cuando sea claro el cuadro que hayamos pintado de esas vacaciones, y que el automóvil esté marchando en el rumbo señalado, no hay garantías de que, en efecto, experimentaremos la belleza del sur de California. Para que podamos llegar allá, se necesitará combustible en el tanque del automóvil. Aquellos valores que una iglesia exprese claramente como suyos, constituirán su combustible. Son los valores los que hacen que la iglesia marche decididamente hacia el cumplimiento de su propósito.

Hay muchas iglesias que tienen la visión correcta. Saben cómo deben lucir cuando estén trabajando como es debido. Conocen su propósito. Pueden citar a Mateo 28.19-20. Saben cuál es su destino, y tienen el automóvil apuntando al rumbo correcto. Pero no marchan. Y la razón es que no tienen combustible en el tanque de su automóvil. Por desdicha, no tienen la clase correcta de valores que los haga ser decididos.

Los valores no serán acogidos si no son realzados

Yo dedico mucho tiempo a mantener nuestros valores ante nuestra congregación. De hecho, pienso que son ellos los que en última instancia hacen que la grey marche en la dirección correcta. Nuestra iglesia es una excelente ilustración de esta verdad. En sus orígenes, fueron precisamente los valores los que la propulsaron con su singular impacto.

En las décadas de 1940 y 1950, la nuestra era una de las iglesias más grandes del mundo. Alcanzaba continuamente a cientos de personas para Cristo. Y eso no ocurría por casualidad. El pastor de entonces saturaba a la congregación con el valor de la evangelización. Era su mensaje principal. Eso hizo que la iglesia se decidiera en cuanto a ese valor.

Los años pasaron, hubo un cambio de pastor y el valor de la evangelización fue suplantado, poco a poco y de manera sutil, por otros valores. Lo que los impulsaba ahora eran valores más bien relacionados con las tradiciones y la cultura. Se preocupaban mucho por preservar el estilo, el lenguaje, las tradiciones y las preferencias de sus ministerios de corte «sureño». Eso trajo como resultado que esos valores predominantes fueran los que ahora dirigieran sus ministerios. Muchos quizá no lo hubieran aceptado, pero lo cierto es que estaban dispuestos a dejar de ganar personas para Cristo con tal de que pudieran continuar realizando unos ministerios que se conformaran a sus valores culturales. Había valores que todavía los hacía cristianos decididos, pero con un rumbo equivocado.

Cuando llegué como pastor, tuve que conectarlos de nuevo con los valores originales, para que pudieran empezar a funcionar bien como iglesia. Los saturé de la valoración de alcanzar a los perdidos y traerlos a la iglesia, lo que los hizo de nuevo decididos en ese rumbo. Empezaron a ceder en los asuntos de tradición y cultura, y a apoyar los cambios necesarios para volver a alcanzar a la gente para Cristo.

Toda iglesia es impulsada por valores

Toda iglesia es impulsada por valores. La pregunta es si son los valores correctos. Si una iglesia se conforma con no alcanzar a la gente para Cristo, la impulsan los valores equivocados. Por tanto, si va a poder hacer la transición hacia la efectividad, tendrá que ser saturada con los valores correctos. Si un líder satura coherentemente de valores bíblicos a la iglesia, estos valores comenzarán a encender el fuego de su congregación. Cuando los valores que impulsen a la grey sean los correctos, no habrá que obligarla. Tendrá el combustible necesario que la impulsará hacia su propósito.

Un notable ejemplo de eso se ve en uno de los valores fundamentales que hemos abrazado: «La excelencia honra a Dios e inspira a las personas». Este valor lo infunden pasajes como el de Colosenses 3.23 y

Hebreos 10.24: «Y todo lo que hagáis, hacedlo de corazón, como para el Señor y no para los hombres». «Y considerémonos unos a otros para estimularnos al amor y a las buenas obras». Yo creo que nada merece más la excelencia que la iglesia de Jesucristo.

La gente de negocio está dispuesta a hacer lo que sea necesario con tal de conducir sus negocios con excelencia. Claro está, lo hacen para lograr una mayor ganancia. Ciertamente, no hay nada malo con ganar dinero pero, a lo sumo, es algo temporal. Sin embargo, muchas de nuestras iglesias, las cuales tratan con lo eterno, están dispuestas a conformarse con la mediocridad. Esto no está bien. Si algo merece excelencia es la iglesia de Jesucristo. Por yo creer tan firmemente en este valor, es que se ha convertido en uno de los siete principales de nuestra iglesia. Nosotros habla-mos todo el tiempo acerca de la excelencia y la hemos visto hacerse parte del entretejido de nuestra iglesia. Como resultado, este valor nos impulsa. Todo lo que hacemos, tratamos de hacerlo con la clase de excelencia que honre a Dios e inspire a la gente. La prueba de ello se puede ver en el impacto de nuestros ministerios.

> **Si algo merece excelencia es la iglesia de Jesucristo.**

Por ejemplo, todos los años hacemos un programa de Navidad en el cual invertimos cada gramo de excelencia que nos sea posible. Como respuesta, la gente es inspirada. La asistencia alcanza casi las treinta mil personas cada año. Y es interesante notar que un porcen-taje alto de la gente que asiste no es creyente. ¿Por qué alguien que no es creyente querrá venir a un evento navideño en nuestra iglesia? La respuesta es sencilla: la excelencia inspira a la gente. Una vez recibí un correo electrónico de uno de esos visitantes no creyentes. Era una per-sona que frecuentaba los espectáculos de Broadway, pero si se le pedía que escogiera entre Broadway y nuestra presentación navideña, me dijo que escogería la nuestra. Nadie discutirá que a Dios se le honra cada vez que hacemos lo mejor en su nombre. El número considerable de decisiones espirituales que se hacen durante esas presentaciones cada año honra a Dios más que cualquier otra cosa. Eso revela que nuestros valores nos hacen ser realmente decididos.

La pregunta que todo líder y toda iglesia se debe contestar es esta: «¿Estamos siendo impulsados por los valores apropiados?» Antes de que la congregación pueda entrar en una transición, habrá que definir los valores apropiados y saturarla de ellos.

Estrategia

Nuestra estrategia nos *diseña*. La mayoría no lo creería, pero las opciones y preferencias respecto a la manera de una iglesia hacer ministerio son vastas. Si una iglesia se dedica a ensayar con cuanta oportunidad de ministerio se le venga a la mano, como algunas lo hacen, no llegará nunca a ningún sitio. De igual manera, si no aprovecha ninguna de las oportunidades a la mano, y opta por quedarse estancada en donde ha estado durante los últimos veinticinco años, tampoco llegará a ningún sitio. Para que haya un equilibrio entre estos dos extremos en una iglesia, se requerirá el desarrollo de una estrategia. Esta proveerá una hoja de ruta para llegar a la visión. Proveerá el cuadro de un futuro anhelado.

Cuando yo era niño, mis papás hicieron algo tan impresionante que todavía lo recuerdo como si fuera hoy. Hicimos un viaje familiar por tierra, ida y vuelta, desde Michigan hasta California, por la costa oeste del país. Entre los dos puntos del viaje pudimos ver casi todo lo que valía la pena ver. Visitamos el Gran Cañón, Las Vegas, el Bosque Petrificado y el Bosque de los Secuoya. Cerramos nuestro viaje de vacaciones visitando la Feria Mundial en Seattle. Fue un viaje increíble. Pero no sucedió por casualidad. Todo lo que mis hermanos y yo hacíamos era subirnos y bajarnos del automóvil, aun cuando nuestros papás tenían que decidir cada detalle de la ruta. En aquel momento yo no tenía la más mínima idea de que ellos hubieran planeado ese detallado viaje. Desde mi perspectiva de muchacho, pensaba que todo se daba como por arte de magia. Uno se subía al automóvil, pasaba el rato con sus hermanos, se quedaba dormido por un rato, se quejaba al cabo de otro rato y, por fin, como por arte de magia, de pronto llegábamos a los lugares maravillosos. Pero, claro, lo menos que había en todo eso era magia.

No obstante, es así como piensan muchas iglesias acerca del ministerio. Carecen de una estrategia para alcanzar la visión y el propósito que Dios les ha diseñado. Los feligreses simplemente se presentan al templo cada semana, se sientan en sus lugares preferidos, disfrutan de un rato con la familia espiritual, cabecean de sueño otro rato, y hasta se quejan otro poquito. Y así, de alguna manera, como por arte de magia, la iglesia supuestamente deberá arribar al asombroso destino que Dios desea para ella. Bueno, todos sabemos que eso nunca sucederá. Alguien tendrá que diseñar una estrategia.

Al hablar con un sinnúmero de líderes eclesiásticos me he dado cuenta de que tienen, en su mayoría, una idea general de la visión y el propósito de Dios para la iglesia. Saben que se espera que se preocupen por los perdidos y por alcanzarlos con el amor y la esperanza de Cristo. Parecen entender más o menos bien que la iglesia debe ser un lugar en el que, los de vidas arruinadas, encuentren a un Dios que los restaure. La mayoría parece saber que Dios quiere que se ayude a los menos afortunados. No son muchos líderes los que pasarían por alto que la iglesia debe ser un lugar en el que los creyentes puedan crecer espiritualmente, y en donde puedan servir. El punto aquí lo tienen bastante claro.

Sin embargo, cuando les pregunto cómo van a hacer todo eso, ya no lo tienen tan claro. Les pregunto: «¿Cuál es tu estrategia?», y no se les ocurre nada. Abren las puertas de la iglesia a la hora que deben. Leen los pasajes bíblicos que correspondan a ese día. Hacen las oraciones pertinentes. Cantan los himnos debidos. Anuncian las actividades correspondientes. Mantienen los estantes de literatura bien suplidos. Predican los sermones apropiados en los días adecuados. Pero, por lo regular, no tienen la más mínima idea de cómo llegar a ser la iglesia que Dios les ha llamado a ser. En otras palabras, participan de la grey como yo del viaje familiar a California. Solo se suben al automóvil, viajan en él y, de alguna manera, esperan llegar al destino soñado.

Al fin de cuentas, una iglesia sin estrategia será una que no funcionará bien ni podrá hacerlo. Si una iglesia no sabe cómo hacer las cosas, no las hará. Ese viejo y trillado cliché podría ayudar aquí: «Es mejor tirarle al blanco y errar, que tirarle a nada y pegarle». Para que la iglesia se convierta de manera exitosa en la esperanza del mundo, deberá tener una estrategia y seguirla.

Hay que desarrollar una hoja de ruta de los ministerios

Claro está, una cosa es saber que se necesita una estrategia para cumplir con la visión. Pero otra completamente diferente es crear una de veras. No puedo siquiera imaginarme la clase de vacaciones familiares que hubiéramos tenido si me hubieran pedido a mí, un niño de tres años, que preparara la ruta de nuestro viaje a California. Te puedo asegurar que nunca hubiéramos llegado a California, y menos a ninguno de esos maravillosos lugares que visitamos. Mi mapa del viaje se hubiera parecido a la tabla con un blanco al que se le lanzan dardos.

Sangre, sudor y lágrimas

Es vital que revisemos algunos principios importantes para el desarrollo de una hoja de ruta para la iglesia. Es relevante también saber que no será una tarea necesariamente fácil, ni será algo que ocurrirá de momento. Requerirá sangre, sudor y lágrimas aunque, al final, valdrá la pena. Si se hace bien, esta hoja de ruta liberará a la iglesia para que sea lo que debe ser: la esperanza del mundo.

La iglesia que define su visión, su propósito, sus valores y su estrategia estará literalmente creando (o identificando) el código genético a través del cual se desarrollará. Ese código, si se forja bien, proveerá un cuadro claro de cómo se verá ella cuando esté funcionando bien. A eso se debe que sea vital que la iglesia tenga sumo cuidado al desarrollar una hoja de ruta. No deja de ser sabio ni valioso el que se aprenda y se tome prestado de otras congregaciones, pero el producto final deberá ajustarse y serle único a cada iglesia individualmente. No es nada afortunado el que demasiadas iglesias no hagan otra cosa que adoptar lo que ha descrito a otras, sin haberlo pasado por el cedazo de su propia situación, historia, personalidades, liderazgo y habilidades. Esto, por lo regular, no saldrá bien. Lo que usualmente sucede es que se escogerá la descripción de una iglesia que no se ajustará al carácter único de la otra. Como resultado, no se producirán los efectos deseados de los ministerios, no importa cuán arduo se trabaje. Las iglesias emuladas con mayor frecuencia son las grandes y exitosas. Eso podría ser sensato, pero lo cierto es que su éxito normalmente se relaciona más con los dones únicos de su líder que con la hoja de ruta de los ministerios. Sin un líder que se parezca, el solo tomar prestado la visión, el propósito, los valores y la estrategia (no importa cuán bien expresados estén), no traerá el mismo resultado. Por eso es vital que cada iglesia cree una descripción apropiada de cómo hacer ministerio, en la cual se armonicen sus fortalezas y debilidades.

Otra razón de por qué puede que no resulte el que se tome prestado la hoja de ruta de otra iglesia, es que sería una salida demasiado fácil. Cuando no se ha invertido mucho esfuerzo en esa hoja de ruta, no existe una razón imperiosa para utilizarla o para retenerla. Si no funciona, lo cual sería el caso con cualquier plan que no se trabaje a fondo, la iglesia no sentirá mayor pérdida cuando decida enterrar un plan así. Las muchas veces que eso ha ocurrido ha hecho que la grey siempre termine afectada. Lo he visto con mis propios ojos. Veo a pastores que asisten a un coloquio y salen de él inspirados. La inspiración se convierte en el catalizador para la nueva forma de conducir los ministerios en sus iglesias. Sin casi empeño alguno, ni oración, se llevan consigo las nuevas ideas a sus iglesias, y comienzan a predicarlas apasionadamente. ¡Las congregaciones se entusiasman porque piensan que por fin sus pastores sienten pasión por algo! Pero el problema que casi siempre surge es que nada sucede. Y es que eso era predecible, ya que los pastores, aunque estaban inspirados por ciertas ideas, carecían de un plan para implementarlas. Es obvio que, si no tenían un plan, no podían seguirlo. Por eso todo siguió igual.

Un par de meses o un par de años después, los mismos pastores asisten a otro coloquio o conferencia, y se repite el mismo patrón. Así de caro pagan esos pastores por la falta de un plan. Es como el que compra platos y cubiertos baratos y desechables: no le costará mucho echarlos a la basura después de un solo uso. No será así con la vajilla cara. Y lo mismo ocurre con la iglesia. Cuando no has invertido de veras en un plan, es fácil que lo deseches si nunca lo has usado, o si lo has usado solo un par de veces. Pero cuando haces serias inversiones en el desarrollo de un plan, la tendencia será a invertir de ti mismo en hacerlo funcionar. Será un plan que tenderá a ser un mejor reflejo de tus fortalezas, tus circunstancias y tus pasiones características. El cambio continuo de rumbo mata a la iglesia.

Propiedad compartida

Las iglesias necesitan tomar en serio este proceso. Necesitan asegurarse de que las hojas de ruta de sus ministerios reflejen genuinamente la singular voluntad y el llamado único de Dios para ellas. Pero para que eso suceda, no se le podrá dejar a una sola persona el desarrollo de la visión, el propósito, los valores y la estrategia. Creo que el pastor debe ser un catalizador, aunque no deberá intentarlo solo. Si la hoja de ruta responde a solo una persona, ¿qué pasará si esa persona deja la iglesia, o cuando lo haga? La hoja de ruta debe ser desarrollada por medio de un proceso que incluya a un grupo de personas singularmente dotadas, a un grupo a quienes la iglesia les importe. Cuando eso suceda, el plan seguirá siendo favorecido y trabajado aun cuando Dios llame al pastor a otro lugar. Un sentido compartido de pertenencia moverá poderosamente a la iglesia hacia adelante.

Oración

La oración debe ser el cimiento de este proceso. Después de todo, es la iglesia de Dios. Si Dios no inspira la visión, el propósito, los valores y la estrategia, la iglesia estará en problemas. Me fascina Santiago 1.5-7, y cómo se aplica a este asunto: «Y si alguno de vosotros tiene falta de sabiduría, pídala a Dios, el cual da a todos abundantemente y sin reproche, y le será dada». Todos necesitamos sabiduría. Por lo tanto, todos debemos pedírsela a Dios, especialmente cuando nos encontremos en el proceso de descubrir su voluntad para la iglesia. Si esta ha de tener la esperanza de volverse todo lo que Dios desea que sea, necesitamos bañar con oración el proceso de la planificación.

> **No habrá visión, propósito ni valores legítimos, para la iglesia, que no procedan de las páginas de la Palabra de Dios.**

Que la Biblia sea la guía

La Biblia deberá ser la guía cuando de detallar la hoja de ruta de los ministerios se trate. Si los detalles no fluyen de la Palabra de Dios, la iglesia tendrá que descartar su hoja de ruta y empezar de nuevo. Muchas congregaciones que no funcionan bien sufren de este problema: el propósito y los valores de sus ministerios carecen de base o autoridad. Los tales no podrán guiar a la iglesia si carecen de la autoridad convincente de la Palabra de Dios. No hay esperanza que ofrecer fuera de la verdad divina. La iglesia verdadera nunca se sentirá motivada a abrazar el cambio si no se puede establecer claramente que este es congruente con la Palabra de Dios. No habrá visión, propósito ni valores legítimos, para la iglesia, que no procedan de las páginas de la Palabra de Dios.

Iglesias diferentes, estrategias diferentes

A diferencia de la visión, del propósito y de los valores, la estrategia no tendrá que extraerse necesariamente de la Biblia, aun cuando deba complementarla y acoplársele a ella. Las iglesias que anuncian tener una estrategia bíblica se están buscando problemas. Ese era un problema mayor en nuestra iglesia cuando llegué por primera vez de pastor. A la gente se le había dicho que operaban la grey de «manera bíblica». Por consiguiente, cambiar cualquier cosa que estuvieran haciendo sería pecado. Pero el problema consistía en que no era «la manera bíblica». Había sido una manera eficaz de cumplir con el ministerio a mediados del siglo veinte, y para gente sureña. Era una forma que se acoplaba con el propósito y los valores de Dios para la iglesia, y dio resultados en aquel tiempo. Pero cuando los resultados faltaron, había que cambiar la manera de hacer las cosas. Una estrategia será sensata solo si lleva a la iglesia a cumplir el propósito de Dios. Si no lo cumple, deberá cambiarse, de lo contrario la grey fracasará en lograr el propósito de Dios. Son demasiadas las congregaciones que se enamoran de la manera en que conducen los ministerios, en vez de enamorarse de la razón por la cual lo hacen. ¡Eso es entrar en componendas, y hay que detenerlo!

> **La hoja de ruta de los ministerios deberá al fin de cuentas identificar el latido típico del corazón de cada congregación individualmente.**

Una estrategia nunca debe comprometer los principios y valores claramente expresados en la Palabra de Dios. Todo vale en tanto y en cuanto no los comprometa. El propósito final de una estrategia deberá ser el que la misma se preste para cumplir con el propósito de la iglesia. Si se presta, deberá utilizarse. Si no se presta, deberá cambiarse.

Será inevitable que unas iglesias repitan algunas cosas que otras hagan, y será necesario que todas aprendan de las demás, pero cada iglesia deberá tener una estrategia propia. Toda iglesia deberá cumplir con la Gran Comisión, pero no toda lo tendrá que hacer de la misma manera. Dios no mandó que se alcanzara a la gente de cierta manera. Dios no dijo que la iglesia tendría que tocar a la puerta de los extraños, empezar un ministerio con autobuses, patrocinar cruzadas o campañas evangelísticas, o predicar un mensaje evangelístico los domingos en la noche. Todo lo que dijo fue que alcanzáramos a la gente. No hay nada malo, por necesidad, con ninguna de las estrategias que acabo de mencionar, pero tampoco hay necesariamente nada bueno. La única pregunta que se aplica es si son los mejores medios para cumplir con lo que Dios le ha mandado a la iglesia. Si los son, tu iglesia deberá practicarlos. Si no, deberá descartarlos. Tenemos un problema cuando las congregaciones que siguen practicando esas maneras tienden a condenar a las que las dejan de practicar. Aunque no les estén dando resultados, lo cierto es que las siguen practicando pensando que son estrategias bíblicas. Eso arruina a demasiadas de nuestras iglesias. La estrategia nunca deberá comprometer la Palabra de Dios, sino complementarla, pero la clave está en que dé resultados. Si no, la iglesia necesitará desarrollar una nueva estrategia.

Haz la tuya

Cuando la iglesia esté desarrollando una hoja de ruta, puede y debe investigar lo que otras congregaciones con base bíblica estén haciendo. Será una importante ayuda para poner por escrito una hoja de ruta efectiva para hacer ministerios. Hay mucho que aprender de lo que Dios ha hecho y está haciendo en otras congregaciones. Una vez una iglesia dada se exponga a la amplia gama de los distintos ministerios en otras congregaciones, encontrará que algunos no tienen nada en común con lo que ella hace, pero que otros se parecen. Esa es la manera de ser receptiva a las ideas que el Espíritu Santo pueda usar para inspirarla como iglesia. La grey que nunca extienda la mirada más allá de su mundo, se autolimitará considerablemente. Siendo que Dios es más grande que cualquier iglesia o denominación en particular, creo firmemente en que obtenemos una visión más grande y mejor de lo que Dios está haciendo en la grey cuando miramos fuera de nuestro propio ámbito. Claro está, toda iglesia que observemos necesita conocer la verdad de Dios y estar comprometida con ella. Eso no admite componendas. Pero cuando uno las examina, Dios enciende la chispa de ciertas ideas que pueden ayudar a una en particular a crear una descripción que exprese claramente su visión, propósito, valores y estrategia.

Ninguna congregación hoy necesita empezar de cero, siendo que ninguna es la primera iglesia. La mayoría de los líderes y de las congregaciones no están llamados a ser pioneros, por lo tanto, pueden seguir los caminos que otros han tratado y validado. Como he mencionado anteriormente en este capítulo, lo que se necesita es que todo se acomode a cada iglesia individualmente. La hoja de ruta de los ministerios deberá, a fin de cuentas, identificar el latido típico del corazón de cada congregación individualmente.

Antes de llegar a pastorear a NorthRidge, la pasión que me impulsaba como líder eclesiástico la derivaba de Mateo 16.18: «Edificaré mi iglesia; y las puertas del Hades no prevalecerán contra ella». Tan lejos como la memoria me permite recordar, lo que me ha impulsado en mi experiencia ministerial ha sido el concepto de que la grey es de naturaleza ofensiva, no defensiva. Por eso Hechos 2 fue también importante para mí. Me fascinaba el cuadro de la iglesia que este capítulo pinta. Sabía que no era un cuadro de lo que la congregación había sido alguna vez, sino de lo que la iglesia estaba supuesta a ser. Hechos 2 presentaba la iglesia como el foco que atraía a diferentes personas, de diferentes lugares, y de diferentes maneras, a la esperanza de Cristo.

Sin embargo, no tenía idea de cómo poner todo esto en forma de una visión. Mi equipo de liderazgo y yo trabajamos arduamente en el ensamblaje de nuestra hoja de ruta para los ministerios. Examinamos muchas otras congregaciones. Pudimos integrar muchas ideas que encajaban dentro de nuestro contexto, y que marchaban al ritmo de los latidos de nuestro corazón como iglesia. No obstante, con todo y examen, experiencia y esfuerzo, no se nos hizo posible arribar a una visión que diera en el blanco en cuanto a nosotros se refería.

Un día, estando sobre mis rodillas con la Biblia abierta en Hechos 2.41-47, el cuadro de lo que ocurría en ese pasaje saltó ante mis ojos. La gente descubría a Cristo. Miles lo descubrían. La gente crecía en Él. Se daban a las enseñanzas de los apóstoles. La gente estaba sintiendo a Cristo. Esa parte me resultó sumamente importante. La consecuencia de que la gente descubriera a Cristo, y creciera en Él, no se reducía a un simple cambio de nombre, de pagano a cristiano. El cambio era total. La gente empezaba a experimentar el poder, las promesas, el propósito, la presencia y la paz de Dios. Al fin lo pude entender. En ese momento todas las piezas cayeron en su sitio. Nuestra visión sería «constituirnos en un centro en el que descubramos a Cristo, nos desarrollemos en Él y lo experimentemos». Eso se ajustaba a mi pasión y a mi ánimo por el ministerio. Lo que es más, se ajustaba perfectamente a nuestra iglesia.

No sucederá de la noche a la mañana

La visión de nuestra congregación no nos llegó de la noche a la mañana. Requirió un largo viaje emprendido por muchos. Nos tuvimos que saturar de todo lo que Dios nos revelaba acerca de su diseño para la iglesia, y asegurarnos de que nuestra visión representaba claramente ese cuadro. Nos sensibilizamos a muchas otras iglesias y a sus inspiradoras visiones. Si no me hubiese tomado el tiempo para hacerlo, probablemente nunca hubiéramos dado con la visión propia. Por último, la visión cayó en su sitio mientras oraba con la Biblia en mano. Pienso que este es el camino que cada congregación deberá emprender si alguna vez se ha de volver apasionada y ávida en cuanto a la obra.

Nuestro propósito y nuestros valores fueron inspirados más o menos de esa manera. De hecho, nos llegaron antes de que definiéramos la visión. Algunos de nuestros valores son originales, pero la mayoría representa nuestra propia manera de redefinir los valores bíblicos que otras iglesias han expresado hermosa y creativamente. Ahora bien, a pesar de todo lo que investigamos, y de cuánto nos abrimos a las demás congregaciones, y de todo nuestro esfuerzo, hubo un valor muy importante que se nos había escapado: la responsabilidad que tiene la iglesia de proveer compasivamente para el cuidado de los quebrantados, de los que sufren y de los menos afortunados.

Para ser honesto, ni siquiera había pensado en crear un valor que impulsara esta área de hacer ministerio. Pero, afortunadamente, tuve alguien en mi equipo que notó la omisión. Si mal no recuerdo, me llamó y pidió verme para hablar acerca de un problema, por lo que estuve de acuerdo en que nos reuniéramos. Cuando lo hicimos, me dijo que estaba teniendo dificultades para encontrar entre los valores de nuestra iglesia uno que motivara y atrajera a la gente a participar en nuestros ministerios compasivos. Así que, repasamos juntos nuestros valores. Traté de hacer que un par de ellos encajara pero, al final, tuve que admitirlo. No habíamos incluido el valor de la compasión. Como consecuencia, me puse a estudiar Mateo 25 y pasajes similares, a fin de desarrollar un valor que fuera bíblico y relevante para tales ministerios, y que incitara a nuestra congregación a invertir en ellos. Hoy por hoy, ese valor se ha convertido en una parte muy importante, y en una fuerza impulsadora, de mi liderazgo y del ministerio de nuestra iglesia como un todo.

La lección que hay que aprender aquí es que, desarrollar una hoja de ruta que genuinamente defina, dirija, impulse y diseñe los ministerios de una congregación, requiere un largo proceso, el cual también deberá mantenerse moldeable. A medida que cambien las circunstancias, la hoja de ruta también deberá modificarse a fin de responder a los cambios.

No preguntes… vende

Como nuestro proceso de desarrollo de la hoja de ruta de los ministerios incluyó a personas de influencia positiva en la iglesia, ellas mismas se encargarían de acogerla, declararla y apoyarla. Si la hoja de ruta de los ministerios va a poder moldear la conducta de la grey como un todo, la misma se deberá comunicar eficaz y apasionadamente. Es infortunado que muchos pastores y líderes tropiecen en esta área.

Me asombra la cantidad de «líderes» que le pide a su gente un voto para decidir si deben cumplir con el propósito y los valores divinos para la iglesia. Dios no quiere que el líder le pida el voto a la gente para hacer lo que es correcto; Dios quiere que el líder motive a la gente a hacer lo que es correcto.

> Si la hoja de ruta de los ministerios va a poder moldear la conducta de la grey como un todo, la misma se deberá comunicar eficaz y apasionadamente.

Como bien lo ilustra la Biblia, al Señor Jesús la gente lo respetaba porque enseñaba con autoridad (Mateo 7.28-29). Los pastores podrían enseñar con esa misma autoridad si enseñaran la Palabra claramente revelada de Dios. Si de lo que se trata es de presentar a la iglesia la visión, el propósito y los valores divinos, los pastores lo que necesitan es venderle a la congregación esas cosas. Una vez se las venda, el pastor, como cuestión de integridad, tendrá dos responsabilidades.

Primero, tendrá la responsabilidad de que todo en los ministerios funcione de acuerdo con la hoja de ruta. Cada decisión, cada programa, cada gasto y cada persona que se emplee, necesitará estar de acuerdo con la hoja de ruta, y deberá apoyar el cumplimiento de la misión que la hoja de ruta indique. Si la iglesia no se ciñe a su hoja de ruta de los ministerios, se extraviará, y dejará a la congregación con la impresión de que todo fue una idea pasajera.

Segundo, el pastor necesita integrar a sus sermones, tanto como sea posible, el propósito y los valores de la congregación. Las personas necesitan ver cómo esos valores encajan en las vidas que tienen como creyentes. Las personas también necesitan que se les permita absorber en su mente los valores de la iglesia a la que pertenecen. Lo típico es que muchos pastores solo mencionen la visión, el propósito, los valores y la estrategia de la congregación cuando la presentan por primera vez. Así no funciona. La hoja de ruta de lo que ofrecen los ministerios de una iglesia tendrá que exponerse y escucharse continuamente. De otra manera, nunca se volverá una realidad. Tampoco pasemos por alto a los pastores que hablan de estas cosas solo una vez al año. Eso tampoco funcionará. Como lo expresa el dicho: Si la vista no lo ve, la mente no lo recordará. Y la gente nueva en la congregación jamás se enterará de la visión. Por eso recomiendo una serie anual de sermones sobre la visión, pero no deberá ser la única vez que la congregación escuche acerca de este asunto. La visión de la iglesia necesita mantenerse constantemente ante la gente, dentro de un contexto pedagógico. Esa es la manera en que la visión se podrá convertir en la fuerza que impulse la ministración de una grey.

> **Si el líder no se comunica eficazmente, la iglesia no acogerá ni su liderazgo ni su visión.**

CAPÍTULO 9

¿Me escuchas ahora?

Comunicación, comunicación, comunicación

Si de lo que estamos hablando es de lograr una transición exitosa en la congregación, la comunicación es esencial. Si el líder no se comunica eficazmente, la iglesia no acogerá ni su liderazgo ni su visión.

Como en toda relación personal, la comunicación es el eslabón entre los líderes y la gente. Provee el único puente para un genuino entendimiento y conexión entre ambos. No hay forma en que los líderes de la congregación y la gente puedan saber dónde se encuentran, y hacia dónde dirigirse como grupo, si no hay una buena y coherente comunicación. Muchas congregaciones fracasan en ambos sentidos. Como hablábamos en el capítulo anterior, si el equipo de líderes ha desarrollado una perfecta hoja de ruta de ministerios que se conforme a su contexto, pero no lo comunica congruente y claramente, de nada servirá ni a nadie impactará.

Trampas comunes que matan la comunicación

Esto lo aprendí a la fuerza en mi primer pastorado. El haber fracasado en mi comprensión de la importancia y la dificultad de la comunicación, me llevó al fracaso del pastorado en mi primera congregación. Traté, pero nunca me conecté con ella de forma que nos pusiéramos de acuerdo en cuanto a dónde estábamos y hacia dónde encaminarnos como grupo. Pensé que estábamos juntos, pero nunca pudimos estar más separados. Había caído en las típicas trampas que matan la comunicación exitosa.

Comunicación unidireccional

La primera trampa es la *comunicación unidireccional*. Yo creía, con toda honestidad, que la gente me escucharía atentamente y que aceptaría cada palabra que dijera, simplemente porque era el pastor. Pifié. Tuve que aprender a la fuerza que eso no trabaja así. Ahora puede que me cause risa, pero me había contagiado con una enfermedad común llamada ingenuidad. También sucedió que tenía una opinión totalmente desproporcionada de mi habilidad para comunicarme. Eran solo dieciocho las personas cuando comencé ese pastorado, pero la combinación de esas dos actitudes mataron toda esperanza de poderme comunicar de manera auténtica con ellas.

Muchos pastores creen sinceramente que si dicen algo desde el púlpito, hay que darlo como bueno, sin que haya que repetirlo de nuevo. Eso se demuestra en la costumbre de los pastores de presentar su visión en una sola plática, para nunca regresar al tema. Es claro que así no funcionará, como no funcionaría si se diera en una conversación personal en la que ambos individuos se conocieran, se aceptaran, se confiaran e incluso se escucharan. ¿Cómo es posible, pues, que alguien piense que pueda funcionar en una conversación impersonal y unidireccional, y proveniente de un individuo en el púlpito, pero dirigida a muchas personas con distintos niveles de atención, comprensión, aceptación y confianza? No importa cuán optimista seamos, decirlo solo una vez no logrará nada. Nada logró con Jesús y sus discípulos, ni nada logrará con la iglesia. Si vamos a esperar que la gente entienda y favorezca la visión, necesitaremos comunicársela clara y congruentemente.

Ambigüedad

La segunda trampa es la *ambigüedad*. Aunque es un mal común, la falta de claridad elimina la comunicación. No decimos lo que queremos decir, ni queremos decir lo que decimos. De hecho, a menudo decimos lo contrario. Sé que a mí me sucede en el matrimonio. Si le digo a mi esposa, «¿Estás enojada?», ella me responde: «No». ¡Pero lo que quiere decir es: «Sí»! Cuando éramos recién casados, a menudo me decía: «Haz lo que desees». Y de veras me creía que tenía la esposa más condescendiente del mundo. ¿No era yo un afortunado? Hubo una ocasión en que quería comprar una motocicleta, aun cuando no teníamos el dinero. Había una pila de prioridades más urgentes. Pero se lo mencioné, y casi de inmediato me dijo:«Haz lo que desees». Oye, más feliz no podía sentirme con mi moto… hasta que llegué a la casa. No tardé mucho en darme cuenta de que no quiso decir lo que dijo. Lo que quiso decir fue: «Si compras esa moto, te mato».

La ambigüedad impide que la gente se comunique de manera sincera. Por inteligente que yo fuera, no hubo manera en mi primer pastorado de que entendiera tal cosa. En la entrevista como candidato, llegué a preguntarle a la junta cosas como: «¿Creen de veras ustedes en alcanzar a los perdidos? ¿Quieren de veras crecer? ¿Están dispuestos a cambiar para poder alcanzar a los perdidos y crecer como iglesia?» Me emocioné cuando me respondieron de la manera correcta. Me dijeron todo lo que yo quería escuchar. El problema es que a veces la gente no expresa lo que quiere decir. Dicen lo que saben que la persona quiere oír. Como sucedió con mi esposa y lo de la motocicleta, el que yo no entendiera ese detalle arruinó toda posibilidad de éxito en cuanto a conectarme con los miembros de aquella junta, en entenderlos de verdad y en poderlos guiar como congregación.

Suposición

La tercera trampa es la *suposición*. Esto es algo que ocurre todo el tiempo en la comunicación, especialmente en el matrimonio. Hubo alguien que lo descubrió, ¡y de qué manera! Dijo: «Me casé con la señorita Tengo la razón. Lo que no supe fue que su nombre de pila era: "Siempre"». Suponer las cosas es un obstáculo común en la buena comunicación.

No tenía la más remota idea en el momento, pero los líderes de la primera congregación que pastoreé no estaban leyendo en la misma página del libro en que yo leía. Lo supuse. Pero, como en el caso de aquel individuo con su esposa, me equivoqué. Como por lo regular es el caso, ambos lados estábamos incurriendo en suposiciones no válidas. Ellos suponían que yo guiaría a la iglesia hacia todo cuanto *ellos* querían. Yo supuse que querían que la guiara a todo lo que *Dios* quería.

Descubrí ese problema en una reunión de directiva. Creo que era la tercera. Los miembros de la junta me informaron que me estaban retirando toda la autoridad pastoral para dirigir la iglesia. Siendo que mi predicación y mi enseñanza les eran amenas, querían que me dedicara solo a estas. No les gustaba mi liderazgo, así que se encargarían de dirigir la congregación. Se me cayeron las alas. Me tomaron por sorpresa. No obstante, eso es lo que sucede cuando uno vive bajo la ilusión que crean las suposiciones. En el caso de esa junta, tuve que reorganizarme, y reafirmarme respondiendo a lo que era mi llamado: dirigir. Les pedí que sacaran sus biblias, y que estudiáramos el tema de la iglesia, y cómo debía estructurarse. Nadie la sacó, pero el «líder» sí habló. Dijo (y esto no es broma): «Hemos tratado la manera de la Biblia, pero aquí no funciona». Esta vez la caída de mis alas fue tan aparatosa que hasta me dolieron. Había supuesto que esos individuos se encontraban en la misma posición que yo en cuanto a la Biblia. Pero me equivoqué.

De allí en adelante todo fue cuesta abajo. Me mostraron la constitución de la iglesia e insistieron en su derecho de controlar al pastor. La constitución realmente no los apoyaba, pero utilizaron el voto como la autoridad para poderme reducir a un monigote de predicador y maestro. Les informé, en cambio, que mientras yo fuera el pastor, seguiríamos la Biblia, no la constitución, porque solo la Biblia era inspirada. Pero, de nuevo, el vocero de la junta me sorprendió. Dijo: «¿Cómo sabe usted que la constitución no es inspirada? ¿No fue también escrita por hombres piadosos?» Terminé por poner la Biblia a un lado, pues sabía que en ese momento nadie la necesitaba.

Esta experiencia pronto me enseñó que las relaciones interpersonales positivas, y la comunicación, no pueden existir cuando uno las basa en suposiciones. Desde entonces, he tratado tanto como he podido de evitar la comunicación basada en ellas.

Deshonestidad

La cuarta trampa que mata frecuentemente la comunicación es la *deshonestidad*. Dios, al prohibir la deshonestidad en uno de los Diez Mandamientos, claramente la identifica como pecado y como algo que hay que evitar. Además, es sensato que la deshonestidad destruya la comunicación «honesta». La deshonestidad sigue siendo un problema. Uno lo entendería mejor si ella se limitara solo a los que no son seguidores de Cristo, pero sabemos que ese no es el caso.

Es una desdicha que la deshonestidad exista en la congregación, pero así será mientras haya creyentes verdaderos y falsos. El Señor Jesús lo clarificó en el relato del trigo y la cizaña, en Mateo 13.24-30. Pero eso no lo explica todo. La gente incurre en la deshonestidad cuando sabe que es la única manera de salirse con las suyas. Eso era lo que hacía que los líderes de la primera iglesia que yo pastoreé fueran deshonestos.

Como yo no era la clase de pastor que ellos querían, recurrieron a la deshonestidad para deshacerse de mí. Delante de mí eran amables y corteses, pero a mis espaldas consiguieron los votos para despedirme. La congregación estaba creciendo, gente nueva estaba viniendo a la fe, y se estaba planeando un gran servicio de bautismo. Pero la ansiedad por sacarme era tal que fueron deshonestos conmigo. Cuando lo descubrí, renuncié, para evitarles a los nuevos creyentes lo que hubiera sido una guerra inevitable.

Renuncié la mañana en que bautizaríamos a dieciocho nuevos creyentes. Después que anuncié mi renuncia, uno de los líderes «espirituales» concluyó el servicio en oración dándole *gracias* a Dios por haber respondido a su oración de forma tan clara y categórica. El servicio se cerró sin que se hubiera reconocido a los nuevos creyentes ni a las visitas. Y la razón era sencilla: a pesar de lo que me habían dicho cuando me entrevistaron como candidato, poco les importaba la gente nueva. Y lo habían comprobado al no haber podido crecer en los últimos veinte años más allá de su pequeño círculo. Todavía siguen siendo el mismo puñado de personas que cuando mi esposa y yo fuimos parte de su ministerio.

> **Una cosa es saber cómo comunicarse bien, pero algo totalmente diferente es saber qué comunicar.**

Es triste, pero lo que experimenté en mi primer pastorado no es la excepción. Todas esas trampas que matan la comunicación prevalecen en las iglesias de hoy. Como de costumbre, causan conflictos en las relaciones y crean problemas mayúsculos. Siempre que esos fracasos comunes impidan la buena comunicación, no habrá manera de que la congregación pueda marchar en armonía y unidad en el cumplimiento de los propósitos de Dios para ella. Esa es una de las muchas razones por las que tantas iglesias no trabajan bien. Para que la grey funcione eficazmente como la esperanza del mundo, tiene que haber comunicación, comunicación y más comunicación.

La diferencia entre el éxito y el fracaso

Los líderes, y la gente de la iglesia, por medio de la buena comunicación, deberán y podrán ponerse de acuerdo, a pesar de los problemas que puedan estar enfrentando. De hecho, esta es la diferencia entre el éxito y el fracaso de una congregación.

Tenemos que hacer todo lo que esté a nuestro alcance para eliminar las trampas comunes que matan la comunicación en nuestras iglesias. Como se demostró en mi primer pastorado, eso no es tan fácil como se oye, aun en una congregación pequeña. A medida que la grey crece, y se añaden más personas y con una mayor diversidad, la tarea se torna mucho más difícil. Durante mis primeros días en la presente iglesia, yo fungía como la fuente primaria de comunicación. La congregación era de un tamaño que me permitía relacionarme con todo el personal, los voluntarios y la gente. Si surgía un problema, yo lo atendía. Si se daba algún mal entendido, yo lo clarificaba. Si había alguna pregunta, yo podía dar la respuesta. Pero a medida que la congregación creció, se me hizo imposible poder comunicarme en persona con todo el mundo. Aun así, la buena comunicación siguió siendo vital.

Para evitar los tropiezos, y para mantener a la iglesia marchando positivamente hacia adelante, hemos creado diferentes sistemas y estructuras de comunicación de un nivel de excelencia parecido al de una congregación relativamente pequeña. Por ejemplo, ahora utilizo la manera en que está formada la organización para poder mantener claras las líneas de comunicación. Empezamos con dos equipos: el de los líderes asalariados y el de los ancianos gobernantes. Por medio del primer equipo la comunicación fluye hacia todo el personal de nuestra iglesia, hacia los líderes del voluntariado, hacia los maestros y así hasta todos los voluntarios de la congregación. De ahí pasa a todos los que son parte de todo tipo de grupos de conexión. Si surge alguna complicación, la comunicación regresa siguiendo los mismos canales. Si no lo hiciéramos así, la iglesia tarde o temprano se detendría en su labor. Después de todo, los ministerios de la congregación a lo que se reducen es a la comunicación. Mi dolorosa y agonizante experiencia en una iglesia que sufría de pobre comunicación me dice que no hay otra opción. En nuestra congregación continuamos haciendo de la comunicación una prioridad máxima.

Lo que debe comunicarse

Claro está, una cosa es saber *cómo* comunicarse bien, pero algo totalmente diferente es saber *qué* comunicar. Por haber conocido por experiencia propia lo que es la fuerza de gravedad de la transición, he descubierto cosas que deberán comunicarse si es que la transición en una iglesia se va a dar con éxito.

Valoración de la persona

Para que una transición tome impulso, el líder también deberá tomarlo. Tal cosa nunca sucederá a menos que la congregación sepa que el líder la valora. El siguiente cliché puede ser trillado, pero es vital que el líder lo entienda: «A las personas no les importa cuánto sepas hasta que sepan cuánto te importan». A esto se debe que, el que dirige una transición, tenga que demostrar que valora a su gente, y comunicárselo.

Cuando llegué como pastor a NorthRidge, no entendía todavía ese concepto. Valoraba en realidad a las personas, pero asumía que, de alguna manera, lo sabrían sin yo decírselo. Pero no fue así. De hecho, lo que la gente percibió fue realmente lo opuesto. Después de todo, venía a pastorear una congregación que estaba declinando como en espiral y de manera tan rápida que ya se estaba hablando de cuánto tiempo podía restar antes de que tuvieran que cerrar las puertas… definitivamente. De ahí que pensé que mi máxima prioridad como líder era hacer algo para detener esa hemorragia. La situación me hizo hacer cambios considerablemente importantes en un periodo de tiempo relativamente corto. Pensé que mi luna de miel con la iglesia serviría de amortiguador para esos cambios, aunque fuera por poco tiempo. Pero, como después supe, nunca experimenté una luna de miel debido a todos los cambios que yo estaba llevando a cabo.

Esos cambios, los cuales discutiré más detalladamente en el próximo capítulo, fue obvio que afectaron negativamente a un sinnúmero de personas. Por ser esa la primera experiencia que tenían con mi liderazgo, se hicieron de la idea de que no me importaban. No hubo nada que yo pudiera haber hecho para evitar el impacto negativo de los cambios que estaba llevando a cabo, pero sí pude haber dado pasos intencionales para demostrarles públicamente que en verdad me importaban. Les demostraba a las personas que sí me interesaban y que las valoraba, pero no lo hacía ante los ojos del público. Cometí el error de asumir que toda la congregación se había enterado de que los valoraba. Eso dio ocasión a que creciera la percepción de que la gente le importaba poco al nuevo pastor. Un pastor deberá, tanto como le sea posible, comunicar pública y personalmente el amor y la compasión que siente por la familia de la fe, tal y como lo hacen los padres con los hijos. Por supuesto que las acciones deben respaldar las palabras, pero en esa iglesia se necesitaba algo más que acciones. Desde el principio, debí haber encontrado maneras de demostrarles a los feligreses que me interesaban. Tomó un largo tiempo superar esa situación. Cuando los líderes de la congregación busquen un cambio, deben demostrarles a las personas que son valoradas y comunicárselo tanto pública como privadamente.

Carga

Los líderes deben compartir y comunicar la carga que sienten si es que van a guiar a la gente a favorecer el cambio. Nehemías es el mejor retrato de esta verdad. Jerusalén se encontraba en ruinas debido a que nadie sentía carga por arreglar las cosas. Sin carga, la gente se conformará con no hacer nada. La gente de Jerusalén estaba tan conforme que ni siquiera veía el problema. Estaban conformes con la situación existente, aun cuando la misma deshonrara a Dios y fuera una vergüenza para el mundo. Por lo regular, la gente que no siente carga es la que se enfoca en sí misma, la que busca la ruta más fácil, conveniente y cómoda. Es lamentable que este sea el estado de muchas iglesias.

Nehemías se presentó con una carga, y la compartió apasionadamente con la gente de Jerusalén. Todo cambió. La gente conformista, la que no hacía nada, se puso a trabajar con sacrificio en los muros.

Por lo regular, la gente de nuestras congregaciones es buena y sincera. Lo único es que han perdido la motivación y que su enfoque se ha vuelto hacia adentro. Pero esto puede cambiar, como pasó con la gente del tiempo de Nehemías. Todo lo que se necesita es alguien que les recuerde lo que se supone que la iglesia sea. Nadie sueña con vivir una vida irrelevante. Más bien, la gente sueña con distinguirse, con ser parte de algo que los haga trascender. El líder, si comparte la carga, podrá despertar ese sueño. Como consecuencia, ocurrirá lo inesperado. Antes de que Nehemías apareciera, nadie se imaginaba que la gente de Jerusalén pudiera volverse una fuerza en pro del cambio. Pero todo cambió al instante. Fueron incentivados a volverse gente de compromiso y de excelencia. Solo se necesitó que alguien compartiera la carga que sentía.

La iglesia está en una desesperada necesidad de líderes que compartan efectivamente las cargas que sienten. Como era el caso con Jerusalén en aquel entonces, los problemas de la congregación no siempre son aparentes. Pero la iglesia está llena de gente que sueña con cambiar su mundo. No están soñando con tener vidas pequeñas ni centradas en sí mismas. Dios ha puesto en sus adentros el deseo y el potencial de traer esperanza al mundo. Sin darse cuenta, solo están esperando que alguien les avive ese sueño expresándoles su carga y mostrándoles el camino.

Visión

Hay poder cuando se comparte la carga que se siente, ya que la visión fluye de ella. No hay visión sin carga. Es una verdad difícil de escuchar, pero cuando un líder o una iglesia carecen de visión, el verdadero problema está en que carecen de una carga. La carga impulsa la visión.

Nehemías jamás había estado en Jerusalén, pero recibió la visión de reconstruirla. ¿De dónde le vino la visión? Le vino de la carga que sentía. Nehemías, al mirar fuera de su cómodo mundo y exponerse a la gran necesidad en Jerusalén, y verse como parte tanto del problema como de la solución, desarrolló una carga que inspiró todo lo demás que hizo durante el resto de su vida. Esta carga encendió la visión que reconstruiría la ciudad de Jerusalén, y que le devolvería la gloria de Dios. La carga que sintió Nehemías le impulsó a cambiar total-mente su vida a fin de lograr los propósitos de Dios en este mundo. La grey necesita una carga que impulse la visión. Como hizo Nehemías hace tantos años, la iglesia necesita de un líder que sienta la carga que produce la visión y que la comunique.

> **La iglesia necesita desesperadamente de líderes que puedan compartirle eficazmente la carga que sienten.**

Sacrificio

La iglesia se fundó y se edificó sobre las bases del sacrificio. Comenzó con el incompresible sacrificio de Dios por el ser humano. Se volvió una fuerza insuperable en el mundo por medio del sacrificio de los primeros líderes. En Hechos 7, Esteban se convirtió en el pri-mero en seguir el ejemplo de Cristo al sacrificar su vida por la iglesia. A través de las generaciones, la verdad ha sido llevada hacia adelante sobre las espaldas del sacrificio. Cada sacrificio hecho por la causa de Cristo se ha derivado de la carga por honrarlo y por compartir su esperanza. Nadie lo ha expresado mejor que Pablo en 1 Corintios 9.16: «Pues si anuncio el evangelio, no tengo por qué gloriarme; porque me es impuesta necesidad; y ¡ay de mí si no anunciare el evangelio!» De esta carga que él sentía provendrían sus muchos sacrificios por difundir la verdad de Dios y, en última instancia, el sacrificio de la propia vida.

El que algunas congregaciones hoy no estén dispuestas a sacrificar el confort, las tradiciones, las preferencias musicales, el estilo de ministerio, la limpieza de las instalaciones o el dinero, se debe a que no sienten carga. No es que sean personas malas. Todo lo que necesitan es que alguien comparta una carga con ellos. Tan pronto como esas personas sean cautivadas por la carga que motivó al Señor Jesús, a Esteban y a Pablo, ellas también estarán dispuestas a sacrificarse.

El gran peligro para la iglesia

Sentir la carga es vital aunque frágil. Así como se recibe, se pierde. Hay muchas causas potenciales para que una carga se pierda, pero las principales son el egoísmo y el éxito. El egoísmo nos quita la carga debido a que no nos deja ver a nadie ni a nada, sino a nosotros mismos. El éxito nos quita la carga porque elimina la necesidad. Ciertamente, la necesidad es el más grande de los motivadores. Motiva al que tiene hambre, para que trabaje; al adicto, para que busque ayuda; y al perdido, para que acepte la guía. En otras palabras, la necesidad compele a la persona a doblegar su orgullo y depender de alguien más para sobrevivir. Casi siempre que una persona pasa por esa experiencia, lo sensibiliza hacia otros y hacia sus necesidades. La Segunda Carta a los Corintios 1.3-4 revela este principio: «Bendito sea el Dios y Padre de nuestro Señor Jesucristo, Padre de misericordias y Dios de toda consolación, el cual nos consuela en todas nuestras tribulaciones, para que podamos también nosotros consolar a los que están en cualquier tribulación, por medio de la consolación con que nosotros somos consolados por Dios». Aquí se enseña que si se elimina la necesidad, también se excluirá la motivación para que nada ni nadie nos importe excepto nosotros mismos.

Israel es un ejemplo perfecto en el Antiguo Testamento. Cuando se encontraban desesperados, sus corazones terminaban por doblegarse, y clamaban a Dios por ayuda. Dios, por supuesto, les respondía, derramaba bendiciones sobre sus vidas y dejaban de desesperarse. Pero la consecuencia era que, lenta pero irremediablemente, dejaban de mirar a Dios y de depender de Él. Sus corazones se volvían hacía sí mismos y se endurecían. Perdían la pasión y la carga por nada que no fuera ellos mismos. A menudo, ese interés propio que nos consume es un resultado inevitable del éxito, el cual anula la carga que sentimos por nada ni nadie excepto nosotros. Eso era lo que, una y otra vez, llevaba a los israelitas de vuelta a la vacuidad, al quebrantamiento y a la distorsión de los valores.

Ese potencial existe también en la iglesia. Frecuentemente, al principio la impulsa la carga que siente. La vida de los miembros ha sido a tal punto impactada por Dios que se sienten impulsados a honrarlo, ayudando a los demás a descubrirlo y a experimentarlo de la misma manera. Pero para lograrlo, necesitan que Dios esté presente. Necesitan depender de Él para todo. Inducidos por esa necesidad, oran fervientemente y laboran con pasión. Como consecuencia, Dios los bendice. Pero, aquí puede que comience el ciclo. A medida que crecen, llegan a la posición de tener los recursos necesarios para sobrevivir. Ahora tienen la cantidad de gente necesaria para edificar instalaciones, emplear a un pastor y pagar por los demás gastos. Sentirse desesperados por sobrevivir ya no los motiva a orar fervientemente, ni a trabajar apasionadamente. La tendencia será a hacerse los de la vista larga. En vez de sentirse impulsados a alcanzar gente nueva, empiezan a mirar hacia adentro y a preocuparse por los que forman la base. Todo puede que luzca saludable, pero en ese momento habrán comenzado a morir como iglesia. Han perdido la carga.

Ese es un peligro mayor para la iglesia. De acuerdo a las estadísticas comúnmente aceptadas, la congregación promedio en Estados Unidos reporta alrededor de cien personas. Ese número basta para formar la masa crítica de personas que puede construir un pequeño edificio, cubrir los gastos y emplear a un pastor que supla las necesidades de la familia de la fe. Cuando las iglesias alcanzan esa etapa de desarrollo, dejan de crecer. Ya tienen todo lo que necesitan y quieren. El problema consiste en que la iglesia no existe con ese propósito. Para que la iglesia continúe cumpliendo con el propósito divino, debe ser impulsada por el mismo deseo de honrar a Dios y de proveer esperanza para los que no la tienen. La iglesia no puede sentirse impulsada por necesidades y deseos egoístas. Una congregación a la que la inspire el deseo de honrar a Dios y de proveerle esperanza a otros, podrá permanecer permanentemente motivada. La congregación que es impulsada por el egoísmo, perderá la motivación tan pronto cumpla con sus necesidades y deseos. Una iglesia, si va a mantener la carga necesaria para renovarse, y para conservarse saludable y efectiva, deberá sentirse impulsada por amor por Dios y por la gente como el que llevó a Jesús hasta la cruz.

Apoyo de la gente

Si la iglesia va a cambiar, pero sin componendas, la congregación tendrá que aceptar el cambio. Eso significa que el líder debe vender la visión. Muchos no lo entienden, pero eso es trabajo del líder. Lo que muchas veces ocurre es que los líderes culpan a la gente por los problemas de la congregación. Me asombra la cantidad de líderes que justifican lo inefectivo e incapaz de la iglesia para el cambio, poniendo como excusa que la gente «no lo quiere», a lo que yo respondo: «Por supuesto que no quieren cambiar. ¿Quién quiere sacrificarse?»

Ponte a pensar en el pueblo de Israel bajo Moisés y Nehemías. Tampoco quería cambiar. Moisés y Nehemías tuvieron que venderle la visión. Tuvieron que guiar al pueblo a aceptarla. Eso es responsabilidad del líder. El líder debe obtener el apoyo de la gente o no será líder. A la gente no le gusta el cambio, pero sí las consecuencias del cambio. Leí que Tom Landry, el famoso técnico del equipo de fútbol americano de los Dallas Cowboys, dijo una vez: «Mi trabajo es lograr que las personas hagan lo que no quieren hacer, a fin de ayudarlas a lograr todo lo que quieren». Lo mismo ocurre con los líderes espirituales.

Conéctale los valores al cambio

Si la congregación no está haciendo lo que Dios la ha llamado a hacer, la razón es sencilla: está haciendo lo que le viene fácil. La tarea del líder será inspirarla a que haga algo diferente. Eso se hace comunicándole los valores de Dios. El líder debe conectar la razón para todo cambio y para el nuevo rumbo de los ministerios, con los valores que la iglesia ya ha favorecido. Puede que la congregación no se esté enfocando ahora en sus valores, pero los tiene. La iglesia no existiría si no hubiera sido impulsada por los valores que llevaron a la gente a hacer los sacrificios que tuvo que hacer. El líder necesita identificar esos valores, desempolvarlos y comunicárselos claramente como la razón para el cambio. Para lograrlo, el líder debe convertirse en un experto acerca de la iglesia que dirige.

> El líder deberá conectar la razón para todo cambio, y para el nuevo rumbo de los ministerios, con los valores que la iglesia ya ha favorecido.

Eso fue exactamente lo que hice para promover el apoyo para el cambio entre la gente de nuestra congregación. Busqué descubrir su historia de cuantas maneras pude. Ya había material escrito acerca del tema. Había archivos de reuniones y eventos pasados. Pero, por mucho, la manera más útil de hacerlo fue hablando con la gente que había vivido parte de «los viejos tiempos». Y encontré que el valor predominante de la iglesia en el pasado había sido la Gran Comisión. Casi todo lo que habían hecho fue impulsado por el valor del Señor Jesús en cuanto a «salvar lo que se había perdido». Al principio, esta iglesia solo tenía que ver con salvar gente. Los ojos de las personas brillaban cuando me hablaban acerca de cómo el frente de la nave de la congregación se llenaba de gente que acudía a Cristo.

Hacía años que no alcanzaban personas para Cristo y, por error, terminaron valorando las cosas equivocadas, pero cumplir la Gran Comisión era todavía su gran valor y deseo. Mi tarea como nuevo líder era demostrarles cómo un cambio libre de componendas haría que eso sucediera de nuevo. Lo que me correspondía hacer era conectar la nueva manera de ministrar con ese antiguo valor.

Conecta al liderazgo del presente con el del pasado

Para lograrlo tenía que conectar mi liderazgo con el del líder anterior. Este había muerto quince años antes de yo llegar como pastor pero, en más de una manera, todavía era el pastor de la congregación. Otros dos pastores lo habían sucedido durante los últimos quince años, pero la mayoría de la gente todavía se refería al primero como el pastor. La iglesia le había dedicado una biblioteca a su memoria, en la cual se encontraba su busto, sus lentes puestos sobre una Biblia abierta y muchas de sus pertenencias. Había muerto, pero seguía siendo una presencia y una influencia significativas en la congregación. De hecho, la iglesia todavía estaba organizada de la manera que él la había dejado.

Si iba a poder guiar la manera de ministrar de esa congregación a través del cambio, era importante que conectara lo que yo estaba haciendo con lo que él había dicho. Esa tarea me resultó relativamente fácil. A pesar de nuestras diferencias, y teníamos muchas, el corazón de aquel pastor y el mío latían por lo mismo. Ambos estábamos comprometidos con comunicar la verdad de Dios a un mundo perdido y moribundo. Eso trajo como resultado que mucho de lo que él había dicho se aplicara directamente a mi ministerio. Por ejemplo, una de sus frases mejor conocidas era: «El mensaje nunca cambia, pero los métodos siempre deben cambiar». Eso no solo era cierto, era brillante. Y lo que era más importante, apoyaba completamente la premisa de mi liderazgo. Mi reclamo era que necesitábamos cambiar la manera de ministrar sin modificar ni comprometer el mensaje. Claro, el hecho de que era yo quien lo decía cuando llegué, no significaba mucho para la iglesia. Era un líder nuevo, joven y, bajo su manera de pensar, cuestionable. Pero su primer pastor, aunque ya fallecido, era amado y respetado. Cuando por fin me conecté con el liderazgo y la enseñanza de él, pude obtener mayor apoyo para mi liderazgo.

Conéctale el pasado al futuro

A veces, en el esfuerzo de hacer una transición en una congregación, los líderes atacan el pasado. Según lo que creen, con ello, ayudarán a la gente a desconectarse del mismo y a abrazar lo nuevo. Parece lógico, pero ni es cierto ni tampoco funciona. De hecho, consigue lo contrario. Desconecta a la gente del nuevo líder y del nuevo rumbo. A la gente le enorgullece su pasado. Si ir adelante implica tratar el pasado como basura, lo más probable es que no quieran avanzar. El líder de la transición eficaz necesita conectar el pasado con el futuro. El líder le da a la gente una razón, y le da confianza para conectarse con la visión del futuro, y para abrazarla, si acoge el pasado de la iglesia y se conecta con el mismo. Así la gente no pensará que esté comprometiendo u olvidando su pasado. Al contrario, sentirá que está edificando sobre el pasado. Y lo está.

Siguiendo ese concepto, introduje una frase que captaría la atención y me ayudaría a comunicarlo eficazmente: «Gran herencia, gran futuro». Por supuesto, todos en la congregación aceptaron lo de «gran herencia». Por eso era que todavía estaban en ella. Les encantaba su herencia. Pero, por causa de todas las dificultades que la congregación estaba enfrentando, pocos aceptaron lo de «gran futuro». Sin embargo, la consigna revelaba claramente que yo veía el futuro en conexión con el pasado, y basado en él. Al demostrarles respeto por el pasado, gané un poco más de respeto y confianza para el presente. Posee gran fuerza el conectar el rumbo futuro de la iglesia al camino y los valores que se han seguido en el pasado. Siempre animaré a los líderes a que eviten atacar el ayer aun cuando rechacen con vehemencia parte de lo que se ha hecho. Más bien, los líderes deben acoger las fortalezas de la iglesia del ayer, y conectarlas al nuevo rumbo. Eso le permitirá a la iglesia edificar un futuro aun mayor sobre el cimiento de su gran herencia.

Conéctate a los corazones

El líder promueve el apoyo al descubrir dónde coincide su corazón con el de la iglesia, y edifica a partir de ahí. En el caso nuestro, algunos de los que estaban firmemente opuestos a los cambios, terminaron luchando a favor de estos. Puesto que eran personas vendidas a la Gran Comisión, terminaron favoreciendo la transición. Querían ver a la gente salvarse. Cuando comenzaron a verlo, dejaron de pelear en mi contra y empezaron a luchar a mi lado. Esas personas son los verdaderos héroes de nuestra congregación. Han puesto a un lado los intereses propios y las preferencias personales, con el fin de ayudar a nuestra iglesia a cumplir con el propósito de Dios. Al igual que lo hizo el Señor Jesús, dejaron la comodidad y hasta algunos familiares y amigos, con tal de ayudar a la gente a ver la luz de Dios y experimentar su esperanza. Gracias a ellos, nuestra congregación empezó de nuevo a funcionar bien. Sin ellos, nunca habría sucedido.

Tenemos una clase de adultos de la tercera edad que me otorgó una placa destacando el millón de dólares que habían ofrendado en pro de la construcción de nuestras nuevas instalaciones. El sacrificio de esa clase de escuela dominical para hacer que el sueño de «un gran futuro» se volviera realidad, fue algo muy significativo. Los cambios en nuestra grey les costarían casi todo lo que disfrutaban personalmente en la iglesia, desde la música hasta el estilo de predicación, pero decidieron que iban a seguir a Jesucristo. Él había dejado el cielo y venido a la tierra por otros. Le había dicho al Padre: «Pero no sea como yo quiero, sino como tú» (Mateo 26.39). Esos hermanos dijeron lo mismo. Son héroes de la congregación. Recibirán una increíble bienvenida y recompensa en el cielo. Algunos ya lo han hecho. Uno encuentra esa clase de personas en casi cualquier iglesia. Pero, a menos que el líder promueva el apoyo a través de la comunicación positiva y eficaz, esas personas pelearán en contra de los cambios más que a favor de ellos.

Genera energía positiva

El líder debe generar energía positiva a fin de que pueda movilizar a la iglesia hacia el cambio y a través de él. El cambio es duro, pero la gente casi siempre está dispuesta a hacer los sacrificios y el esfuerzo necesarios con tal de que le hagan la vida más llevadera, y le añadan entusiasmo y emoción. Uno puede notar eso cuando alguien empieza en un nuevo trabajo, compra una nueva casa o empieza a tener familia. La persona piensa que los cambios añadirán emoción y entusiasmo a la vida… que la harán mejor.

Y lo mismo ocurre con la iglesia. Los cristianos, en su mayoría, no están ni emocionados ni entusiasmados con su congregación. Hay que cambiar esa situación. La iglesia, por tratar con lo eterno, es el único lugar sobre el planeta que merece emoción y entusiasmo.

> La iglesia, por tratar con lo eterno, es el único lugar sobre el planeta que merece emoción y entusiasmo.

La grey debería experimentar la realidad de la resurrección y proclamarla, en medio de un mundo que sufre a raíz de la muerte y la destrucción.

El mensaje de la iglesia debe ser que Cristo vive. La consecuencia de ese mensaje será que, no importa cuánto se deteriore la vida, habrá esperanza. Habrá algo con lo cual emocionarse. El líder deberá generar energía positiva para que la gente acoja el cambio. A la gente le atrae el líder entusiasta, emocionante y alentador, y querrá estar de su lado. Los líderes deberán sonreír si esperan que los sigan. Cuando lo hagan, la gente les devolverá la sonrisa.

Cuando llegué a la congregación que ahora pastoreo, me convertí en la primera persona que sonreía desde hacía mucho tiempo. Todo era demasiado serio. El cuerpo pastoral se sentaba en la plataforma durante los servicios, dirigiendo la mirada hacia la congregación con un rostro sombrío. El resultado era predecible. Toda la iglesia lucía sombría. Una cosa así no atrae ni inspira a nadie. El líder debe generar energía positiva si es que va a poder inspirar. La ola del cambio requiere entusiasmo y emoción.

Los que dirigen una congregación no necesitan fingir gozo. Todo lo que necesitan es el gozo de la «fe». No importa cuánto empeore la vida, Jesucristo sigue vivo y la esperanza permanece. Los líderes eclesiásticos necesitan comenzar a creerlo, a vivirlo y a compartirlo. Puede que no estén experimentando el gozo. De hecho, puede que sus vidas estén cargadas no de otra cosa sino de realidades deprimentes. Sin embargo, por fe, podrán tener gozo y compartirlo. Si no, los que están en la iglesia no los seguirán, y los nuevos no vendrán. ¿Por qué tendrían que hacerlo? Las personas, en su mayoría, sufren de suficientes depresiones en la vida como para exponerse continuamente a un ambiente deprimente.

Si la congregación ha de cambiar positivamente, necesitará volverse un lugar positivo. Eso empieza con el pastor y los demás líderes. En el caso nuestro, yo mismo me volví una fuerza positiva. Sea que estuviera dando los avisos o anuncios, o que estuviera predicando, intentaba ser entusiasta y emotivo. Pero eso no puede quedarse solo en el pastor. Añadimos personal y líderes que se volvieran fuerzas positivas en su área ministerial. Cambiamos paulatinamente nuestra música de un estilo sombrío a uno fresco, de ritmo rápido, y de ambiente festivo. Empezamos a añadirles programas positivos a los ministerios. La realidad es que el entusiasmo genera más entusiasmo, que la emoción lleva a más emoción y que el gozo esparce más gozo. Para que se pueda traer un cambio positivo a la congregación, la gente necesitará sentirse emocionada con algo.

Comunícate con todas las personas

Muchos pastores piensan que comunicarse desde la plataforma cada fin de semana es todo lo que necesitan para poder dirigir eficazmente la iglesia. Eso es un error fatal.

Hace muchos años, siendo un joven pastor en otra congregación, estuve comunicando por cerca de seis meses la visión para cierto ministerio en particular, pero lo hice desde la plataforma. Según lo que pensaba, había presentado la visión congruente y brillantemente. De hecho, yo mismo llegué a entusiasmarme con el impacto potencial de ese ministerio en particular. Pocas veces había empezado tan temprano y con tanta coherencia a presentar la visión acerca del evento de aquel importante ministerio. Pero, tres días antes del evento, todavía estábamos enfrentando dificultades para reclutar y entrenar a los voluntarios. ¿La razón? Nadie lo había entendido. Lo había hablado desde la plataforma hasta sudar, pero la gente en realidad no entendía de qué se trataba. Fue entonces cuando me di cuenta de que decirlo desde el púlpito no era suficiente. Si quería lograr que la gente en realidad entendiera el asunto y lo favoreciera, necesitaba identificar los distintos niveles en la iglesia y comunicarme adecuadamente con ellos.

> **No hay nada más difícil de conseguir que la gente favorezca un cambio.**

No hay nada más difícil de conseguir que la gente favorezca un cambio. Se requiere mucha claridad. Se requiere una manera y un ambiente para la comunicación en los que la gente se sienta en libertad de hacer preguntas y cuestionar los asuntos. Tal cosa nunca sucederá en el marco de un auditorio en donde la comunicación es solo en una dirección.

A eso se debe que, durante la transición en la Iglesia de NorthRidge, yo identificara cada nivel de la congregación, e intentara comunicarme de manera pertinente y personal con cada uno de ellos y entre ellos. Me comunicaba por separado con el personal, con los líderes y con los maestros. Me aseguré de ir a todas las clases de escuela dominical, y a los diferentes grupos, para comunicarles las cuestiones del cambio y cómo serían o no afectados. A la misma vez, hablaba sobre los asuntos en el marco más amplio de reuniones y servicios. Hubo ocasiones en que fui intencionalmente a hogares individuales en los que había reuniones colectivas. Ese tipo de comunicación es vital en toda clase de liderazgo, pero es asunto de vida o muerte cuando se está dirigiendo un cambio.

No convencí a nadie con esa comunicación tipo multinivel, pero pude definirme a mí mismo, revelar mi corazón y presentar la visión sin permitir que se filtrara a través de otros. Así no hubo forma de que se diseminara desconfianza posible acerca de mi persona. No podían decir que yo no amara, ni que no me importara, la Palabra de Dios. Por haberme comunicado con cada nivel de la iglesia, la mayoría de las personas pudo ver y escuchar de primera mano cuál era mi posición. Eso me protegió de rumores maliciosos y destructivos. Son demasiados los líderes que permiten que otros los definan por el hecho de no tomarse el tiempo para comunicarse a todos los niveles. Se presentan solo a la congregación y nada más. Esa clase de comunicación, por sí sola, no creará el necesario entendimiento para que el cambio pueda ser abrazado plenamente, ni para que la mayoría de la gente se afiance en él.

Instiga valores

Debido a que, en última instancia, son los valores los que impulsan a las personas, el que una iglesia acoja el cambio dependerá de que los valores correctos sean inculcados en el alma de la grey. Pero eso solo se da si comunicamos, comunicamos y comunicamos. Los valores deben estar congruentemente conectados con todo lo que se haga a fin de que se vuelvan parte del alma de la iglesia. Deben estar conectados con todo lo que se añada, se quite o se deje igual. El líder necesitará conectar los cambios con los valores relevantes. Si no puede conectar una actividad con cierto valor, deberá entonces redactar un nuevo valor (como hice cuando se descubrió que no teníamos uno que impulsara nuestros ministerios de hospitalidad y de compasión), o eliminar la actividad.

Contesta las preguntas

Por último, es importante entender que, cuando la congregación está pasando a través de un periodo de transformación, habrá una multitud de preguntas que continuamente saldrán a la superficie. La mayoría de esas preguntas tendrá que ver con el «por qué». Será vital que el líder intente continuamente responder a esas preguntas, aun cuando se las hayan hecho cien veces. Mientras que se estén haciendo preguntas, el líder sabrá que la gente permanece lo suficientemente interesada como para continuar planteándoselas.

Por lo tanto, aunque sea frustrante, es vital continuar respondiéndoles. Para que la gente siga al líder durante un cambio, se requerirá que las cosas se entiendan. Para ello se necesitará comunicación, comunicación y más comunicación. Como dije al principio de este capítulo, la comunicación es la que provee el único puente para un entendimiento real, y para que las personas se conecten las unas con las otras. Así que, no importa lo que hagas, no dejes de comunicarte.

CAPÍTULO 10

Conoce lo que te está matando

Identifica los blancos esenciales del cambio

Por años hablé de lo divertido que sería lanzarme en paracaídas hasta que una persona que lo acostumbraba como pasatiempo empezó a asistir a nuestra iglesia. Escuchó que yo hablaba del asunto y me invitó a que lo acompañara. Hasta ese momento creía que de veras me habría gustado hacerlo. No se lo mostré por fuera (creo yo), pero por dentro temblé de miedo cuando me invitó. De momento me di cuenta de la verdad: me gustaba hablar en cuanto a hacerlo, pero en realidad no estaba interesado en intentarlo. Si lo hubiera estado, ya habría hecho algo al respecto. Me encontraba en un dilema. Pero el temor a aparecer como un timorato fue más fuerte que el temor a lanzarme en paracaídas. Acordamos la fecha, y llegó. Traté de encontrar una excusa legítima para no ir, pero sin éxito. Estaba atrapado. Por fuera aparentaba gran confianza. Pero por dentro empecé a cuestionarme si estaba en mi sano juicio, y si había leído bien mi póliza de seguro de vida.

Sin embargo, la situación ya estaba fuera de mi control. Me había metido demasiado en el hoyo, como dicen. Mi hijo había decidido unírseme. ¿Podía acaso no lanzarme cuando él ya estaba contando conmigo? El equipo de arte creativo de nuestra congregación había decidido que mi lanzamiento sería una gran ilustración para alguna de mis pláticas, así que estaban listos para filmarme. No había salida.

Al abordar el aeroplano forcé una sonrisa e hice la señal de victoria, pero en realidad me sentía como cordero llevado al matadero. Era un manojo de nervios y empeoré cuando el aeroplano alzó vuelo.

A medida que nos elevábamos, el «profesional» con el que iba a lanzarme se aseguró de que estuviéramos debidamente conectados. Por fin alcanzamos la altitud requerida.

Los paracaidistas con experiencia se lanzaron primero. Todavía recuerdo mi asombro al verlos. El que asistía a nuestra iglesia se lanzó de espaldas y dio una vuelta de carnero. Ahora había llegado mi turno. Nos acercamos a la compuerta. «Uno, dos y tres», y mi compañero me empujó al vacío. De primera intención, abandonar la seguridad del aeroplano me causó temor, pero fue la última vez que recuerdo haberme sentido así. Desde ese momento en adelante todo fue una gran emoción. La única manera en que puedo describir lo que sentía es en términos de una sobrecarga de todos mis sentidos. No había forma de poder asimilar toda esa exaltación. Todo lo que requería mi atención se redujo a un par de cosas; lo demás me parecía nebuloso. ¡Qué salto! Soy una persona a la que se le hace fácil procesar las cosas, pero estaba asombrado de lo poco que estaba pudiendo procesar de esta experiencia. Todo fue como un relámpago. Cuando por fin se abrió el paracaídas, la experiencia se transformó de un aparente e incontrolable frenesí, a uno de los momentos de mayor paz y quietud que jamás había sentido. De principio a fin el evento fue increíble.

Puede que parezca una extraña comparación, pero mi experiencia como paracaidista se asemeja bastante a la de un cambio. Es fácil para las personas hablar de ello, pero la mayoría teme avanzar con uno. Lo aplazarán tanto como sea posible. Cuando el cambio se vuelve realidad, las personas quieren saber tanto como pueden, para poderse sentir cómodas con lo que sucederá. A eso se debe que el capítulo anterior acerca de la comunicación sea tan importante. Mucha gente se siente sobrecargada durante un cambio, así como mis sentidos se sobrecargaron cuando me lancé en paracaídas. La gente solo puede favorecer cierta cantidad de cambios a la vez.

Limita los cambios

A fin de ayudar a la gente a procesarlo, el número de modificaciones dentro del cambio deberá ser limitado. No se podrá cambiar todo de una sola vez. Las buenas noticias son que cualquiera sea la congregación, y sin que importar que tan mal estén las cosas, por lo regular solo hay un par de asuntos que la afectan y estorban de manera significativa. El líder deberá identificar esos asuntos clave para que la transición sea exitosa. Deberá identificar a qué blancos dirigir esencialmente el cambio. Deberá hacerse diestro en el conocimiento de su iglesia. Deberá conocer la condición y aislar las causas. Por último, deberá identificar las áreas cruciales en necesidad de cambio.

> La mayoría de las transiciones en las iglesias enfrentan dificultades debido a que los líderes, o cambian demasiadas cosas a la vez, o cambian las que no son.

La mayoría de las transiciones en las congregaciones enfrentan dificultades debido a que los líderes, o cambian demasiadas cosas a la vez, o cambian las que no son. Ambos errores son potencialmente dañinos. Si se hacen demasiados cambios, la iglesia se sobrecargará, dejará de favorecer el proceso y se replegará. Si se hacen los cambios equivocados, se afectarán los resultados positivos que la congregación necesita y espera de ellos. La iglesia cuestionará la capacidad del liderato, por lo que se abstendrá de apoyar cambios futuros. Es vital que se hagan los cambios adecuados sin que la congregación sea sobrecargada.

Mata lo que te esté matando

Siendo todavía joven como líder, un pastor experimentado me ofreció este excelente consejo: «Hay que matar lo que te esté matando, pero lo que no, déjalo morir de causas naturales». A través de los años ese consejo me ha ayudado a determinar lo que hay que cambiar y lo que no. Simplemente, distingue las cosas que estén afectando en realidad a la iglesia y las que quizá no ayuden tanto. Si algo está afectando a la congregación, habrá que quitarlo. Por otro lado, si algo no la está ayudando tanto, no hay que temerariamente eliminarlo. Se puede dejar que muera por su propia cuenta. Es importante que el líder invierta en las debidas decisiones y cambios, según la influencia que se ha ganado. Eso hará que gane más influencia.

No fue difícil aplicar ese principio a nuestra grey. El servicio del domingo en la mañana nos estaba matando. No podíamos alcanzar gente nueva debido a que el servicio era irrelevante para todo el mundo excepto, para los de adentro. Por lo regular, aquí es que radica el problema de las iglesias que no están alcanzando gente. A eso se debe que digamos: «Según el fin de semana, así el servicio del domingo en la mañana». Si el servicio principal de la iglesia no es relevante para los de afuera, la congregación no crecerá ni alcanzará gente. Por lo general, es por ahí que hay que empezar el cambio.

Nos dimos, pues, de inmediato a la tarea de cambiar ese servicio. Fue el blanco esencial del cambio. Si no lo cambiábamos, la iglesia no alcanzaría gente nueva. Así que cambiamos todo lo que tenía que ver con ese servicio. Cambiamos el estilo, la música, el diseño, los elementos y la apariencia. También cambiamos los que tomaban parte en el servicio. Cambiamos los servicios para que se identificaran con la gente más joven y para alcanzarla. Sin embargo, no cambiamos las demás áreas que tenían pertinencia para la gente de mayor edad, la que ya era parte de la congregación. Al principio solo cambiamos el servicio del domingo en la mañana. Necesitábamos un ambiente que fuera relevante para la gente nueva, de lo contrario, no tardaría el día en que tendríamos que apagar las luces por última vez.

No es que pudimos empezar a alcanzar de inmediato a gente nueva, ni que los que ya estaban favorecieran los cambios. La situación se tornó tensa, pero continué explicando los valores de la iglesia. Aun cuando nuestro pastor de música creía en la transición, y la apoyaba, en una ocasión vino donde mí y, desesperado, me dijo: «A esta gente no le gusta la nueva música. Quizá debamos volver a cantar lo que le gusta». Esa hubiera sido la salida fácil, pero le respondí: «No, la música no es para esas personas. Es para los que estamos tratando de alcanzar». Estuvo de acuerdo, aun cuando le fue difícil. De hecho, durante esa difícil temporada de cambio, él mismo me dijo que para él, dirigir la adoración era como ir al dentista: doloroso pero necesario.

Hubo una vez que ese mismo ministro de música, tratando de dirigir la iglesia en la adoración, pasó junto a mí en la plataforma y me dijo: «Se me hace imposible encontrarle el pulso a esta gente». En tono de broma le contesté: «No te preocupes; no lo tienen». Era gente maravillosa, pero en aquel momento carecían de entusiasmo y emoción espirituales. La congregación estaba muerta. Muchos años después, todavía nos acordamos de esa broma y nos reímos. Para ser honestos, no dejó de ser duro hacer tales cambios y mantenerlos. La gente de la iglesia, en su mayoría, no podía identificarse con los cambios, ni los favorecía. Algunos se volvieron beligerantes y crueles. Captaban la atención de la gente en el momento menos adecuado para luego dejarlos a todos plantados. Estoy seguro de que lo hacían «en el nombre del Señor Jesús» pero, en aquellos días, una conducta así no nos alentaba mucho a los que buscábamos servir de la mejor manera al Señor. Pero a pesar de que eran tiempos difíciles, había que hacer los cambios si es que íbamos a abrirle la iglesia a la gente nueva.

Poco después de introducir esos cambios Dios, de manera asombrosa y clara, afirmó hermosamente la estrategia. Una pareja de unos veinte años de edad nos visitó por recomendación de un miembro de su familia que me había escuchado hablar en un acto de la comunidad. Nos visitaron sin saber lo que estaba pasando en la iglesia. No sería hasta después que me contarían lo que les pasó. Habían decidido sentarse en la parte de arriba de la nave. Como habían llegado un poco temprano, decidieron dedicarse a observar la situación. Sin el servicio ni siquiera empezar, habían decidido que esa iglesia no era para ellos. Lo que veían era a personas de mayor edad con quienes no iban a poder identificarse. Pensaron en irse pero, por respeto, se quedaron. Cuando empezó el servicio, les aguardaba la sorpresa de sus vidas. La iglesia que parecía que no era para ellos antes de que el servicio comenzara, los estremeció cuando comenzó. La congregación no era lo que estaban buscando, pero el servicio no solo lo era, sino que lo necesitaban. Sintieron que había sido diseñado exactamente para ellos. Se conectaron de tal manera con el servicio que decidieron quedarse y hacer de nuestra iglesia la suya. Con el tiempo se volverían parte del núcleo de la congregación que, junto a cientos de otros como ellos, serían alcanzados debido a que cambiamos los servicios a fin de comunicarnos de manera efectiva con ellos.

Para que una congregación haga la transición de manera efectiva, deberá saber lo que está impidiendo su eficacia y eliminarlo. Pero, no se trata de que tengan que cambiarlo todo. De hecho, no deberían hacerlo.

Provee para la gente que ya está

Esto nos lleva al próximo principio vital en la identificación de los blancos esenciales para el cambio. La iglesia debe continuar proveyendo lugar para la gente que ya está, a la vez que haga los cambios esenciales para alcanzar a los nuevos. La idea es que, en medio de los cambios importantes, se les provea un sentimiento de estabilidad a los que ya son parte. Son demasiados los líderes y las congregaciones que cambian todo de un solo golpe. Eso priva de un lugar seguro a la gente que siempre ha considerado a una iglesia como suya. Eso interrumpe su vida en todo sentido y los deja con la sola opción de abandonar la congregación o de pelear. Eso crea relaciones antagónicas que nada tienen que ver con la transición. Es cierto que la iglesia debe establecer puntos de relevancia para los de afuera, pero no lo es el que cada punto de relevancia para los de adentro tenga que ser eliminado. La iglesia debe intentar proveer oportunidades relevantes de ministerio tanto para los que ya están como para los nuevos.

Algunos líderes cometen el error de ver como enemigos a los miembros que ya son parte de la congregación. Los miembros de la iglesia no son enemigos de nadie, aun cuando algunos de ellos sean negativos y conflictivos. Son gente de Dios que se ha dado a sí misma por años, a menudo sacrificialmente, para que la iglesia fuese comenzada, edificada y prosperada. Sin ellos la congregación no existiría, como tampoco los recursos que la acompañan. Puede que se hayan vuelto parte del problema, y que nunca acepten los cambios, pero en general la iglesia debe intentar proveerles un lugar. El objetivo de un cambio no es deshacerse de los que ya son parte de la congregación. El objetivo es lograr que los que ya están se comprometan de tal manera a ser como Cristo Jesús, que estén dispuestos a sacrificar lo que más quieren a fin de alcanzar a aquellos que Dios quiere.

> **La iglesia deberá continuar proveyendo un lugar para la gente que ya está, a la vez que haga los cambios esenciales para alcanzar a los nuevos.**

En el marco de nuestra congregación, logramos eso cambiando el servicio del domingo en la mañana, pero dejando las clases de escuela dominical tal como estaban. Si alguna clase nunca cambia, no le impedirá a la iglesia crecer. Por lo tanto, les animamos a todos a continuar haciendo lo que más les gustaba hacer en sus respectivas clases. No tuvieron que cambiar nada. De esa manera se les permitió un lugar en el que se les pudiera ministrar y alentar espiritualmente, sin que se nos impidiera a nosotros la habilidad para diseñar servicios que alcanzaran a las personas nuevas. Se nos permitió honrarlos y retenerlos, a la vez que honrábamos a Dios alcanzando a los que necesitaban tan desesperadamente su esperanza.

Este arreglo también nos puso en ventaja siempre que nos llegaba alguna queja acerca de los cultos. Cuando se quejaban de que no cantábamos himnos, les recordábamos que los cantaban cada domingo en sus clases. Cuando expresaban preocupación porque los maestros ya no estuvieran en la plataforma durante los servicios de los domingos, nos era posible decirles que los tenían con ellos cada vez que les enseñaban la clase. Habíamos cambiado considerablemente, pero ninguno de los cambios eliminó, para los que ya estaban, la habilidad de disfrutar la música y la enseñanza preferida. Se nos proveyó así una poderosa pinza para extraerles los dientes a los que querían mordernos con sus críticas.

La lección es sencilla pero importante. Si la iglesia, a la vez que se enfoca en la gente nueva, continúa proveyéndoles lugar a los que ya son parte, las pérdidas serán menores y el apoyo será mayor. Piénsalo. Si un líder les priva de todos los ministerios relevantes a los que ya están en la congregación, ¿tendrán ellos razón alguna para apoyar su liderazgo? No la tendrán. Además, si miramos honestamente a la Biblia, veremos que la grey no debe pertenecerle a una sola generación o a un solo grupo. Dentro de la iglesia deben existir oportunidades diferentes para que cada persona encuentre un lugar y un grupo pertinente para su vida y sus circunstancias. Los que ya están, deberán tener la oportunidad de conectarse con la cultura y el lenguaje de su preferencia, pero no se debe esperar ni requerir que la gente nueva entre en ese ambiente. A los nuevos se les debe proveer de oportunidades que sean más relevantes a su lenguaje cultural y a sus preferencias. Ahora bien, la necesidad puntual debe ser siempre que cada grupo representado en la congregación tenga su propia oportunidad de conexión y comunidad.

Cambia la base de influencia

No importa cuán bien equilibren un líder y su iglesia los ministerios, siempre habrá los que quieren más. De hecho, siempre habrá los que crean sinceramente que solo de ellos es que se trata. Aunque esa sea una actitud totalmente contraria a Cristo y a sus ideales, este tipo de gente a menudo truena con fuerte voz en la congregación y, en ocasiones, ejerce considerable influencia. Después de todo, como hemos mencionado en el capítulo cinco, una iglesia nunca termina en el lugar equivocado por tener a todos los líderes correctos. Por lo tanto, los cambios positivos que se estén haciendo se tropezarán con obstáculos potenciales y enfrentarán fuertes desafíos aun por parte de los líderes que ya existen. La única manera de sobreponerse efectivamente a esos desafíos, y garantizar los cambios, es asegurándose de que las personas de principal influencia en la congregación entiendan, acojan y estén dispuestos a luchar por los valores de Cristo y de sus ideales para la congregación.

Eso requerirá que, de manera intencional, se cambie y se extienda la base de influencia. El líder debe poder cambiar a los que ejercen influencia, y a los que la gente les presta atención en la iglesia. Sobre todo si están impidiendo que se cumpla la Gran Comisión. Pero no hay duda de que estamos hablando de un proceso que toma tiempo y que requiere sabiduría. Santiago 1.5 deberá ser el compañero constante del que dirige una transición: «Y si alguno de vosotros tiene falta de sabiduría, pídala a Dios, el cual da a todos abundantemente y sin reproche, y le será dada». Tengo una razón para creer en esto: los errores que he cometido.

En mi primer pastorado, erré por no buscar la sabiduría de Dios en lo concerniente a la ubicación de líderes. Al principio tuve la oportunidad de empezar a influenciar un cambio en el liderato. Pero no tuve la sabiduría de saber cuán vital era. Como consecuencia, apoyé que cierto hermano fuera nombrado de nuevo para la junta de gobierno de la congregación. El hermano terminó convirtiéndose en la persona que encabezó el ataque contra mi liderazgo; fue el que creía que la manera bíblica de funcionar la iglesia no era para su congregación. La triste realidad fue que, por yo no tener una idea clara de la importancia que ejerce la influencia del liderato, apoyé su reelección al cargo. Fue una valiosa lección, pero la tuve que aprender por la fuerza. Cuando continué con otros pastorados, aquella experiencia me ayudó con las difíciles decisiones de cambiar líderes, y de no tener que ser testigo de cómo los no adecuados destruyen la obra del Señor.

A pesar de mis innegables fracasos en esa área, también he hecho algunas decisiones exitosas. En el presente ministerio, y a pesar de los errores comunes, la manera en que cambiamos y expandimos nuestra base de influencia ha producido resultados positivos.

Dado el hecho de que heredé empleados y líderes que habían estado con la congregación por años, decidí que si mi liderazgo iba a poderse afianzar, sería importante que les redujera gradualmente su influencia. La única manera de hacerlo era quitándolos de la plataforma durante nuestros servicios, lo cual evitaría que obtuvieran influencia sobre la gente nueva que alcanzáramos. Algunas personas se quejaron de que a esos líderes se les estaba privando de nuevas oportunidades, pero yo simplemente les señalaba que todavía retenían sus empleos; que todavía estaban dirigiendo y enseñando. Pero, para las nuevas posiciones de influencia, yo estaba ubicando a gente nueva. A medida que esos nuevos líderes ganaron paulatinamente influencia, se les hizo posible elevarse a niveles de liderazgo en la iglesia que viabilizaban importantes transformaciones. Hubo que hacerlo poco a poco, pero hubo que hacerlo.

A muchos pastores se les hace imposible entender la importancia de cambiar la base de influencia. La consecuencia es que nunca se convierten en los líderes reales de la congregación. Su influencia será siempre limitada. No importa cuánto tiempo permanezcan en un pastorado, nunca serán capaces de dirigir. Puede que se les llame «pastor», pero seguirán siendo unos extraños. Ese fue el caso cuando llegué a mi ministerio actual. Me llamaban el pastor titular, pero les era un extraño. Por mi posición, me dieron la autoridad de dirigir el personal, pero ese conjunto de empleados tenía más influencia que yo. La única manera en que pude convertirme en el verdadero líder de esa iglesia fue sustituyendo lenta pero intencionalmente la base de influencia.

La obtención de influencia requiere carácter e idoneidad

Para que me fuera posible cambiar la base de influencia, tenía que obtener influencia. Esta solo se obtiene cuando se demuestra carácter e idoneidad. Y toma tiempo. Pero si el líder es auténtico con su carácter, se notará. Mi carácter estaba siendo probado todo el tiempo. La gente me observaba aunque yo no me diera cuenta. No soy perfecto, lo admitía. Gracias a que las personas, con el tiempo, vieron que yo era auténtico con mi carácter, decidieron permitirme influenciar sus vidas cada vez más. Mi idoneidad como líder se ponía en juego con cada decisión que hacía. Muchos estaban esperando que los cambios fracasaran. Aunque continuamos declinando durante los siguientes seis años, aminoró a medida empezamos a alcanzar gente nueva. Cuanto más mi liderazgo llevaba a la congregación a impactar positivamente la vida de las personas, más influencia establecía yo.

> Son demasiados los pastores que ceden bajo la presión de la gente que reta su liderazgo.

Tampoco faltaron los desafíos directos en contra de mi liderazgo. Hubo un par de personas que me quisieron dirigir. En un intento por meterme dentro de su cajón, quisieron intimidarme. En el caso de ambos, tuve que ceñirme de valor, y emplear mi liderazgo en la iglesia, a fin de quitarlos de las posiciones de influencia. Mi liderazgo había sido puesto a prueba. Si no me hubiese comportado a la altura del momento, nunca hubiera sido capaz de desarrollar la influencia para hacer marchar a esa congregación a través de la importante transición que tuvimos el privilegio de vivir. Son demasiados los pastores que ceden bajo la presión de la gente que reta su liderazgo. El líder que pestañea, pierde la capacidad de liderar.

A medida que probé mi carácter y mi competencia, el resultado fue que, con el tiempo, la base de influencia comenzó a moverse hacia mí como líder. Como consecuencia, en solo cuatro años, la iglesia había decidido, por votación, abandonar las antiguas instalaciones para reubicarse a unos veinticinco kilómetros al oeste y construir nuevas instalaciones. Eso significaba que habían decidido seguir mi liderazgo y no el del pastor que habían amado y seguido durante tantos años. Decidieron también desmantelar la biblioteca que habían erigido en su memoria. Después de cuatro años de ministerio, fue ese voto el que finalmente me estableció como el pastor de la congregación. Si no hubiera cambiado ni expandido intencionalmente la base de influencia, eso nunca habría ocurrido. Lograrlo me trajo muchas noches de desvelo, pero valió la pena.

Siembra la semilla hoy para el cambio del mañana

Si el líder va a dirigir el cambio, deberá siempre pensar adelantado. El cambio no ocurre en el momento en que se anuncia. El cambio crece. Por consiguiente, el líder deberá sembrar la semilla, de forma congruente y en el presente, para el cambio del futuro.

Eso es algo que hay que hacer en cada etapa del liderazgo. Antes de ser llamado a mi actual pastorado, empecé a sembrar semillas para los cambios futuros durante el proceso mismo de la entrevista. Muchos líderes se enfocan en solo conseguir el empleo. Al hacerlo, bailan al son de la música que tocan los entrevistadores. Se los ganan concordando con sus ideas, o por lo menos no retándoselas. Puede que aseguren el empleo, pero estarán creándose dificultades para su futuro como líderes. Sus palabras los retarán. Yo cometí ese error en mi primer pastorado. Ansiaba tanto la oportunidad de pastorear esa iglesia que les dije lo que querían oír, pero ignoré lo que me decían.

Aprendí a las malas que esa clase de conducta nunca le resulta bien al líder. Aprendí que si comprometo mis posiciones para obtener un trabajo que de verdad quiero, lo convertiré con toda posibilidad en la peor de las pesadillas.

Por eso, durante la entrevista para mi actual posición, sembré la semilla para muchos de los cambios que haría si me llamaban como pastor. Fui agresivo. Yo creía firmemente que Dios me estaba llamando a esta congregación pero, para ser honesto, se me hacía difícil creer que el grupo particular de líderes que me estaba entrevistando pudiera ponerse de acuerdo para seleccionarme como el candidato. Como he mencionado anteriormente, se necesitaba que cuarenta y dos de ellos me aprobaran como candidato. Pero yo había decidido que no limitaría mi futuro liderazgo haciéndole el juego a sus ideas acerca del ministerio. Así que les dije de frente lo que haría. De esa manera, para cuando yo llegara, la semilla del cambio que había sembrado estaría ya germinando.

Una vez me hice su pastor, por años les seguí plantando más semillas de cambio. No es siempre posible hacerlo, pero la regla general es que mientras más grande y más difícil pueda ser el cambio, con mayor antelación deberá ser la semilla sembrada. A eso se debió que yo empezara a plantar las ideas de un cambio de nombre para la iglesia casi una década antes de guiarlos en esa modificación. Nuestro nombre era Iglesia Templo Bautista. Percibí desde el principio dos retos importantes con ese nombre. El primero era la palabra «Templo». La palabra confundía. Había personas que pensaban que éramos una iglesia bautista judía. De verdad que era confuso. El segundo reto era la palabra «Bautista». La mayoría de las personas pensaba que éramos parte de una «denominación bautista». No lo éramos. La mayoría de la gente no sabe lo que significa la palabra «bautista», aunque piensen que sí. En nuestra área particular, había tantas diferentes clases de congregaciones «bautistas», y tanta variedad dentro del ámbito de las iglesias «bautistas», que la confusión era grande. Si una persona había tenido una mala experiencia en cualquiera de las congregaciones con ese nombre, lo más probable era que no volviera a otra.

Debido a esos obvios problemas, temprano en mi pastorado comencé a plantar la semilla del cambio de nombre. En una de las reuniones de discipulado con mis diáconos, les presente la siguiente escena desafiante: «¿Qué ocurriría si el nombre de nuestra iglesia, Templo Bautista, alguna vez se volviera un obstáculo para presentarles a las personas la verdad de Jesucristo?» Como era de esperarse, la mayoría reaccionó inmediatamente con un rotundo: «¡No cambiaremos nuestro nombre!» Era la respuesta que yo esperaba, pero continué retándolos. «¿Qué pasaría si el nombre de nuestra congregación se volviera un obstáculo para que la gente encontrara a Cristo? ¿Cuál nombre es más importante para ustedes, Templo Bautista o Cristo?» Fue interesante que un par de ellos dijera algo más o menos así: «Para mí, el Templo Bautista es Cristo». Era obvio que yo estaba logrando lo que quería. El verdadero problema estaba emergiendo. Algunos de los líderes se habían enamorado de la iglesia y de su cultura, y las habían comenzado a valorar más que a Cristo mismo. Con razón la congregación estaba sufriendo. Un par de líderes, aun cuando no estuvieron a favor del cambio de nombre en aquel momento, con el tiempo reconocieron que lo cambiarían con tal de que el nombre de Cristo Jesús no fuera empequeñecido. Eso sucedió casi diez años antes de que el nombre fuera en sí cambiado.

Un cambio exitoso requiere tiempo para que se desarrolle. En aquellos primeros años, yo lo que hacía era sembrar la semilla. No habría siquiera considerado el cambio de nombre antes de que la congregación se hubiera vuelto saludable y empezara a crecer. El que una iglesia enferma cambie de nombre no la hará saludable. Seguirá sin crecer. En mi opinión, la congregación debe dejar que su antiguo nombre se lleve todo lo negativo con él. No entierres el nombre hasta que hayas sepultado todo lo negativo que representa. Cuando la iglesia esté saludable, entonces podrás cambiárselo. Para dirigir con éxito un cambio, habrá que sembrar su semilla de manera congruente.

Cuando por fin le cambiamos el nombre, ya éramos una congregación saludable, creciente y vibrante. Solo lo cambiamos debido a que se había vuelto un considerable impedimento para nuestro esfuerzo por alcanzar a los que habían sido lastimados por la religión, o la habían rechazado. Estábamos conscientes de que las personas que no tenían confusión alguna con un nombre como «Templo Bautista», no se les haría difícil asistir a nuestra iglesia. Pero los que tuvieran algún reparo con la religión, no vendrían. El nombre nos impediría alcanzarlos. Decidimos que alcanzar a esas personas con el nombre de Cristo era más importante que el nombre Templo Bautista. Así que lo cambiamos. Gracias a que la semilla había sido plantada con suficiente tiempo y que nuestro móvil era claramente alcanzar un fin, hasta donde sé, solo perdimos un par de personas. El cambio no tiene que ser destructivo si uno lo dirige de manera positiva y bien pensada. Para lograrlo, debemos, con la sabiduría de Dios, identificar claramente los blancos esenciales del cambio y acometerlo de la manera más apropiada.

Marcar el blanco ha sido el enfoque de los últimos tres capítulos. A menos que no se defina la hoja de ruta de los ministerios, que no se comunique congruente, clara y competentemente, ni se identifiquen las áreas críticas para un cambio sin componendas, no habrá potencial alguno para movilizar con éxito nuestras congregaciones hacia un proceso de cambio. Pero una vez marquemos el blanco, el tiempo de tirar del gatillo habrá llegado.

PARTE 4

Tírale al blanco

CAPÍTULO 11

Asegúrales la frescura

Aumenta el ímpetu con oportunidades frescas

El pensamiento me llenó de horror: *Esa es la mejor experiencia de Cristo Jesús que jamás tendrá esta gente.* Estaba de vacaciones con mi familia en otro estado, por lo que decidimos asistir a una iglesia cerca de nuestro alojamiento. El nombre, el tamaño y la ubicación de la congregación no son importantes. Lo que sí lo es, es la manera en que me sentí. Soy un pastor que ama a la iglesia, y quería estar allí más que en casi ningún otro lugar. Pero lamenté que decidiéramos asistir. Para mi familia, que se había rehusado a la idea de ir ese día, fue una agonía. Me disgusté. No con la gente. Ni con la iglesia. Sino con lo que implicó. Esa era la mejor experiencia de Cristo Jesús que jamás tendría esta gente. Y para mi mayor desconsuelo, se veían satisfechos. Ciertamente me incomodó la situación, pero confiaba en que esas personas, en su mayoría, fueran verdaderos creyentes. Pensé que, por lo menos, algún día en el cielo experimentarían la plenitud de Dios y su presencia. Lo que realmente me disgustaba era que algún perdido entrara por casualidad a esa congregación, o, peor aun, que alguien lo invitara. Si mi reacción como creyente había sido tan negativa, ¿cuál sería la de un inconverso? Me entristeció y me enojó que ese fuera el mejor cuadro de Jesucristo que jamás pudieran ver.

Las personas de aquella congregación tenían las mejores intenciones pero, en mi opinión, esa mañana habían pintado un cuadro distorsionado de Dios. No era una cuestión de talentos, aunque estoy seguro que pudieron haber ofrecido algo mejor. No era una cuestión de tecnología. Era una cuestión de decadencia. Era obvio que se estaba repitiendo lo que se hacía cada semana. Era obvio que se había puesto poco esfuerzo, si alguno. Parecía que el servicio y el mensaje habían sido apiñados a la ligera, no porque tuvieran algo importante que compartir, sino porque había llegado la hora de otro servicio. El resultado fue que no había apasionamiento, ni entusiasmo, ni un contenido interesante. Parecían autómatas. Era una presentación de Dios cansada, rutinaria, desapasionada y aburrida... muy aburrida. Dios no es así. Ni siquiera se le acerca. Pero ese es un cuadro común de lo que las iglesias pintan en todas partes del mundo. Con razón a los perdidos les cuesta tanto creer en el Dios de la Biblia. Con razón hay tantos creyentes que batallan con la idea de asistir a la iglesia. Cuando no asistir a ella resulta más espiritualmente inspirador que hacerlo, tenemos un problema.

> **La iglesia necesita crear momentos en los que la gente pueda sentir a Dios como algo fresco y no trillado; como algo emocionante y no aburrido; como algo vivo y no muerto.**

Esa experiencia y, desde ese día, muchas otras más, me han motivado a hacer todo lo que pueda para ayudar a las iglesias a lograr cambios sin componendas. Deseo apasionadamente que la grey viva a la altura de lo que debe ser como la esperanza del mundo. Pero la iglesia ni siquiera podrá intentarlo hasta que empiece a pintar un mejor cuadro de Dios. Para que eso suceda, debe crear oportunidades nuevas y frescas para experimentar a Dios y para aumentar su impacto en las personas.

Puesto de manera sencilla, tendrán que empezar a ocurrir cosas nuevas, diferentes, creativas y emocionantes. En la medida en que no estén sucediendo, la gente pensará que esas cosas no suceden con Dios. El resultado será que la gente buscará lugares en donde algo esté sucediendo. La iglesia necesita crear momentos en los que la gente pueda sentir a Dios como algo fresco y no trillado; como algo emocionante y no aburrido; como algo vivo y no muerto.

Para mí la vida se define cuando se experimentan momentos como esos. Todos los creyentes necesitamos oportunidades así. Si la congregación no crea oportunidades para ese tipo de momentos, la gente concluirá que Dios está muerto o que ya no asiste a la iglesia. Pero como ambas cosas son una completa equivocación, la congregación necesitará comenzar a presentar un cuadro más exacto de Dios.

La manera más aburrida de gastar una hora

Es lamentable que a las iglesias de hoy se les conozca generalmente por lo predecibles que son. La gente sabe lo que va a pasar antes de llegar a la congregación porque, cada vez que asiste, ocurren las mismas cosas. El resultado es que muchos consideran la iglesia como una de las maneras más aburridas de gastar una hora. Con razón es tan difícil que los creyentes inviten a otras personas, incluso aquellos que desean tan apasionadamente hacerlo.

Recuerdo haber escuchado acerca de una iglesia así. Me contaron que un domingo en la mañana el pastor notó a un niño de pie en el vestíbulo de la iglesia. El niño miraba fijamente una placa que colgaba de la pared. Pequeñas banderas del país revestían cada lado de la placa. Hacía ya algún tiempo que el niño la estaba contemplando. Así que el pastor se le acercó, le puso el brazo sobre su hombro, y le dijo:

—Buenos días, jovencito.

—Buenos días, pastor. —El niñito continuaba con sus ojos fijos en la placa rodeada de banderitas—. Pastor, ¿y qué es esta placa?

—Bueno, hijo, es en recordación de todos nuestros valientes hombres y mujeres que han muerto en el servicio.

Con ponderación, juntos, continuaron mirando la placa. Al fin, con voz apenas audible, y temblando de miedo, el niño preguntó:

—¿En cuál servicio, pastor; en el de la mañana o en el de la noche?

Lo más triste de todo es que, con toda probabilidad, ya tú sabías cómo terminaba el chiste antes de que terminara. Pero hace reír a la gente ya que destaca una realidad.

Existe un recrudecido debate sobre por qué hay cada vez menos personas que asisten a la congregación. Hay una respuesta que es obvia: asisten menos personas porque las iglesias se han vuelto aburridas y predecibles. No ofrecen nada nuevo ni creativo. Siguen repitiendo las mismas cosas una y otra y otra vez. Hay iglesias que piensan que lo más espiritual es entonar las nueve estrofas de un himno que de por sí es aburrido. Para muchos, esto es decepcionante. No encaja con el concepto de un Salvador que anduvo sobre las aguas, que resucitó a los muertos y que logró que las multitudes lo siguieran día tras día.

> **Asisten menos personas porque las iglesias se han vuelto aburridas y predecibles.**

Al leer los evangelios resulta obvio que nadie sabía lo que Jesús haría la próxima vez, ni siquiera sus amigos y seguidores más cercanos. Siempre sorprendía a la gente, lo que importunaba a los fariseos. Les aterraba que Jesús rompiera la rutina una y otra vez, así como se horrorizan muchos cristianos e iglesias que parecen seguirles los pasos a los fariseos. Pero la Biblia aclara que Jesucristo vino a revelarnos a Dios (Juan 14.8-9). Junto a muchas otras características, lo reveló como un Dios convincente, poderoso, relevante, apasionado, impredecible, emocionante y personal.

Un cuadro correcto de Dios

A las iglesias se les ha dado la encomienda de revelarle a Dios al mundo. Cuando ella es arcaica y agotada, irrelevante y aburrida, impotente y predecible, la gente concluye que Dios es igual. Al volverse decadente, la iglesia pinta un cuadro erróneo de Dios. Dios no es nada de eso. Dios es todo lo que Jesucristo reveló. Es triste que la grey, en la mayoría de los casos, lo revele con tan poco parecido a lo que Él es.

El mundo necesita congregaciones que le permitan a Dios ponerse de pie y hacerse notar. La gente necesita ver a Dios como realmente es. Dios siempre expresa frescura y creatividad. Si su iglesia va a representarlo como debe ser, deberá también ser fresca y creativa. La grey no podrá continuar utilizando el mismo orden de servicio que se ha utilizado durante décadas. No es algo que Jesús hiciera, ni que le mandara a la iglesia hacerlo.

La iglesia debe sorprender a la gente

La iglesia de hoy necesita sorprender a la gente. Una de las metas de nuestra congregación es que la gente salga moviendo la cabeza y diciendo: «Uno nunca sabe lo que va a pasar en NorthRidge». Cuando la iglesia es creativa, ayuda a mantener viva la fe y el deseo por Dios. He hablado con líderes a quienes les preocupa que la gente se moleste si cambian el orden de las cosas. ¡Bienvenidos al mundo de Jesucristo! Es importante recordar que la gente que se enojó con el Señor era la que se conformaba con el cuadro equivocado de Dios. Es obvio que el Señor prefirió que se enojaran antes que permitirles un punto de vista contaminado de Dios. Prefiero que mi ministerio produzca enojo a que no produzca emoción alguna, aun cuando me cree una situación incómoda. No se supone que la iglesia sea un lugar que carezca de desafíos. Se supone que sea un lugar que levante muertos. La grey necesita revelar que Dios todavía vive y opera. Si a la gente le disgusta esa verdad, pues que le disguste. Pero la iglesia necesita ser creativa e innovadora.

Soy de la creencia de que la iglesia en general hace mucho que ha perdido ese concepto. La mayoría de los cristianos se ha contaminado con ese mal entendido. Mostrar frescura y creatividad no es solo una buena idea para ayudar a crecer la iglesia, es algo que Dios espera. Si se esperó del Señor Jesús, habrá que esperarlo también de la iglesia.

Los centros creativos del mundo

La iglesia representa a Dios, el creador. Lo único que el mundo puede conocer acerca de Dios, lo deducirá de lo que opine acerca del pueblo de Dios… su iglesia. A la luz de esto, ¿no deberán las iglesias ser conocidas como los centros creativos del mundo? Las iglesias representan al Innovador y al Creador del mundo. Dios es siempre fresco, siempre nuevo y siempre está escribiendo una nueva canción, como Él mismo lo proclama (Isaías 42.9; 43.19). Es cierto que el carácter de Dios nunca cambia; pero no lo es que nunca cambie lo que hace. Dios goza de frescura y creatividad, y quiere que su pueblo sea igual: «Cantadle cántico nuevo; hacedlo bien, tañendo con júbilo» (Salmo 33.3). «Puso luego en mi boca cántico nuevo, alabanza a nuestro Dios. Verán esto muchos, y temerán, y confiarán en Jehová» (Salmo 40.3). Así como lo dice este pasaje, cuando el pueblo de Dios lo revele como es, la gente se volverá a Él.

Las iglesias deben ser conocidas como centros de innovación. Como un lugar en donde la imaginación remonte vuelo. Después de todo, los seres humanos han sido hechos a la imagen de Dios; a ellos se les ha dado la habilidad de ser imaginativos, innovadores y creadores. La maldición del pecado empañó esa imagen y pervirtió esa habilidad.

Pero los cristianos han sido libertados de la maldición del pecado. Han sido restaurados al designio original. Deben poder ejemplificar la belleza y la maravilla de la creatividad de Dios. La iglesia debe ser siempre creativa, relevante, viva y la que le infunda sentido, pasión y esperanza al mundo. Muchas iglesias continúan empleando una liturgia vieja y decadente. Puede que haya sido creativa y emocionante varios siglos atrás, pero en su mayor parte ya no es relevante. Querer que lo sea es ser más como los fariseos que como Jesús. Esto le roba a la iglesia la presencia y la vida de Dios, y le dice al mundo que Dios vivió en la historia pero no en el presente. Tal mensaje es una aberración. Coloca equivocadamente un manto de irrelevancia sobre la luz relevante del amor y la esperanza divinos.

A Dios solo se le experimenta en el presente

La iglesia necesita empezar a crear oportunidades nuevas y frescas que permitan que la gente vea, entienda y sienta a Dios. Cuando lo haga, se creará un nuevo ímpetu. A esos efectos, necesitará evaluar su propia caducidad. No podrá compararse más con la iglesia histórica. Sí, Dios hizo grandes cosas en el pasado. Pero las hizo con gente que vivió aquel momento. Fue gente que diseñó nuevas y creativas oportunidades para que los demás vieran, comprendieran y experimentaran la verdad, el amor y la esperanza de Dios. Si la iglesia de hoy ha de experimentar las mismas grandes cosas, no podrá seguir viviendo en el pasado. No podrá solo copiar lo que las iglesias hicieron en el pasado. Esas iglesias vivieron en diferentes tiempos, culturas y pueblos. La iglesia necesita experimentar a Dios con frescura en el ahora. Dios todavía hace cosas nuevas. Es el mismo Dios, aunque uno no lo experimentará siempre de la misma manera. La clave para mantener una relación con Dios viva, creciente y llena de emoción, consiste en conocerlo y experimentarlo de nuevas maneras. Esto es lo que la iglesia tiene que practicar.

> **No se supone que la iglesia sea un lugar que carezca de desafíos. Se supone que sea un lugar que levante muertos.**

En el momento en que estoy escribiendo esto, mi esposa Roxann y yo vamos camino a celebrar nuestro trigésimo primer aniversario de bodas. Un verdadero logro si se toma en cuenta lo ignorante que era yo en nuestras relaciones cuando joven. Permíteme darte a conocer mi superficialidad. Roxann y yo estábamos comprometidos, pronto nos íbamos a casar, pero lo que a mí me era difícil entender era el concepto de «para siempre». No era que cuestionara el amor que sentía por ella, ni mi compromiso. Ambos eran tan sólidos como la roca. Con lo que estaba luchando era con la pregunta de cómo sería eso de una relación perpetua. Así que, al querer compartir mis pensamientos con ella, y beneficiarme de las virtudes relacionales que le caracterizaban, le hice una pregunta de la cual nos hemos reído por años. Le pregunté más o menos lo siguiente: «Roxann, te amo más que a mi vida, y no hay mayor felicidad para mí que el que nos vayamos a casar. Solo tengo una duda que no me deja tranquilo. ¿De qué vamos a hablar por el resto de nuestras vidas?» Eso habría sido chistoso si yo no hubiera estado muy serio.

Honestamente, no tenía la más mínima idea. A aquellas alturas, solo tenía en mi poder como media hora de material útil de conversación. En retrospectiva, me sorprende que ella no hubiera suspendido la boda. Pero fue todo lo contrario, me dio la respuesta perfecta. Me dijo: «Pienso que hablaremos de lo que ocurra cada día». ¡Eureka, qué pensamiento! Ella entendía lo que yo no. Las relaciones personales ocurren en el presente. Las buenas relaciones se forjan sobre las bases de la experiencia diaria. Las relaciones cambian y crecen como resultado de cada nueva experiencia. Lo novedoso de cada día mantiene las relaciones vivas y llenas de emoción. Las parejas que no continúan experimentándose mutuamente de nuevas maneras, perderán el gozo y la emoción de las relaciones.

Es una lástima que tantas iglesias ya no experimenten a Dios de manera auténtica y creativa. Se limitan a los recuerdos de lo que Dios hizo una vez. Han encerrado a Dios dentro de un cajón. Han convertido los templos en museos para exhibir artefactos del Dios que una vez interactuó con la humanidad. A eso se debe que hablen de las mismas cosas, y en la misma forma. Todos sus relatos acerca de Dios son en tiempo pretérito. Toda experiencia nueva con Él ha cesado, como si estuviera muerto. Y esa es la idea de Dios que el mundo recibe de parte de muchas iglesias hoy.

Lo opuesto debe ser la norma. Nuestra relación con Dios debe definirse por la manera en que Él se nos esté revelando hoy. El Dios de Hechos 2, el Dios que se aparece de manera nueva, emocionante y deslumbrante, está presente hoy. Hechos 2 no es un cuadro de cómo lució Dios y qué hizo, en cierta ocasión. Es un cuadro de cómo es y de lo que todavía quiere hacer. Dios quiere revelársenos de manera novedosa y sorpresiva. Quiere que su pueblo y el mundo lo experimenten otra vez. Cuando eso suceda, la iglesia no hablará más de un Dios predecible, cansado y polvoriento. Hablará de Él de manera apasionada y emotiva.

Es un claro problema el que un sinnúmero de iglesias no esté experimentando verdaderamente al Dios vivo de manera fresca en nuestros días. Si así fuera, se haría evidente en la forma en que lo presentan. Puede que estas iglesias hayan tenido una experiencia con Dios en el pasado, pero hace tiempo que eso cesó. El resultado es que continúan enfocándose en las experiencias pasadas. Es todavía peor el que haya muchos individuos en las iglesias que nunca han experimentado personalmente a Dios. Solo repiten relatos acerca de Él basados en lo que otros individuos han experimentado. No discutimos que uno se pueda beneficiar grandemente de los relatos biográficos de otras personas. La Biblia revela frecuentemente la verdad de Dios por medio de relatos biográficos. Sin embargo, la relación y la experiencia de un creyente con Dios deben ir más allá de la historia y de la experiencia pasada de las otras personas. Si los creyentes no están experimentando a Dios de manera real y personal, la iglesia solo podrá hablar de Él en tercera persona. En esa condición, la iglesia será incapaz de presentarle a Dios de manera auténtica a la gente. Si una iglesia vive de las pasadas experiencias con Dios, carecerá de efectividad para conectar a la gente con Él en el día de hoy. A Dios no se le puede encontrar en el pasado. Solo se le puede encontrar en el presente. Ya es tiempo de que la iglesia comience a hablar acerca de

> **La iglesia necesita experimentar a Dios con frescura en el ahora. Dios todavía hace cosas nuevas.**

Dios como lo conoce hoy. La iglesia le crea una conexión sensacional y relevante a la gente cuando le cuenta historias de Dios y de su obra en tiempo presente, sin dejar de ser fiel a su Palabra. Si la iglesia no está introduciendo elementos nuevos y creativos en sus ministerios, es obvio que no está experimentando ni comunicando la realidad de Dios con frescura.

Algunos han encerrado a Dios en el pasado

Piensa en lo que sucedió con Isaías en el Antiguo Testamento. Era profeta, pero no estaba experimentando la realidad de Dios en su vida diaria. Parecía que había encerrado a Dios en el pasado. Al hacerlo, podía predicar la verdad y el juicio divinos, pero sin hacer inventario de su propia vida. Y así fue, hasta que Dios se le reveló claramente en Isaías 6. De momento se encontró personalmente de pie en la presencia de Dios. Su actitud cambió. En vez de señalar a otros y pretender que no se le aplicaba, cayó sobre su rostro ante Dios. La experiencia personal con Dios cambió su vida y su ministerio.

Algo parecido ocurrió con el apóstol Pablo en el Nuevo Testamento. Vivía y adoraba a un Dios que había vivido en la historia. No conocía nada acerca de una relación personal y viviente con Dios. Su amor a Dios era académico. Lo amaba como un individuo ama una valiosa pieza de museo. Hasta que Dios se le apareció. Cuando Pablo experimentó personalmente la realidad de Dios, todo cambió. Dios no era alguien de quien hablar; era alguien a quién conocer. Ya Dios no se trataba de rutinas ni tradiciones; se trataba de cantar un nuevo cántico y una nueva verdad. Dios transformó la vida y el ministerio de Pablo. Cuando alguien conoce verdaderamente a Dios, y lo experimenta, nunca más será la misma persona. Eso es lo que las iglesias deben estar haciendo. Cuando lo hagan, las vidas serán cambiadas. Si no lo

> **Ya es tiempo de que la iglesia comience a hablar acerca de Dios como lo conoce hoy.**

hacen, las vidas no serán cambiadas, la iglesia envejecerá y Dios dejará de lucir relevante.

Cuando la iglesia encierra a Dios en el pasado, la gente no lo ve distinto a otras figuras históricas. Puede ser interesante estudiar la vida y las obras de Washington, Jefferson y Lincoln. De hecho, ello les resulta tan interesante a algunas personas, que dedican sus vidas a estudiarlos y a escribir sobre ellos. Pero la obra de estos personajes no transforma vidas ni llena al mundo de esperanza. El hecho de que tantas personas rechacen a Dios se debe, en cierto sentido, a que no les interesa una figura histórica más, ni les parece útil. Sin embargo, si pudieran experimentar personalmente la importancia de Dios en sus vidas, cambiarían de parecer. Me ha sucedido a mí y está sucediendo en nuestra iglesia. Se supone que suceda en la vida de cada creyente y en la de toda la grey.

La iglesia necesita ayudar a las personas a entender que, distinto a Washington y a Lincoln, la tumba del Señor Jesús está vacía. Distinto a los personajes históricos que vivieron y murieron, Jesucristo está vivo y obra hoy. Se necesitarán más que palabras para revelarle eso al mundo. La iglesia proclama que es la obra de Cristo, por lo tanto necesita reflejarlo. Siendo que Cristo no es ni anticuado, ni trillado, ni impotente, ni irrelevante, es imperioso que la iglesia provea oportunidades frescas para que se aprenda de Él, se le entienda y se le experimente en el presente. Cuando eso ocurra, todo cambiará, especialmente la vida de las personas. Cuando las vidas empiecen a cambiar en la iglesia, la gente empezará a hablar. El rumor correrá por toda la comunidad. Como consecuencia, la gente empezará a venir para ver de qué se trata el rumor. Y mientras se enteran, muchos experimentarán a Dios y sus vidas cambiarán. En un abrir y cerrar de ojos, la iglesia estará funcionando bien, y proveyéndole esperanza verdadera a un mundo sin ella.

Prediciblemente impredecible

Como escribí anteriormente, una de las cosas a las que aspiramos en nuestros servicios es que la gente salga de la iglesia diciendo: «Uno nunca sabe lo que va a pasar en NorthRidge». Cuando alguien venga o invite a otro, queremos que la persona sepa que el servicio será conducido con excelencia, que será relevante para sus vidas y fiel a la Palabra de Dios. Pero no queremos que el que asiste sepa lo que va a ocurrir, ni que pueda predecirlo. De esa manera evitamos que la iglesia se vuelva monótona y anticuada. También nos mantenemos proveyendo nuevas y exclusivas maneras de aprender acerca de Dios y de sentirlo personalmente. Eso es importante para nosotros y creemos que debe serlo para todas las iglesias.

Una de mis películas favoritas es *Atrapado en el tiempo,* con Bill Murray. En ella, el intolerable personaje de Murray queda atrapado en un solo día. El personaje se ve obligado a vivir un mismo día una y otra y otra vez. Queda atrapado en el mismo día, en el mismo lugar y con la misma gente y las mismas oportunidades. Al principio, el personaje se siente emocionado por tantas oportunidades que la vida le ofrece, y sin que nadie le pida cuentas. Por pensar que esa clase de vida le traerá plena satisfacción, empieza a hacer todo lo que le viene en gana. Pero eso, en vez de satisfacerlo, lo llena de desesperación. Aunque la mayoría piense lo contrario, esa vida arbitraria y obsesionada con el placer no produce felicidad ni significación. En reacción a su desesperación, el personaje se suicida casi de cuantas maneras pueda concebirse. Pero continúa despertándose en el mismo día, a la misma hora y en el mismo lugar. Ha quedado atrapado en un momento en el tiempo, lo cual lo ha hecho miserable.

Al fin decide que quiere sacarle provecho a ese solo día. Hace todo lo que está a su alcance para convertirlo en un día perfecto para todos los habitantes del pueblo. Lo utiliza para ayudar a resolver todo problema, rescatar a toda persona y dar alegría a la vida de tantos como pueda. Al hacerlo, encuentra la clave para escaparse de ese trance. El personaje sabe que ha despertado a un nuevo día cuando algo diferente le sucede. Cuando se le pregunta acerca de lo que le ha pasado, responde: «Todo es bueno, con tal que sea diferente».

Eso es lo que la gente le está suplicando a la iglesia: «algo diferente». No quieren ver a Dios atrapado en el tiempo, ni en una cultura irrelevante para sus vidas. Quieren saber que Dios es tan real para ellos en el siglo veintiuno como lo fue para los del primer siglo. A eso se debe que las iglesias deban hacer todo lo que sea necesario para crear nuevas y emocionantes oportunidades que permitan que la gente aprenda acerca de Dios y que lo sienta. Eso creará un nuevo ímpetu en la grey. Pero, una vez la iglesia esté reflejando positivamente a Dios, es obvio que lo que procede sea que encuentre maneras de que personas nuevas lo experimenten.

Eventos especiales

Cuando nuestra iglesia todavía era pequeña, y se encontraba en las primeras etapas de la transición, nos dimos cuenta de que era difícil lograr que gente nueva asistiera al servicio dominical como un primer paso hacia el interior de nuestros ministerios. Eso nos llevó a crear oportunidades novedosas a través de otros eventos.

Nos pusimos en contacto con los personeros del sistema escolar del área y les ofrecimos ser anfitriones de la próxima actividad de grados. La idea nuestra era que la gente vendría por necesidad a una graduación. Si se celebraba en las instalaciones de la iglesia, nos daba la oportunidad de establecer relaciones con las personas y servirles. Si hacíamos bien nuestro trabajo, quizá sembraríamos la semilla que les haría hacernos una visita de tanteo. En el caso de los eventos electorales, nuestra iglesia se ha convertido en un centro de votación. Cuando las personas vienen a votar, les servimos café. También se les presenta un vídeo destacando los servicios y ministerios de nuestra iglesia. Colocamos literatura de importancia para nuestra iglesia cerca de las áreas donde la gente hace fila para votar, e incluso les proveemos cubículos con computadoras de fácil acceso. Mantenemos, de igual forma, las puertas de nuestro auditorio completamente abiertas, para que la gente camine por el área y se familiarice con las instalaciones. Aun más importante, tenemos gente nuestra que los saluda y los ayuda. Después de todo, la gente es la iglesia. La gente piensa que ha venido a votar, pero nosotros pensamos que ha venido a encontrarse con Cristo Jesús. Y aun si no pensaran así, nosotros sabemos que lo necesitan. También hemos servido de anfitriones de conciertos que nos parezcan propios. Hacemos lo que nos rinda resultados en la creación de oportunidades innovadoras que introduzcan a las personas al Dios de esperanza que desesperadamente necesitan.

Las iglesias deben ser creativas dentro de su propio marco. La meta es poner en contacto con la iglesia a tantas personas como sea posible. Siendo que la gente es la iglesia, cualquier cosa que esta haga debe incluir a su gente. Eso presupone que la gente sea un reflejo positivo de la iglesia y del Señor. La meta es sembrar la semilla que convenza a tantas personas como sea posible de que regresen y nos visiten. Pero para que eso suceda en cualquier ambiente eclesial, hay dos principios que deben acogerse e implementarse.

Primero, cada iglesia debe desarrollar sus puntos fuertes distintivos. No debe copiarse de otras iglesias, a menos que sus puntos fuertes sean similares. Por ejemplo, nuestro auditorio es lo suficientemente grande como para acomodar una graduación de escuela secundaria. Si una iglesia no tiene un auditorio de ese tamaño, sería ridículo que quisiera copiar la idea de servir de anfitrión para esa clase de evento. Cada iglesia debe ser innovadora e imaginativa, pero dentro de los confines de las características únicas que Dios le ha dado.

Segundo, la iglesia deberá abrazar e implementar el factor de excelencia. Así lo dice uno de nuestros valores clave: «La excelencia honra a Dios e inspira a las personas». Si la iglesia va a poder reflejar adecuadamente a Dios, e inspirar a las personas, debe comprometerse con la excelencia. La mediocridad no refleja a Dios ni inspira a nadie.

La excelencia honra a Dios y también inspira a las personas. A fin de crear ímpetu fresco, la iglesia debe recordar el factor de la excelencia.

Inspirado por los servicios a nuestros visitantes

Uno de los ministerios en nuestra iglesia que más me inspira es el de nuestro equipo de voluntarios para «Servicios a nuestros invitados». Cuando las personas llegan, saben que los estamos esperando, que los queremos, que hemos orado por ellos y que nos hemos preparado para recibirlos. No son pocas las veces que oigo en cuanto a cómo «Servicios a nuestros invitados» caminó la segunda milla para hacer sentir bien a las personas. El toque más importante que la persona recibe es el primero. La razón es sencilla: el primer toque establece la percepción que la gente tendrá de nuestra congregación. Eso nos ha llevado a desarrollar un servicio a nuestros invitados en las áreas de estacionamiento de automóviles que es de máxima calidad. Es asombroso lo que hacen nuestros voluntarios. Su compromiso es servir con una excelencia que honre a Dios e inspire a las personas.

> **Eso es lo que la gente le está suplicando a la iglesia: «algo diferente».**

Esa gente maravillosa aliviana mi trabajo. Para el momento en que las personas entran al servicio, ya se han enamorado de la iglesia. Eso me quita de encima un gran peso. Las visitas continuarán asistiendo a nuestra iglesia a pesar del pastor, con tal de pertenecer a un grupo de personas como las que encuentran en NorthRidge. Nuestro deseo es que la gente salga de nuestra congregación pensando así: *Si Dios es la razón para que estas personas sean tan amables, tan felices y tan cooperadoras, yo también quiero conocerlo.*

Es importante notar que la excelencia no siempre cuesta dinero, pero sí requiere de personas: los voluntarios. La excelencia es hacer lo mejor que uno pueda. Como dice Colosenses 3.23: «Y todo lo que hagáis, hacedlo de corazón, como para el Señor y no para los hombres». La iglesia nunca debe tolerar las sobras, ni tampoco conformarse con ellas. Siempre debe dar lo mejor. Haga lo uno o lo otro, la gente lo notará.

La excelencia crea colaboradores entusiastas

Cuando empezamos a promover el ímpetu como iglesia, carecíamos casi totalmente de presupuesto. Pero teníamos gente, teníamos la iglesia. Si la gente lo desempeña todo con excelencia, la iglesia es por consiguiente excelente. La excelencia crea colaboradores entusiastas, apasionados y leales. Empezó conmigo y mis colaboradores al presentar a Dios de forma nueva y creativa pero, hoy por hoy, el ímpetu de nuestra iglesia es el resultado de los que asisten a ella. Lo que Dios ha hecho en sus vidas por medio de nuestra grey ha traído como resultado que sean apasionados en su deseo de testificarlo a otros. La consecuencia de eso es que haya gente nueva que asiste a nuestra iglesia todo el tiempo. Una vez vienen, es obvio que sea prioridad nuestra que experimenten a Dios como alguien vivo, personal y real. Si no lo hacen, se irán con un cuadro equivocado de Dios.

Cuando llegué como pastor a esta iglesia, no había gente viniendo a la fe. Tampoco había gente que se bautizara. Al contrario, estábamos perdiéndola cada día. Teníamos ímpetu, pero inverso. Así que empezamos a crear nuevas oportunidades para experiencias frescas y de ímpetu. Como yo no era tan creativo como quería, busqué gente que lo fuera, y los puse a participar. Juntos, edificábamos sobre nuestros puntos fuertes, aunque no fueran muchos. Lo que hacíamos lo hacíamos con excelencia. Eso trajo como consecuencia que las personas comenzaran a quitar a Dios de sus libros de historia y le permitieran venir a su vida diaria. Y como sucedió con Isaías y Pablo, todo cambió.

A medida que nuestra gente y nuestra iglesia empezaron a cambiar, yo los empecé a celebrar. Nada motiva más a las personas que el que alguien los celebre. La celebración añade emoción a la vida. De acuerdo a Lucas 15.7, Dios celebra cuando las vidas cambian: «Os digo que así habrá más gozo en el cielo por un pecador que se arrepiente, que por noventa y nueve justos que no necesitan de arrepentimiento». Al principio no había mucho que celebrar, pero yo me las ingeniaba para encontrar un motivo. La gente que celebra es más feliz que la que no lo hace. Poco a poco hubo más y más que celebrar, y la celebración comenzó a darse de manera espontánea. Era asombroso. Qué diferencia hacía la celebración en una iglesia en la que por tanto tiempo había reinado la depresión.

> **Cualquier iglesia puede cambiar si decide revelar a Dios como es.**

No fue fácil, pero se dio. Se dio porque no nos conformamos con el Dios del museo. Optamos por el Dios de hoy. Y tal y como lo prometió en Mateo 16.18, Él ha edificado su iglesia.

Cuando recuerdo mi visita a aquella congregación durante mis vacaciones, me entristece que experiencias como esa sean las mejores que algunos jamás tendrán con el Señor Jesús. Sin embargo, me emociona saber que las cosas no tienen que quedarse así. Cualquier iglesia puede cambiar si decide revelar a Dios como es, el Dios de la creación. Oro que toda iglesia que invoque el nombre de Dios se comprometa a reflejar fielmente su imagen. Oro que tú también te comprometas a asegurarte de que eso ocurra en tu vida y en tu iglesia.

CAPÍTULO 12

Se sufrirán bajas

Acepta pérdidas a corto plazo por ganancias futuras

Hay una pregunta que se esconde en las penumbras de toda congregación que contemple una transición: «¿Cómo puede la iglesia pasar por una transición sin perder gente?» *No puede.* Eso, más que ninguna otra cosa, es lo que les impide a las iglesias hacer lo que saben a fin de cumplir con el propósito de Dios. Imagínate. Para muchas de ellas, el temor de perder gente es mayor que el de fracasarle a Dios. No debe ser así.

La iglesia está llamada a asemejarse a Cristo y a representarlo. Cristo Jesús amaba a las personas más que lo que la iglesia jamás las podrá amar, con todo y eso sufrió considerables bajas a fin de cumplir con los propósitos del Padre. Multitudes siguieron su ministerio y escucharon sus enseñanzas. Pero, en más de una ocasión, su penetrante enseñanza provocó éxodos masivos por parte de las multitudes que lo seguían. Lo que es más sorprendente, solo quedaron ciento veinte fieles seguidores en el aposento alto después de su resurrección y ascensión. Cristo, en su esfuerzo por cumplir la voluntad de Dios, perdió multitud de seguidores. Pero, dada su fidelidad ante la pérdida, Cristo Jesús en última instancia ganó muchos más de los que perdió. Así también será con la iglesia que busque fielmente la voluntad de Dios a cualquier costo.

La iglesia que decida avanzar con un cambio exitoso que no admita componendas, debe estar dispuesta a aceptar pérdidas a corto plazo por ganancias a largo. Así ocurrió en la transición de NorthRidge. Uno de los momentos de mayor orgullo como líder me tocó vivirlo durante un tiempo emocionante pero difícil. Los líderes de la iglesia y yo estábamos reunidos para hacer la decisión final de recomendar la venta de nuestras antiguas instalaciones. Era emocionante, porque al fin estaba ocurriendo. Habíamos comprado un terreno varios años antes, pero estábamos esperando en Dios por el tiempo propicio para el traslado. Todos estuvimos de acuerdo en que ese era el tiempo propicio. Sin embargo, ello no implicaría que todo el mundo en la iglesia iba a responder de manera positiva. Estábamos entrando en una temporada difícil. Cada líder en la reunión, a medida que confirmaba la decisión, compartía sus sentimientos. Lo que uno de ellos dijo me estremeció. Ese hermano había sido miembro de la iglesia por casi cuatro décadas. Había luchado con algunos cambios durante mis primeros años como su líder. Aprovechó el momento para hablar sobre su historial en la iglesia, y lo significativo que había sido en su vida. Luego, según recuerdo, añadió: «Estoy a favor de esta decisión. Perderé a algunos de mis más íntimos amigos con esta mudanza, pero ganaré nuevos. Serán las vidas transformadas como resultado de nuestra decisión en este día. Mi pérdida personal no podrá compararse con las ganancias eternas». Ese fue un momento de gran orgullo para mí. El hermano lo había entendido. Y me enorgullezco en decir que todavía lo entiende, junto a su gran número de nuevos amigos.

Préstale atención a la audiencia correcta

Hay muchos líderes a quienes se les hace difícil tomar esa clase de decisión debido a que no le prestan atención a la audiencia correcta. Se la prestan a la gente que les paga el salario, en vez de al Dios que los ha creado. Le prestan atención a los de adentro en vez de a los de afuera. Puede que eso los haga sentirse bien en el momento, pero con el tiempo los desviará de la meta y les hará perder la aprobación de Dios.

Para guiar exitosamente a la iglesia en una transición, el líder tiene que prestarle atención a la audiencia correcta: la audiencia de solo Uno. Jesús estableció el ejemplo: «Yo te he glorificado en la tierra; he acabado la obra que me diste que hiciese» (Juan 17.4). Pablo también lo ilustró en Gálatas 1.10: «Pues, ¿busco ahora el favor de los hombres, o el de Dios? ¿O trato de agradar a los hombres? Pues si todavía agradara a los hombres, no sería siervo de Cristo». Pablo siguió el ejemplo de Jesucristo al hacer de la aprobación de Dios su único deseo. Me encanta la manera en que lo dice en Hechos 20.24: «Pero de ninguna cosa hago caso, ni estimo preciosa mi vida para mí mismo, con tal que acabe mi carrera con gozo, y el ministerio que recibí del Señor Jesús, para dar testimonio del evangelio de la gracia de Dios». Esa es la tarea que Dios le ha asignado a la iglesia. Como con el apóstol Pablo, y con Cristo, cumplir tal asignación requerirá aceptar pérdidas a corto plazo, por las ganancias a largo plazo que Dios desea. Al igual que con el Señor Jesús y con Pablo la iglesia, a fin de cumplir con esa tarea, deberá anhelar la aprobación de Dios más que ninguna otra.

Tres realidades prácticas

No quiero restarle importancia a las dificultades y pérdidas que implica hacer decisiones a largo plazo, pero hay que reconocer que no todo son malas noticias. También existen beneficios positivos a corto plazo. Es cierto que no podrás guiar la transición de una iglesia sin aceptar pérdidas a corto plazo por ganancias a largo plazo, pero hay tres realidades prácticas que arrojan una luz diferente sobre el asunto. Si se entienden, harán considerablemente más fácil la toma de decisiones correctas para la iglesia.

Si la iglesia no cambia, perderá gente

Si una iglesia moribunda no cambia, perderá a aquellos cuyos corazones laten porque ella sea la esperanza del mundo. Perderá a las personas que desean, más que la propia comodidad, la aprobación de

Dios. Perderá a las personas que viven, no para sí mismas, sino para los demás. En otras palabras, perderá a los que se asemejan a Cristo. Esa es la clase de personas que la iglesia no se puede dar el lujo de perder. Pero es el costo que se pagará por vivir a corto plazo.

Nuestra grey perdió dos terceras partes de la feligresía durante los diez años previos a mi llegada. No fue el caso con todos, pero muchos de ellos eran personas que no se conformarían con nada que no fuera una iglesia determinada a cumplir los propósitos de Dios y a vivir para su complacencia. Perderlos fue algo significativo para la iglesia. Por lo general, fueron personas que dejaron la congregación callada y respetuosamente. No montaron un espectáculo, ni crearon tensión, ni produjeron conflictos. Simplemente se mudaron, con gracia y dignidad, a un ambiente en el que sintieran que Dios era honrado. El impacto de la pérdida de esas personas, no obstante, fue incalculable.

Si la iglesia no cambia, perderá la oportunidad de alcanzar a la gente

Si la atención de la iglesia está concentrada en los de adentro, no habrá manera de que alcance a los de afuera. Siendo que ha puesto toda la energía en jugar a la defensiva, ha eliminado la posibilidad de ubicarse en una posición ofensiva viable. Eso lo que significa es que terminará lamentando sus enormes pérdidas en vez de celebrar sus ganancias. Pagará un costo descomunal. La garantía de su futuro será uno tan negro como el presente.

Imagínate la diferencia entre un grupo de personas que se dé cita en una funeraria y las que se citen en la sala de maternidad de un hospital. Nadie quiere estar en una funeraria. Es un lugar que se evita. Representa pérdida, tristeza y muerte. Los que visitan una funeraria lo hacen por afecto y respeto. La mayoría desea salir lo antes posible y no regresar. Pero a la gente le encanta la sala de maternidad. Representa ganancia, alegría y vida. Cuánta diferencia. Es una fiesta poder rodear a la familia a la que acaba de nacerle una saludable criatura. Es vigorizante. Generalmente, la gente del hospital tiene que solicitarles a los visitantes que salgan para que el bebé y la mamá puedan descansar. A los visitantes no les urge de salir; más bien desean volver.

Este es el cuadro exacto de la diferencia entre una iglesia vieja, declinante y moribunda, y la iglesia fresca, creciente y con impulso. No es fácil hacer decisiones que creen pérdidas a corto plazo pero, según mi estimación, es aun menos fácil continuar siendo parte de una iglesia negativa. ¿Cuántas veces puede una persona sufrir el dolor de una pérdida, sin la esperanza de experimentar de nuevo el gozo? La respuesta a esta pregunta es distinta con cada persona, debido a los diferentes niveles de tolerancia. Pero eso explica el que tantas personas buenas y piadosas estén dejando las iglesias que aman. También explica el que tantos buenos pastores estén dejando sus congregaciones. A menos que la iglesia cambie, se estará confinando a una perpetua pérdida, sin la capacidad de producir nueva ganancia. Eso no es lo que Dios quiere para ella, ni tiene que ser así. Sin embargo, si se rehúsa a cambiar, perderá la oportunidad de experimentar la complacencia de Dios y el gozo de ver a gente nueva encontrar esperanza. Fracasará en cuanto a cumplir con lo que Dios le ha asignado. Con el tiempo, alguien tendrá que preparar una lápida para su tumba.

Si la iglesia cambia, perderá a la gente idónea

Sucede con frecuencia que, cuando la iglesia pasa por la transición de volverse la esperanza del mundo, pierde a la gente idónea. No me refiero necesariamente a personas malas e impías aunque, para ser honesto, a veces es el caso. A lo que me refiero es más bien a la clase de persona que, por la razón que sea, nunca será parte de una iglesia que se impulse hacia adelante. Son las personas que preferirán echar ancla al agua y arrastrarla. Son los que nunca abrazarán plenamente los valores de una iglesia que busque seguir a Cristo en cuanto a lo de relacionarse a la cultura y hablar su lenguaje se refiere. Al cambiar, la grey perderá a la gente que provoca la mayor tensión, causa conflictos innecesarios y hace que los miembros se peleen entre sí en vez de pelear con el verdadero enemigo.

Esa clase de persona por lo general no se va en buena lid. Tienden a dejar detrás de sí tanto daño como puedan. Tampoco, por lo general, se conforman con irse solos. Tratan de que salgan con ellos tantos como sea posible. Eso hace aparecer legítima su decisión. Y, por supuesto, justifican su conducta negativa en el nombre de Dios y del bien. Los fariseos lo hicieron cerca de la cruz. Eso sería lógico, y hasta gozaría de cierta justificación, si la iglesia estuviera comprometiendo la verdad de Dios. Pero cuando ese no es el caso, no hay excusa para tal tipo de conducta.

Ninguna pérdida se siente bien ni conveniente

Puede que sea sensato cuando se lee sobre el asunto en un libro, pero en la vida real ninguna pérdida se siente bien ni conveniente. Hubo un momento en nuestra transición en el que un grupo de sesenta personas abandonó la congregación. En aquel momento la pérdida fue significativa y, para ser honesto, también agonizante y aterradora. Era la clase de gente que debía irse, pero a simple vista era una *tragedia* y algo difícil de explicar. La mayoría rondaba los treinta años de edad. Supuestamente, todos los cambios que estábamos haciendo pretendían alcanzar a los más jóvenes, cosa que le hizo difícil a la gente entender por qué los que se habían ido eran el núcleo casi completo de los adultos jóvenes.

Yo también me tambaleé y me confundí, pero era necesario que pudiera ayudar valientemente a la iglesia a entender cómo había sucedido y por qué. Como le expliqué a la congregación, la edad no tiene nada que ver con la manera de pensar. Esos adultos jóvenes estaban ensimismados y comprometidos con la tradición tanto como algunos de nuestros mayores. La mayoría era gente excelente, pero había caído en la trampa de valorar las formas culturales y tradicionales más que el cumplimiento de la misión de la iglesia. Como sucede a menudo, el catalizador para el éxodo masivo de esas personas fue alguien de afuera que los influyó. Estaban leyendo un libro de un pastor y escritor de renombre nacional que atacaba a las congregaciones que intentaban volverse culturalmente relevantes. El libro reclamaba que una iglesia no podía valorizar la verdad y a la vez ser culturalmente relevante. Era una posición completamente equivocada, pero ese grupo la creyó. Así que, como protesta, abandonaron nuestra congregación.

> **Sin embargo, si la iglesia se rehúsa a cambiar, perderá la oportunidad de experimentar la complacencia de Dios, y el gozo de ver a gente nueva encontrar esperanza.**

Sabía que ellos nunca acogerían nuestros valores y que su salida sería, después de todo, para el bien de la iglesia, pero el golpe siguió siendo fuerte. La mayoría ofrendaba y participaba en varios ministerios. Cuando se fueron, se crearon muchísimas preocupaciones, dudas y preguntas. Pero no retrocedí. Estábamos haciendo lo correcto. Aunque me estaba resultando más fácil decirlo que sufrirlo, sabía que tendríamos que aceptar pérdidas a corto plazo por ganancias futuras. No tuve nada que lamentar, pero me quedaron cicatrices. Sin embargo, gracias a todo lo que Dios está haciendo, las llevo con orgullo.

Es debido al temor que se tiene a circunstancias como esas que un sinnúmero de iglesias se abstiene de hacer cambios y que otras desisten tras intentarlos. Prefieren la paz que viene con que la gente equivocada se vaya, y no el conflicto que viene con que la gente correcta se vaya. El problema está en que esa paz será siempre ilusoria y, a lo sumo, de corta duración. Este tipo de decisión terminará robándole a la iglesia su futuro.

La gente buena y espiritual puede discrepar

El hecho de que gente aparentemente buena, fiel y piadosa se oponga al cambio, es un concepto que reta a muchas iglesias. Es algo difícil de entender, y más en unas personas que en otras, pero hay que aceptarlo. Hay un par de explicaciones que de veras me han ayudado al acometer ese asunto.

Es real el hecho de que personas verdaderamente buenas y espirituales tengan discrepancias. Más aun, Dios puede utilizar los desacuerdos para separarlas y guiarlas en direcciones distintas, para un mayor impacto en el mundo. El mejor ejemplo de esta verdad lo vemos en Hechos 15.36-41, con Pablo y Bernabé. Ambos eran hombres piadosos, pero tuvieron un desacuerdo tan marcado que terminaron separando sus equipos misioneros. Pero Dios terminó usando el desacuerdo para una duplicación del impacto.

Lo cierto es que no todas las personas piadosas serán llamadas a ministrar de la misma forma. Siendo que Dios llama a sus hijos a áreas y a gente diferentes, también los predispone para el trabajo de manera diferente. Esas diferencias pueden crear tensión y conflicto. Puede que resulte confuso y difícil de entenderse en el momento, pero cuando ocurra, los involucrados deberán sencillamente aceptarlo y continuar haciendo el bien. Me tomó un tiempo entender eso, pero la lección importante aquí es que los que se van no son necesariamente malos ni faltos de espiritualidad. Puede que solo sean diferentes.

La gente reacciona diferente cuando Dios se aparece

Sin embargo, hay veces que personas aparentemente buenas y espirituales se equivocan por completo. Como es natural, ellas pueden, con el tiempo, confundir el cristianismo con su cultura preferida. El resultado es que su cristianismo se volverá más un asunto de religión que de relaciones personales. Se identificarán más con la forma que con la esencia. En el momento en que alguien inicie el cambio de la forma, estallará un serio conflicto. Ese fue el problema con los fariseos. Los sacó de quicio el que Jesús empezara a cambiar sus adoradas formas culturales y religiosas.

Lo mismo sucede hoy. Nada perturba más la vida de la gente religiosa que el que Dios se aparezca. La gente tiende a mantener su vida en perfecto orden. Ya saben cuándo ponerse de pie y cuándo sentarse. Están cómodos con el sistema. No les requiere pensar mucho ni les demanda mucha energía. Y cuando Dios se aparece, como lo hizo en el Nuevo Testamento con Jesucristo, lo detestan. La iglesia de hoy debe tener cuidado de no congraciarse con los que aparentan espiritualidad pero caen presa de la seducción y la comodidad de la religión. Recuérdalo: las personas realmente espirituales se asemejan a Cristo. Él nunca se sirvió a riesgo de no alcanzar a otros con el amor de Dios. De hecho, como hemos visto, hizo claro que, aunque los del mundo lo hagan, nunca deberá ser así con sus seguidores (Mateo 20.26).

> No tuve nada que lamentar, pero me quedaron cicatrices. Sin embargo, gracias a todo lo que Dios está haciendo, las llevo con orgullo.

Hay una manera de explicar esa intrigante situación. En la parábola de la cizaña, en Mateo 13.24-30, Jesús afirmó que siempre habrá una mezcla de personas verdaderamente redimidas y de las que solo lo aparentan. Eso también explica que gente que parece buena y fiel se oponga al cambio. Puede que sean maravillosas, pero no tienen el corazón de Cristo. Consciente o inconscientemente, enmascaran con la buena conducta y la fidelidad un corazón egoísta e irredento. Es de esperarse que gente así tenga problemas con una iglesia que cambie de ser un lugar que sirva a sus intereses a otro que busque amar, servir y alcanzar a los de afuera para Cristo.

Cuando se ama a la gente que no se necesita

Es imposible ver el corazón de las personas, por lo tanto es imposible saber qué razones aplican a una situación y a otra. Pero eso no importa. Si la iglesia ha de cumplir con su propósito, aspirará a amar a toda persona, sin importar la condición del corazón. A su vez, no podrá permitir que los que disienten dicten el rumbo. He encontrado solo una manera de manejar la tensión entre estas dos realidades. Lo he compartido antes en este libro, pero vale la pena repetirlo. El líder y la iglesia deberán amar a la gente, sin necesitarla. Es vital que los pastores amen a las personas sin importar cómo respondan a ese amor. Sin embargo, es igualmente vital que no permitan verse en necesidad de esas personas.

Son demasiados los pastores que aman a las personas porque las necesitan. Necesitan su apoyo, su aliento y su aprobación. Cuando eso sucede, es imposible dirigirlas. Por necesitarlas, no son capaces de hacer decisiones que los obliguen a perderlas. Son líderes e iglesias que sirven a sus necesidades personales antes que a los propósitos de Dios. Así no funciona. Guiar a una iglesia a través de una transición requerirá aceptar pérdidas a corto plazo por ganancias futuras.

Es difícil y exigente pasar por temporadas de pérdida, pero es algo importante para la iglesia. De hecho, creo de corazón que la salud y el crecimiento de nuestra congregación hoy se derivan tanto de los que la dejaron como de los que se quedaron. Dicho de manera sencilla, y como resultado de los cambios que hicimos, la gente correcta se fue y la gente idónea se quedó. Recibí una excelente confirmación de ese sentir. Una persona relativamente joven, que había decidido dejar nuestra iglesia hacía unos años, decidió regresar. Cuando me explicó la razón, me morí de la risa. Me dijo: «Mis papás dejaron esta iglesia hace poco porque se estaba volviendo demasiado relevante culturalmente. Enseguida quise venir. Sabía que si mis papás la detestaban, a mí me encantaría. Y tuve la razón». En la manera de pensar de él, se había ido la gente correcta.

Es triste que muchas iglesias estén pasando por la circunstancia opuesta. Ni están saludables, ni están creciendo, porque la gente negativa se ha quedado y la positiva se ha ido. Esas iglesias necesitan revertir su rumbo. Un cambio debidamente motivado y adecuadamente dirigido, lo revertirá de forma natural. Así sucede siempre.

Sin embargo, cuando esa tendencia ha llegado a su extremo y solo los negativos se quedan, como pasó en mi primer pastorado, puede que resulte en una transición fracasada, aunque sea bien dirigida. En tal caso, el líder deberá aceptar la pérdida a corto plazo de su pastorado, y empezar a buscar una oportunidad a largo plazo que le permita avanzar dentro de otro ambiente. Es importante recordar que siempre habrá riesgos al cambiar de iglesia. Pero son riesgos que valen la pena porque la iglesia lo amerita.

Lecciones sorprendentes

Las experiencias de pérdidas y ganancias que hemos tenido en nuestra transición nos han enseñado algunas sorprendentes lecciones que son comunes al proceso. Toda iglesia en transición debe estar consciente de los errores que fácilmente pueden ocurrir ante los cambios y estar preparada para evitarlos.

Hay gente que vendrá solo por la transición

Esta primera lección me sorprendió durante los primeros días de nuestra transición. A medida que una iglesia continúa haciendo la transición, perderá gente que solo se alcanzó por haberse comenzado este proceso. No hubiéramos alcanzado a esas personas si nunca nos hubiéramos embarcado en las dificultades y pérdidas del cambio. Aun así, con el tiempo también se fueron por nosotros continuar cambiando. Los ganamos y los perdimos por la misma razón. Al principio nos resultó confuso, pero la razón era obvia: les gustaba la iglesia como era cuando llegaron. A medida que continuó cambiando, se quedaron atrás. Es común y natural que eso ocurra. Y cuando ocurre, no hay nada malo con ello, por lo cual los que asisten a la iglesia no deberán molestarse ni confundirse. De nuevo, la iglesia amará a las personas sin necesitarlas.

En años recientes, hemos estado haciendo otra enorme transición en nuestra música. Dado el hecho de que heredé una grey que había perdido dos generaciones por rehusarse al cambio, determiné utilizar la influencia de mi liderazgo para asegurarme de que la iglesia se mantenga relevante para la cultura de hoy, aun cuando esa cultura sea muy diferente a la que conocí cuando yo crecía y con la que más cómodo me sentía. Mi trabajo no es dirigir a la iglesia para que sea todo lo que yo quiero que sea, o lo que me gustaría que fuera. Mi labor es llevar la verdad de Dios al mundo que he sido llamado a alcanzar. Ese es el trabajo de cada iglesia. Como resultado de nuestras continuas transiciones, de nuevo, hemos experimentado pérdida de gente. Sin embargo, hemos impactado significativamente más vidas, y estamos creciendo más rápido que en cualquier otro tiempo en el pasado. La verdad sigue siendo la verdad. Estamos creciendo tanto por razón de los que hemos perdido como por los que hemos retenido.

Cada persona trae sus propios intereses

Nuestra segunda lección trata con un asunto muy serio. Una vez que la iglesia empieza a crecer, hay personas nuevas que traen su propio plan con sus intereses, especialmente los que vienen de otras congregaciones. Son muchas las iglesias decadentes y aburridas, así que la que empiece a hacer cambios que creen un fresco entusiasmo atraerá a personas de otras. Esa no deberá ser la meta, pero es natural. El entusiasmo atrae. Cuando eso suceda, será vital que el líder y la iglesia entiendan que esas nuevas personas vienen con sus propios intereses. Aquí entra en escena la importancia de amarlas sin necesitarlas. De otra manera, el líder empezará a comprometer su plan a fin de acomodárseles y retenerlas. Eso matará la transición. El líder y la iglesia deben mantenerse firmes.

El interés propio número uno traído por las personas a nuestra iglesia fue el social o político. Fue sorprendente lo fuerte de ese impulso por parte de los que llegaban desde afuera. Por nuestra parte, habíamos establecido claramente que nuestros intereses eran espirituales. Hay objetivos sociales y políticos dignos en el mundo, pero hay otras organizaciones que trabajan para alcanzarlos. Nunca hemos creído que la iglesia deba ser una de esas organizaciones. Según nuestro criterio, ella debe estar entregada a alcanzar gente para Cristo. Si nos hubiéramos identificado con un punto de vista político, hubiéramos eliminado nuestra habilidad para alcanzar a la otra mitad de la población. Nosotros creemos que presentarle a la gente a Aquel que puede cambiar el corazón es algo más efectivo para cambiar los valores del mundo que una petición o votación políticas.

Como cristianos individuales, seríamos buenos ciudadanos si votamos según nuestra conciencia moral, pero no podremos permitir que la iglesia se convierta en un centro político. Hemos sentido que esa posición representa mejor a Cristo. Él también vivió en un mundo moralmente corrupto. Había un número de zelotes religiosos que peleaban por las causas sociales y políticas. Sin embargo, Jesús no fue uno de ellos. Su batalla era por el corazón de las personas. Con ello, podía cambiar el mundo de adentro hacia fuera. En principio, lo que deseamos es seguir verdaderamente a Jesús. Por eso hemos determinado que nunca temeremos enseñar sus valores morales y éticos por sobre todo asunto social. Solo que, en nuestra iglesia, no permitiremos que eso se vuelva un asunto político o se perciba como tal.

> **Siempre habrá riesgos al cambiar de iglesia. Pero son riesgos que valen la pena porque la iglesia lo amerita.**

Esta filosofía nuestra no ha resultado ser la más popular entre los que ya son creyentes y deciden entrar en nuestro ambiente. Lo fue y sigue siendo un tema candente para algunas personas. Le hemos dicho adiós a mucha gente excelente que no han podido aceptar ese criterio. Sin embargo, hemos alcanzado a miles de personas a quienes quizá jamás hubiéramos alcanzado si cada semana hubiéramos tenido en nuestro vestíbulo una petición política que endosar. Cada iglesia debe hacer su propia decisión en este asunto, pero sabiendo que deberá resistir las influencias externas que traten de entrar y cambiar su plan como iglesia.

Escoge con cuidado a los amigos y a los líderes

Por último, he aprendido que algunas de las personas que parecían amarme mucho terminaron afligiéndonos más a mí y a la iglesia. De nuevo, he encontrado que tengo que amar a las personas sin necesitarlas. Al principio, me encantaba que la gente me dijera lo bueno que era como pastor, en comparación con el anterior. Me producía gran ganancia a corto plazo. Sin embargo, a menudo terminaba produciéndome pérdida a largo plazo. La mayoría de las personas que intentaban congraciarse conmigo a expensas del pastor anterior, querían conseguir algo de mí. Cuando no lo conseguían, nos creaban problemas, para luego irse a otra congregación y hacer lo mismo a expensas mías. La lección aquí es sencilla: todo líder debe tener cuidado con las personas que quieren ser sus amigos íntimos. Por lo regular tienen un motivo. Me he dado cuenta de que mis mejores amigos son los que no son agresivos para obtener mi amistad. Esa lección también se aplica a todos los que desean liderazgo. Al igual que con los que me buscan como amigo, me crea gran duda la gente que viene donde mí buscando ansiosamente ser líder. En nuestro marco, somos extremadamente pacientes en la selección del liderato. Para nosotros es importante que la persona abrace nuestra visión y nuestros valores como grey en vez de querer cambiarlos. Por lo general, el tiempo lo dirá. Las personas con intereses propios son generalmente impacientes. Si no consiguen pronto lo que quieren, la tendencia es a causarnos un poco de problemas e irse. Siendo que un equipo saludable de liderato es demasiado importante para una iglesia saludable, siempre valdrá la pena esperar.

En una transición siempre habrá pérdidas. Esta es una realidad inevitable. Pero al final, las ganancias positivas compensarán las pérdidas. Si en realidad deseas dirigir exitosamente la iglesia a través de un cambio sin componendas, deberás estar dispuesto a aceptar pérdidas a corto plazo por ganancias futuras.

Me he dado cuenta de que hay una sola manera de atravesar positivamente los turbulentos tiempos de pérdidas. Al igual que Cristo Jesús y Pablo, debes comprometerte a complacer a la audiencia de Uno solo y continuar enfocándote en ello. Durante una temporada de difíciles decisiones en mi ministerio, escribí la siguiente nota en una ficha y la pegué en mi oficina de modo que pudiera verla: «Si todos me aplauden menos Dios, soy un fracaso. Si nadie me aplaude excepto Dios, soy un éxito. ¿Para cuál aplauso estoy viviendo?» Si es que vas a poder vivir fiel y efectivamente para Dios, y dirigir la iglesia en este mundo, tendrás que asegurarte de agradar al público correcto.

CAPÍTULO 13

Duplica tu inversión

Arduo trabajo y enorme fe

Por lo general, nuestras vidas y nuestras inversiones carecen de equilibrio; tendemos a irnos a un extremo o al otro. A menudo comparo esta realidad con la oscilación de un péndulo. Cuando entra en movimiento, oscila de un extremo a otro, pasando fugazmente por el centro de la balanza. Nosotros tendemos a vivir de la misma manera: al extremo. Están los que trabajan constantemente, no invirtiendo de manera adecuada en las otras áreas de la vida. Mientras, en el otro extremo, están los que descansan o se divierten constantemente, dejando que otros trabajen. Esto puede que funcione entre los pocos a los que se les ha transferido seguridad financiera. Pero para la mayoría, un extremo así llevaría a la calamidad económica. Vivir al extremo, en menosprecio de otras áreas importantes de la vida, no es generalmente la manera de triunfar y de realizarse. El éxito y la felicidad verdaderos requieren una inversión equilibrada de los valores esenciales de la vida y de sus prioridades.

Lo mismo pasa con el ministerio. La Biblia afirma que hay dos valores esenciales o prioridades en los cuales deberá invertir cualquiera que desee éxito y realización en la vida espiritual o en el ministerio. Me refiero al trabajo arduo y a la fe enorme.

El equilibrio entre ambos se hace claramente evidente en cada historia bíblica de éxito, pero está ausente en cada fracaso. Cuando consideras la vida de Moisés, Josué, Samuel, David, Nehemías, Jesús y Pablo, sabes con claridad que trabajaron de manera al extremo ardua, aunque a la vez caminaron por fe. Pero cuando miras la vida del rey Saúl, y la de los otros reyes fracasados del Antiguo Testamento, así como la de Judas (el fracasado discípulo de Jesús), ves que aun cuando todos trabajaron arduamente, no caminaron por fe.

Edificaré mi iglesia

Esta es una clara realidad en la Biblia, pero por años la obvié. Si se es honesto, la mayoría lo hace. La pasé por alto, como en el caso de los muchos fracasados en la Biblia, por el lado del trabajo arduo. El péndulo de mi vida oscilaba hacia el trabajo. Trabajaba arduamente en el ministerio. Sin embargo, la mayoría de las veces lo hacía como si fuera a mí que me tocara edificar la iglesia. Mis palabras sobre la confianza en Dios, y la necesidad de Él, eran las propias, pero mi vida no las apoyaba. No tenía el tiempo o, según pensaba, la necesidad de saturar mi trabajo con la oración, o de buscar el rostro de Dios respecto al trabajo que debía hacer. Simplemente me precipitaba al trabajo.

Durante los primeros días de mi pastorado en NorthRidge, el diario principal del área me hizo una entrevista. Pero cometieron un error enorme. En la entrevista les dije que mi aproximación al ministerio era ofensiva más que defensiva. Como apoyo bíblico para legitimar mi posición cité Mateo 16.18: «Edificaré mi iglesia; y las puertas del Hades no prevalecerán contra ella». Por supuesto, atribuí claramente estas palabras al Señor, aunque aplicables a mi manera de abordar el ministerio. Bueno, el diario lo publicó así: «Powell dijo: "Edificaré mi iglesia"». Me desmayé. Todo el mundo en la iglesia iba a leer el artículo. Todavía yo era mercancía desconocida como pastor de esta iglesia. Lo menos que necesitaba era una cosa así. Iban a pensar que se me salía el ego. Así que el próximo domingo me puse en pie y corregí al periódico. Les recordé a los presentes que uno no debe creer todo lo que lee.

Pero viéndolo en retrospectiva, y por horrible que suene, esa era una descripción exacta de cómo yo ministraba. Trabajaba arduamente, pero sin equilibrarlo con una enorme fe. Y, como era predecible, todo lo echaba a perder. Mis fracasos eran espectaculares. Hacía todo lo que la transición de una iglesia necesitaba, pero nada funcionaba. Después de dos años de arduo trabajo, pero sin señales positivas de mejoramiento, llegué a la conclusión de que demasiado de lo que yo hacía en el ministerio lo basaba en el esfuerzo propio y en la autodependencia. Quería edificar la iglesia por mi cuenta. Jamás habría dejado que eso saliera de mis labios, pero estaba actuando como si fuera mi iglesia... como si mi liderazgo fuera suficiente para que ella prevaleciera contra el infierno. Obviamente, estaba equivocado.

Al fin escuché al Señor que tocaba a la puerta

El resultado fue que tuve que iniciarme en el largo y difícil proceso de oscilar el péndulo de mi vida y de mi ministerio hacia una posición de equilibrio. No hubo muchos cambios que se notaran en lo externo. Seguía trabajando con ardor. Pero internamente, el número de cambios era significativo. Empecé a buscar al Señor como una prioridad de mi diario peregrinar. Antes de una decisión, o de ocuparme en algo, me aseguraba de buscar la sabiduría y la presencia de Dios. El concepto de Zacarías 4.6 se volvió un enfoque consciente de los esfuerzos de mi ministerio: «No con ejército, ni con fuerza, sino con mi Espíritu, ha dicho Jehová de los ejércitos». En pocas palabras, como dice Apocalipsis 3.20, por fin escuché al Señor tocar a la puerta y decidí abrirle. Eso lo cambió todo. A medida que abría la puerta de mi vida y de mi ministerio a Dios, Él comenzó a derramar su sabiduría, su dirección y su poder. La iglesia empezó a responder, y empezamos a ver vidas transformadas.

A partir de esta experiencia empecé un ministerio de oración. Me di cuenta de que no podía ministrar sin la oración y sin el apoyo de otros. Los resultados de combinar una gran fe con el trabajo arduo no debieron haberme sorprendido, pero lo hicieron. Dios comenzó a aparecerse de maneras que no podía comprender. Por primera vez,

Efesios 3.20 se volvió una realidad en la experiencia de mi liderazgo: «[Dios] es poderoso para hacer todas las cosas mucho más abundantemente de lo que pedimos o entendemos, según el poder que actúa en nosotros».

Algunos oscilan al otro extremo

Es cierto que pasé por alto este concepto en cuanto al trabajo arduo se refiere, pero muchos en el ministerio parecen permitir que el péndulo oscile hacia el otro extremo. Realzan la enorme fe pero sin el arduo trabajo. Creen que Dios hará que ocurra lo que debe suceder en sus vidas y ministerios sin necesidad de invertir esfuerzo. Ciertamente esto tiene gran apariencia de espiritualidad, pero es tan carente de equilibrio, y tan inefectivo, como el error que yo cometía.

Eso me trae a la memoria la experiencia de Josué con Dios durante uno de los pequeños descuidos en su vida como líder, según Josué 7. Después de haber experimentado una increíble victoria sobre Jericó, Josué guió a Israel en el ataque a la ciudad de Hai. Israel fue derrotado. Parecían haber hecho todo lo correcto militarmente hablando. Sin embargo, sufrieron una decisiva derrota. La razón fue sencilla. Trabajaron arduamente, pero su fe había sido debilitada por el pecado. Por lo tanto, Dios no los estaba fortaleciendo ni protegiendo. Una situación así siempre llevará al fracaso.

Josué decidió, primero que nada, caer sobre sus rodillas e implorar la ayuda divina. Pero, de manera sorpresiva, Dios le dijo que se levantara y dejara de orar. Para Dios, Josué sabía lo que le correspondía hacer, así que no había necesidad de más oración. Josué necesitaba hacer lo que debía para corregir el problema. En otras palabras, Dios le estaba diciendo que su fe estaba en orden, pero que era tiempo de hacer el trabajo que se requería para corregir el problema. Yo pienso que Dios les está diciendo lo mismo a muchos pastores, líderes e iglesias hoy.

Hace años encontré un pasaje bíblico que describe perfectamente los requisitos para guiar una iglesia a través del cambio: «El caballo se alista para el día de la batalla; mas Jehová es el que da la victoria». Alistar el caballo para la batalla es una descripción del trabajo arduo. Pero, como lo hace tan brillantemente claro este proverbio, el trabajo riguroso no asegura el éxito. El éxito descansa en el Señor. Dicho de manera sencilla, el éxito demanda fe. Esto es cierto en la vida como un todo, pero es doblemente cierto en la transición exitosa de una iglesia. El cambio demanda trabajo arduo y una fe enorme.

Trabajo arduo

Existe una falacia comúnmente aceptada de que el trabajo eclesiástico es fácil. Nunca me olvidaré de la ocasión en que se me acercó un hombre que detestaba su trabajo. Era dueño de una compañía de ornamentación panorámica. Su trabajo era duro y, en las circunstancias en que estaba, no rendía lo suficiente. Sus acreedores no le pagaban. Como consecuencia, estaba considerando cambiar de vocación. Cuando le pregunté qué le gustaría hacer, me dijo: «Lo que usted hace me parece buen trabajo». Tuve que hacer un gran esfuerzo por no reírmele en la cara, pero esa parece ser una idea común. Muchos tienen la idea de que el éxito y el trabajo son más difíciles en el mundo secular. Es obvio que están equivocados.

No me malentiendas. No estoy diciendo que todo el mundo en el ministerio trabaja arduamente, ya que no es ese el caso. Pero lo mismo se aplica al mercado laboral secular. Yo creo que hay un mayor número de personas que trabaja más arduamente en el ministerio que en el mundo secular.

Los pastores necesitan compartir sus vidas

La verdad de que el ministerio es arduo trabajo no es de conocimiento común. Eso se debe en parte a que muy pocos pastores comparten su vida de forma tal que la gente la entienda. Aun cuando invertir en las demás personas e intentar manejar los asuntos de la iglesia los deje exhaustos, lo disimulan con gentileza. Como son raras las veces en que puedan cambiar de rol, les tocará continuar alcanzando con dedicación y compasión a los que necesitan ayuda. La consecuencia de eso es que nunca se da la oportunidad de que la mayoría de las personas los vean fatigados ni agitados. Solo los ven viviendo y respondiendo con gentileza. Eso, que más bien puede aceptarse como una fina cortesía, no revela lo extenuante que es el ministerio.

Así quedó ilustrado en vivo y a todo color poco después de mi llegada a la Iglesia de NorthRidge. Un joven que había estado en la iglesia desde pequeño, me invitó a que comiéramos juntos. Acepté con satisfacción, especialmente porque estaba tratando de establecer relaciones personales en la iglesia, y de adquirir una mayor comprensión de su historia. Después de los intercambios normales de conversación, el joven se vistió finalmente de valor y trajo a consideración la razón por la que estábamos almorzando. Él quería saber lo que yo hacía como pastor. Ese joven no se hubiera atrevido a preguntarles a los pastores anteriores, puesto que todos eran de mayor edad que yo. Y estoy seguro que esos pastores pensaban que todos en la iglesia sabían lo que ellos hacían, y cuán arduo trabajaban. Pero estaban equivocados. Ese joven no tenía la más mínima idea de lo que un pastor hace en su rutina diaria. Él, como muchos otros en la iglesia, solo ven al pastor en la plataforma hablando algo. No tenía idea de cómo se prepara el pastor para lo que habla, ni de ninguna otra cosa que hace. Eso me abrió los ojos. Si la gente iba a saber del trabajo que implicaba el ministerio, iba a tener que permitirles que se me acercaran lo suficiente como para que lo vieran y lo experimentaran.

Los pastores necesitan compartir la obra del ministerio

Hay muchos pastores que tampoco comparten bien la obra del ministerio. Dios afirma en Efesios 4.11-12 que el trabajo de los pastores es capacitar a otros en la obra del ministerio, pero muchos de ellos hacen por su propia cuenta una porción considerable de esa obra. A eso también se debe que la iglesia no esté funcionando bien. Nunca se quiso que el pastor fuera el hombre orquesta. Romanos 12 y 1 Corintios 12 son claros al respecto. La iglesia, como un cuerpo, solo puede funcionar si todas las partes trabajan bien. Pero ese no es el caso en la mayoría de ellas. Muchas veces los pastores se echan encima gran parte de la carga. Eso paraliza a la iglesia como cuerpo. Si los pastores hicieran un mejor trabajo compartiendo la obra del ministerio, la iglesia no caminaría tan coja, y más personas entenderían todo el esfuerzo que esa obra implica.

Aun así, como con toda labor digna, edificar un ministerio eclesiástico efectivo requerirá trabajo arduo, dedicado y coherente. Si no se invierte en trabajo arduo, la iglesia no será efectiva. En mi caso, requirió todo lo que yo pude dar y más. Tuve que prescindir de toda actividad extracurricular. Tuve que desentenderme de todo lo demás a fin de enfocarme en mis dos principales compromisos y valores: la familia y el pastorado. No me hubiera desagradado la idea de ponerle atención a ciertos intereses adicionales, pero mi pasión y

> **El cambio demanda trabajo arduo y una fe enorme.**

mis valores por la familia y por la iglesia me llevaron a enfocarme exclusivamente en estos. Quería triunfar en las cosas que cuentan para la eternidad. Y no lamento la decisión.

Claro que, durante esos años de riguroso esfuerzo, también tuve que honrar el principio del descanso. Siempre que lo descuidé, me metí en problemas físicos y emocionales. Cuando eso ocurría, se me hacía imposible servir bien a los intereses de mi familia o a los de la iglesia. Es obvio que con descanso no me estoy refiriendo a que yo tuviera que poseer un enorme catálogo de pasatiempos y de recreación. De lo que se trataba era del tiempo apropiado que se requiere para el relajamiento y la renovación. En la economía del Antiguo Testamento, Dios lo estableció como un día de cada semana: el Sabbat. Es cierto que muchos se hacen daño, y perjudican a la iglesia, al ignorar el principio del Sabbat, pero también es cierto que otros lo usan para justificar una vida de pereza. Aquí, pues, de nuevo, el equilibrio es la clave.

Si eres un líder a quien la iglesia realmente le importa, y quieres dirigirla efectivamente, tendrás que atender a las demandas del trabajo arduo, mientras sacrificas otras cosas de la vida, por deseable que sea invertir en ellas. Como dijo el Señor en Lucas 14.33: «Así, pues, cualquiera de vosotros que no renuncia a todo lo que posee, no puede ser mi discípulo». Las buenas noticias son que el resultado del trabajo arduo valdrá la pena. Pablo lo afirma con claridad en mi versículo preferido: «Así que, hermanos míos amados, estad firmes y constantes, creciendo en la obra del Señor siempre, sabiendo que vuestro trabajo en el Señor no es en vano» (1 Corintios 15.58).

Fe enorme

Pero, insisto en que el trabajo arduo no es suficiente. Los logros en la vida espiritual y en el ministerio también demandan una enorme fe. Esta es una verdad clara en toda la Biblia. Moisés trabajó tenazmente y logró grandes cosas. Sin embargo, no fue su trabajo lo que al fin de cuentas hizo la diferencia. A pesar de todo su esfuerzo, no pudo convencer a Faraón de que dejara ir al pueblo de Dios. Dios tuvo que hacerlo enviándole las plagas. A pesar de su esfuerzo por sacar al pueblo de Dios de Egipto, todo habría resultado en fracaso si Dios no hubiera abierto el Mar Rojo. El trabajo arduo nunca será suficiente.

Abraham también provee un hermoso cuadro de esa verdad. Abraham trabajó arduamente y se sacrificó considerablemente por seguir a Dios. Obedeció a Dios en una serie de formas que nos dejan sacudiéndonos la cabeza. ¿Cómo puede un hombre de ochenta años dejarlo todo y marchar hacia lo desconocido? ¿Cómo pudo confiar sinceramente que Dios le daría un hijo en vista de la imposible realidad de la esterilidad de su esposa y de la edad de ambos? Ella tenía noventa años y él cien. Y cuando tuvieron el hijo, Abraham tuvo la fortaleza interior de ofrecerlo voluntariamente en sacrificio al Dios que se lo había prometido y había sido fiel en dárselo. Es fácil ahora para nosotros leerlo, pero no puedo imaginarme cuán realmente difícil fue para Abraham hacer esas cosas. Aun así, las hizo. Y la Biblia declara cómo se las arregló para hacerlas: «Tampoco dudó, por incredulidad, de la promesa de Dios, sino que se fortaleció en fe, dando gloria a Dios, plenamente convencido de que era también poderoso para hacer todo lo que había prometido» (Romanos 4.20-21). Abraham fue capaz de hacer esas increíbles cosas gracias a su enorme fe. Es por esa razón que se le conoce como «el padre de la fe».

> Si los pastores hicieran un mejor trabajo compartiendo la obra del ministerio, la iglesia no caminaría tan coja, y más personas entenderían todo el esfuerzo que esa obra implica.

Dejar en libertad a la iglesia demanda fe

Cuando tú y yo, al igual que Abraham, nos persuadamos de que Dios tiene el poder de hacer lo que ha prometido, le daremos libertad a la iglesia. Después de todo, ya Dios nos ha dicho claramente lo que quiere hacer a través de nosotros. Quiere hacer muchísimo más de lo que pedimos o imaginamos. Sin embargo, para poder experimentar la realidad de esas promesas en nuestra vida, deberemos ejercitar una enorme fe. Como dice Hebreos 11.6: «Pero sin fe es imposible agradar a Dios; porque es necesario que el que se acerca a Dios crea que le hay, y que es galardonador de los que le buscan». Santiago 1.5-8 hace meridianamente clara la misma verdad: «Y si alguno de vosotros tiene falta de sabiduría, pídala a Dios, el cual da a todos abundantemente y sin reproche, y le será dada. Pero pida con fe, no dudando nada; porque el que duda es semejante a la onda del mar, que es arrastrada por el viento y echada de una parte a otra. No piense, pues, quien tal haga, que recibirá cosa alguna del Señor. El hombre de doble ánimo es inconstante en todos sus caminos».

Cuando joven, y como alguien con deseos de triunfar, yo era sumamente inestable. La razón era simple: trabajaba con ardor pero tenía poca fe. Al continuar en mi peregrinaje, me di cuenta de que estaría destinado a la inestabilidad y al fracaso si no empezaba a trabajar con fe. Tuve que, al fin y al cabo, despertar al hecho de que, no importaba cuánto me esforzara, nunca tendría el control. Cuando me percaté de esa verdad y empecé a buscar con fe a Aquel que tiene el control, empecé a experimentar resultados muy diferentes en respuesta a la misma clase de esfuerzo.

No podía ser más obvio

Son muchas las experiencias que me vienen a la mente en este sentido, las cuales reafirman continuamente la importancia de trabajar con tesón mientras se cree de corazón. Durante los primeros cuatro años de mi ministerio en la Iglesia de NorthRidge, les hablaba de la posibilidad de una reubicación dentro de los próximos siete a diez años. Ya habían pasado cuatro, pero yo continuaba hablando de siete a diez años. La razón era sencilla. Yo sabía que el futuro completo de mi liderazgo, y el de la iglesia, dependerían del éxito o el fracaso de mi liderazgo en cuanto al tiempo exacto de la reubicación. Si los guiaba antes de tiempo, fracasaríamos. Si esperaba demasiado, las pérdidas, y las bajas naturales de una iglesia, minarían nuestra habilidad. Dada la importancia de ese asunto tan definitorio de mi liderazgo, hice un trato con Dios. Si Él hacía obvio el momento adecuado, yo pondría cada pizca de mi liderazgo en pro de que la reubicación ocurriera. Solo necesitaría saber el tiempo propicio. Necesitaría la sabiduría de Dios. A la luz de Santiago 1.5-8, tenía fe de que Dios honraría esa petición.

En algún momento del trayecto Dios me dio el nombre de la única iglesia en el área que podía adquirir nuestras instalaciones y utilizarlas. Era un asunto importante. Vender nuestras instalaciones sería esencial para el financiamiento de la primera etapa de la construcción de las nuevas. No conocía al pastor, y era poco lo que sabía acerca de él, pero estaba convencido de todo corazón de que representaba la solución para nuestro problema. Pero, de nuevo, no quería cometer un error de sincronización. Por consiguiente, y como parte de mi búsqueda de la sabiduría de Dios, le pedí que me lo trajera cuando el tiempo fuera propicio. No pensaba a menudo sobre el asunto, pero de vez en cuando lo recordaba y, con fe, lo ponía a los pies del Señor. Estaba decidido a no iniciar mi movida hasta que Dios me lo indicara con claridad.

Un día, inesperadamente, mi auxiliar me entregó un recado indicando que aquel pastor había llamado. Le devolví la llamada y me preguntó si nos podíamos reunir lo antes posible. Fijamos la reunión para el día siguiente. Mi auxiliar lo guió cortésmente hasta mi oficina. Nos presentamos. Y sucedió. Ansiosa y abruptamente el pastor pronunció estas palabras: «Dios me ha dicho que le diga que me venda las instalaciones de su iglesia». Bien, yo sabía que mi petición había sido contestada. El tiempo para que yo tomara las riendas del asunto había llegado. Sabía cuál sería el resultado, pero era mi responsabilidad asegurarme de que el precio de venta fuera justo. Así que le dije que, definitivamente, estábamos interesados. Sin embargo, si Dios en realidad le había dicho que comprara nuestras instalaciones, también le habría dado el precio correcto. Así que le pregunté cuánto ofrecía. Al día siguiente nos propuso una oferta que encajaba con nuestras expectativas. Supe en ese momento que el tiempo era propicio. Dios no pudo haberlo hecho más claro. Había llegado el tiempo de que entrara en la ardua labor de dirigir. Era intimidante, pero fácil, en vista de lo que la fe había producido.

Solo Dios puede edificar su iglesia

Lograr cosas de significado eterno requiere una doble inversión en trabajo arduo y fe enorme. Este es especialmente el caso en cuanto a edificar la iglesia. Después de todo, cambiarla requiere transformar los corazones de la gente. Nadie puede hacer eso excepto Dios. Por tanto, asegúrate de que, a la vez que trabajas tenaz e inteligentemente, también caminas por fe. El Señor lo dijo perfectamente claro en Mateo 17.20: «Si tuviereis fe como un grano de mostaza, diréis a este monte: "Pásate de aquí allá", y se pasará; y nada os será imposible».

> **Cambiar la iglesia requiere transformar los corazones de la gente.**

Todo lo que estoy viviendo hoy en mi ministerio proviene de la gracia. No estoy diciendo que mis dones y mi liderazgo no hayan sido parte de la ecuación. Lo que digo es que, no importa cuán arduamente trabaje yo, solo Dios puede edificar su iglesia. Lo mismo ocurre contigo. Como dice Proverbios 21.31: «El caballo se alista para el día de la batalla; mas Jehová es el que da la victoria».

CAPÍTULO 14

De frente y hacia adelante

Mantén el rumbo

Este es el último principio, aunque no el menos importante: tendrás que mantener el rumbo si es que vas a poder cambiar la iglesia sin comprometer la verdad. Tendrás que asirte al timón que gobierna la nave. Y no es fácil. Las tempestades se volverán violentas, rugirán contra ti y te castigarán. La gente querrá, de cuantas maneras sea posible, convencerte de que hagas girar el timón hacia atrás o hacia otra banda. Y si no lo haces querrán, de cuantas maneras sea posible, que quites las manos del timón. Yo he vivido eso una y otra vez.

Y eso es sensato, por lo que no debe ser noticia para aquellos que estamos en el ministerio. Dios nos ha advertido claramente acerca de la guerra espiritual. El apóstol Pablo, que sabía de ese asunto tanto como cualquier otra persona, le dedicó la totalidad del capítulo seis de su carta a la iglesia de Éfeso. Satanás buscará minar y atacar cualquier esfuerzo de impulsar la iglesia hacia una mayor efectividad. Al igual que lo hizo contra Cristo, Satanás embestirá con fuerza en contra de aquellos que dirigen la iglesia en el esfuerzo de que refleje a Cristo en el mundo. El Señor Jesús lo hizo patente en Juan 15.18-21:

> Si el mundo os aborrece, sabed que a mí me ha aborrecido
> antes que a vosotros. Si fuerais del mundo, el mundo amaría
> lo suyo; pero porque no sois del mundo, antes yo os elegí del

mundo, por eso el mundo os aborrece. Acordaos de la palabra que yo os he dicho: «El siervo no es mayor que su señor». Si a mí me han perseguido, también a vosotros os perseguirán; si han guardado mi palabra, también guardarán la vuestra. Mas todo esto os harán por causa de mi nombre, porque no conocen al que me ha enviado.

Seguir a Dios no garantiza un mar tranquilo

Es desafortunado que los creyentes a menudo interpreten la participación de Dios en sus vidas según las circunstancias que los rodeen. Si las son buenas, Dios debe estar en el asunto. Si no, entonces está ausente. Eso es teología de la peor clase. Al adherirse a ese razonamiento, los que así piensan pasan por alto la realidad de la vida de casi cada personaje bíblico. José es el ejemplo perfecto. Aunque fue uno de los hombres más piadosos del Antiguo Testamento, vivió circunstancias trágicas una vez tras otra. Los hermanos detestaron las pretensiones de José, vendiéndolo como esclavo. Su amo en Egipto lo puso en prisión por algo que no había hecho. Pasaron años sin que nadie se acordara de José. Pero Dios estuvo con él todo el tiempo. De hecho, usó esas trágicas circunstancias para traer un bien último. José se convirtió en el primer ministro de Egipto, y Dios lo usó para salvar y proteger a su familia así como al resto del pueblo de Dios.

> **Satanás buscará minar y atacar cualquier esfuerzo de impulsar la iglesia hacia una mayor efectividad.**

El caso de José no se puede considerar una excepción, aun cuando los pastores, los líderes y las iglesias a menudo lo pasen por alto. Pero si vamos a guiar exitosamente a nuestras iglesias hacia la eficacia, no podemos permitirnos obviar esa realidad. Debemos mantener a nuestro pueblo continuamente consciente de que Dios sigue obrando aun en los tiempos malos, para que no dude.

Un caso que aquí me salta a la vista lo baso en algo que he explicado en el capítulo anterior. Habíamos estado preparando a nuestra congregación para una reubicación de gran envergadura. Habíamos comprado un terreno hacía un par de años. Dios nos había dicho perfectamente claro que su tiempo para la reubicación había llegado. Por la gracia de Dios, obtuvimos un voto mayoritario de la iglesia para vender nuestras instalaciones y empezar el proceso de construir las nuevas. Pero algo sucedió. Tuvimos que detener abruptamente el proyecto.

Habíamos sido diligentes buscando el favor de los funcionarios municipales antes de comprar el terreno pero, como a menudo sucede con la política local, para el tiempo en que decidimos avanzar con nuestro proyecto, un número considerable de esos funcionarios había sido reemplazado. Los nuevos no tenían el mismo sentir. La comisión de planificación rechazó unánimemente nuestra solicitud para construir en el nuevo terreno. Eso fue devastador para mí. Habíamos trabajado larga y arduamente para asegurarnos de que todo se hiciera de la manera apropiada y según ley, pero acabábamos de ser imposibilitados.

Muchos en la iglesia empezaron a cuestionar si Dios estaba en el asunto de la reubicación. Si lo estaba, ¿no debería salir todo a pedir de boca? Fue, pues, mi tarea ayudarles a ver esa experiencia a través del lente bíblico. Pero para poder hacerlo con eficacia, yo mismo tenía que mantenerme arraigado a la verdad. Empecé a enseñarle a la iglesia la verdad acerca de las dificultades. Los problemas no son necesariamente una señal de que Dios no esté obrando. Al contrario, son una parte normal de vivir para Dios y de servirle, por lo que hay que esperarlos.

La serie de pláticas que desarrollé la titulé: «La guerra que precede a la bendición», y guié a la iglesia a través de la vida de hombres de

Dios como José, Abraham, Moisés, Jesús mismo y Pablo. Todos y cada uno de ellos enfrentaron una oposición considerable al esfuerzo de vivir para Dios y hacer su voluntad. Destaqué especialmente a Pablo. Aunque la voluntad de Dios para su vida era que fundara iglesias, y que ganara gente para Cristo, cumplir ese propósito no le trajo otra cosa que dificultades. Las propias palabras del apóstol lo describen mejor que lo que yo jamás podría hacerlo. En 2 Corintios 11.23-28 nos relata la historia.

En trabajos más abundante; en azotes sin número; en cárceles más; en peligros de muerte muchas veces. De los judíos cinco veces he recibido cuarenta azotes menos uno. Tres veces he sido azotado con varas; una vez apedreado; tres veces he padecido naufragio; una noche y un día he estado como náufrago en alta mar; en caminos muchas veces; en peligros de ríos, peligros de ladrones, peligros de los de mi nación, peligros de los gentiles, peligros en la ciudad, peligros en el desierto, peligros en el mar, peligros entre falsos hermanos; en trabajo y fatiga, en muchos desvelos, en hambre y sed, en muchos ayunos, en frío y en desnudez; y además de otras cosas, lo que sobre mí se agolpa cada día, la preocupación por todas las iglesias.

Para que puedas guiar exitosamente a la iglesia a través de una transición eficaz, tendrás que mantenerte en la trayectoria.

En 2 Corintios 4.16-18, Pablo expresa un importante consejo acerca de cómo se enfrenta a ese tipo de circunstancia: «Por tanto, no desmayamos; antes aunque este nuestro hombre exterior se va desgastando, el interior no obstante se renueva de día en día. Porque esta leve tribulación momentánea produce en nosotros un cada vez más excelente y eterno peso de gloria; no mirando nosotros las cosas que se ven, sino las que no se ven; pues las cosas que se ven son temporales, pero las que no se ven son eternas».

No me deleito en eso, pero todo el que busque guiar a la iglesia de Dios y su pueblo sufrirá reveses y dificultades. Sin embargo, eso no será señal de que Dios no esté presente ni que no esté obrando; es solo una realidad de la vida espiritual. La guerra ciertamente precede a la bendición. Pero también la sigue. A medida que hice consciente de esa verdad a nuestros líderes y a nuestra congregación, comparé nuestra situación con la del apóstol Pablo. Este fue llamado a predicar a Cristo pero, como ciudadano romano, se le estaba impidiendo ejercer sus derechos. Así que apeló a César (Hechos 25.11). Siendo que eso era exactamente lo que nos estaba sucediendo, guié a la congregación a seguir el ejemplo de Pablo y a apelar a nuestro César. Llevamos el caso al tribunal. Siguiendo el ejemplo de Pablo, no lo hicimos con enojo ni con espíritu de venganza. Lo hicimos a fin de defender nuestros derechos y amparados en la ley. De hecho, hicimos la determinación de usar la ocasión como una oportunidad que Dios nos daba para dar a conocer a Cristo en cada marco de referencia y en cada circunstancia que se nos permitiera.

Nuestra oración y nuestra meta vinieron de las palabras de Pablo en Filipenses 1.12: «Quiero que sepáis, hermanos, que las cosas que me han sucedido, han redundado más bien para el progreso del evangelio». Y eso fue exactamente lo que pasó. Establecimos relaciones positivas con algunos de los nuevos funcionarios del municipio. De hecho, como resultado posterior, muchos de los que habían estado una vez en contra de nosotros, llegaron a ser parte de nuestra iglesia. Fue una experiencia asombrosa. A final de cuentas, el rechazo unánime se volvió en una aprobación conjunta. No fue fácil, pero Dios definitivamente estuvo en el asunto. Se ha visto que valió la pena todo el esfuerzo y el sacrificio.

Quédate hasta que llegue la bendición

Para que puedas guiar exitosamente a la iglesia a través de una transición eficaz, tendrás que mantenerte en la trayectoria. No son pocas las veces que los pastores dejan la grey apenas empiezan a alcanzar la influencia que se requiere para dirigir. Eso es triste. Manejan la guerra pero no permanecen el tiempo suficiente para la bendición. No hay nada más trágico que el que un líder o una iglesia se den por vencidos justo antes de que Dios irrumpa con su bendición. Imagínate si José se hubiera dado por vencido respecto a Dios antes de recibir la bendición. Imagínate lo mismo con David mientras esperaba que lo hicieran rey; con Abraham mientras esperaba un hijo; con Noé mientras esperaba el diluvio; con Ana mientras esperaba un hijo; con los discípulos mientras esperaban la promesa del Espíritu Santo. Habría sido trágico. Una tragedia de igual magnitud ocurre cada vez que los hijos de Dios se rinden frente a las dificultades. Al hacerlo, pierden lo que están buscando... la bendición de Dios.

Pero no me malentiendas. Dios también llama a pastores y a otras personas a dejar sus iglesias. Pablo es un ejemplo de un hombre que fue llamado legítimamente a múltiples y diferentes trabajos. Pero no era que él abandonara la situación, sino que estaba siendo auténticamente llamado a ir a una próxima asignación. Por tanto, si estás considerando un traslado, debes asegurarte de que Dios te está dirigiendo. Asegúrate de que los móviles sean los correctos. Si surge alguna duda, mantente en el rumbo. Dios no llama a las personas a que abandonen la transición en medio de la tormenta. Los que lo hagan, lo que buscan es una excusa para escapar del fuego. La realidad es que, si Dios te hubiera estado llamando, te habría llamado a salir antes de la transición.

Cuando algo se ha terminado, no se ha acabado

Tuve que aprender una lección muy importante con relación a la necesidad de mantenerse enrumbado en el ministerio. La transición nunca se acaba. Cada nuevo día trae un nuevo reto. Necesitaremos a Dios el día de mañana tanto como lo hemos necesitado hoy. Cuando algo se ha terminado, no se ha acabado. De hecho, he desarrollado cuatro pensamientos que me ayudan a recordar esa verdad.

Solo porque yo lo diga no quiere decir que lo entiendan

Yo mismo he sido culpable de este frecuente error. Los pastores y líderes a menudo trabajan afanosamente en el desarrollo de la exposición acerca de la visión, y cómo presentarla de manera efectiva. Una vez la presentan, la tendencia es a suspirar en señal de alivio y a poner su atención en otras cosas. Ese es un error garrafal. Líder, entiende esta realidad: solo porque tú lo digas no quiere decir que tu gente lo entienda. Toma años para que lo entiendan; se requiere que lo repitas una y otra vez. Si el líder va a poder convertir la visión en una realidad, deberá mantener la trayectoria.

Solo porque lo entiendan no quiere decir que lo hayan acogido

He descubierto que esta es una gran verdad en el ministerio, especialmente con los líderes. También es una realidad frecuente al trabajar con la junta directiva. Los pastores tienden a trabajar con su junta durante largos periodos de tiempo mientras se forja la visión. Al fin la junta entiende la visión, pero vota en contra. Es sorprendente las muchas veces que eso sucede. Cuando el líder guía, debe entender que el que las personas entiendan algo no quiere decir que lo favorezcan. No es suficiente que la gente lo entienda. Deben creerlo en el fondo de su alma. Deberán volverse personalmente apasionados con el asunto. Deberán abrazarlo como suyo. Si no, continuarán entorpeciendo la visión en vez de apoyarla.

Claro está, será importante reconocer que algunas personas nunca favorecerán la transición. A eso se debe que tengamos que ocuparnos de lograr la transición también en el liderato, haciéndonos de los líderes adecuados y deshaciéndonos de los inadecuados.

Solo porque lo acojan no quiere decir que trabajarán en su favor

A aquellos que son pastores, necesito recordarles que es muy bueno que haya gente que los apoye desde las graderías, sin embargo, la necesidad real es de gente que entre al terreno de juego con ustedes. Si no, no importa cuán arduo trabajen, ustedes solos no harán posible traer la transición a la iglesia. Es vital que consigan personas que se les unan en el trabajo.

Para aquellos que no son pastores, quiero ofrecerles un aliciente especial. Yo mismo he experimentado la realidad de ese problema en mi liderazgo como ministro. A menudo he tenido personas que afirmaban favorecer completamente mi visión, pero han terminado en las graderías, animándome a gritos, mientras me dejaban ser vapuleado en el terreno de juego. Tenerlos como mis aficionados es mejor que como francotiradores en mi contra, pero necesito realmente a gente que se me una en la empresa. Permíteme alentarte a que juegues en el partido. Es divertido hacer las veces de aficionado, pero mucho más lo es ser jugador. Tu pastor, tu iglesia y aquellos que están sin Cristo te necesitan desesperadamente. Te distinguirás si entras a jugar.

> Como líder, deberás asegurarte de girar solo cuando es importante hacerlo y de que la vuelta que des surta efecto.

Solo porque trabajen en favor del plan no quiere decir que lo seguirán

En el instante mismo en que un líder piense que ya cumplió con su parte del plan, alguien se desviará del mismo. La tarea del líder nunca se acaba. Si eres líder, no permitas que eso te suceda. Mantén el ojo en el balón. Tu tarea es que la gente se mantenga concentrada en la visión, marchando hacia el propósito, viviendo los valores y trabajando en el plan. Si no cumples con tu tarea, ellos no cumplirán con la suya.

No celebres antes de tiempo

Ese es mi consejo: no celebres antes de tiempo. Sin considerar aquí la perspectiva política de nadie, el ex presidente George W. Bush nos proveyó una perfecta ilustración de este típico fracaso de los líderes. Poco después de la caída de Saddam Hussein en Irak, el presidente Bush piloteó un avión de caza que aterrizó en un portaviones de la armada de los Estados Unidos. Fue algo impresionante. Se bajó del avión y se ubicó frente a una enorme pancarta que decía: «Misión cumplida». El momento fue bien delineado e impresionante, pero tanto el anuncio como la celebración pecaron de inmodestia. Allá en Irak la insurgencia pronto se levantaría, y los Estados Unidos iban a tener que invertir mucho más en vidas, recursos y tiempo que lo que la guerra de ocupación requirió. Esa celebración prematura afectó al presidente Bush a largo plazo. No es que yo no recomiende pequeñas celebraciones sobre la marcha, pero los líderes deben cuidarse en extremo en cuanto a celebrar prematuramente, por así decirlo, el fin de la guerra. Tal y como lo descubrió el presidente Bush, el mundo y las circunstancias pueden cambiar con rapidez. Y cuando cambien, la iglesia también deberá estar lista para cambiar. Quiero pedirte que evites proclamar «Misión cumplida». Anuncios prematuros de esta índole minan la habilidad del líder para mantener su liderazgo. Así que ten cuidado.

Reflexiones finales

La idea de mantener el rumbo es importante en la transición de una iglesia, aunque no sea común que se le dé consideración a este asunto, ni que se cumpla con él. Si el líder no mantiene la trayectoria por tiempo suficiente, los ministerios de la iglesia volverán a sus viejos hábitos. Por tanto, si lo que quieres es dirigir a una iglesia durante un cambio exitoso, será vital que te mantengas en rumbo durante el tiempo suficiente para que la nueva vía se vuelva normal y más cómoda para la iglesia.

Hoy nuestra iglesia es completamente distinta, sin posibilidad de que retroceda a los esquemas antiguos, y lo es solo porque se ha mantenido en la trayectoria. Hemos mantenido el presente rumbo por un tiempo lo suficientemente prolongado como para que sea el único que la iglesia conozca. Pero eso no ha sido por accidente. Todavía estamos trabajando en el plan que comencé a esbozarle como visión en mi primera presentación como su pastor. Permanecemos en nuestra presente trayectoria sin caer en la irrelevancia porque yo ayudo a la iglesia a abrazar los principios de Dios, y no ciertas prácticas en específico. Al alinear nuestra visión con los principios eternos de Dios, y no con prácticas específicas, se nos hace posible mantener el rumbo mientras continuamos cambiando muchas de las formas de nuestros ministerios.

La gente te seguirá solo por algunas vueltas del camino

Asegúrate de que las vueltas del camino que das como iglesia sean importantes. Algunos líderes cambian tan frecuentemente de rumbo que hacen que la iglesia sufra de mareo constante. Asisten a algún coloquio, regresan y empiezan a encauzar la iglesia hacia lo nuevo que han aprendido. Luego leen algún libro de moda y hacen lo mismo. Pero tienen que entender que la gente está dispuesta a seguirlos y ser capaces de hacerlo, solo por algunas vueltas en el camino. Este será especialmente el caso si la gente no ha visto beneficio en las vueltas anteriores. Como líder, deberás asegurarte de girar solo cuando es importante hacerlo y de que la vuelta que des surta efecto. Mantén el rumbo.

No podrás crear ímpetu si giras demasiado rápido

Para crear ímpetu deberás dar una vuelta importante a la vez y luego mantener la estabilidad. En nuestro caso, esa fue la única manera de crear ímpetu durante la transición. Cada vez que hacíamos un cambio importante, aminorábamos la marcha y manteníamos la estabilidad, hasta que la iglesia empezara de nuevo a tomar impulso. Ese es un aspecto vital del liderazgo de transición. Los líderes, con demasiada frecuencia, dan tantos giros en el camino que no les es posible a sus congregaciones agarrar impulso con nada. El resultado es que el líder, o la gente, terminen por desesperanzarse y vuelvan a las cosas como estaban.

Los que estamos llamados a dirigir la iglesia no podemos permitir que eso suceda. Tenemos que dar vuelta en el lugar correcto para luego permitir que el ímpetu crezca de nuevo. En nuestra transición, el proceso tomó seis años. Cada vez que yo daba un giro, la iglesia perdía un poco de velocidad. Pero como la mantenía estable, volvía a impulsarse y seguir adelante. Repetía eso tantas veces como fuera necesario, pero siempre siendo sensible a la habilidad de la iglesia de mantener su propia marcha. Después de seis años, y siendo que continuábamos moviéndonos en la dirección correcta, fui capaz de hacer que los ministerios de la iglesia marcharan adelante con un ímpetu cada vez mayor. Y fue ahí cuando estalló nuestro verdadero crecimiento. Evita, siempre que puedas, dar vueltas tan bruscas que le quiten ímpetu a la iglesia.

Mantenerse enrumbado permite que el cambio se convierta en norma

Si sabes que estás volteando en la dirección correcta, tienes que mantenerte en esa trayectoria. Eso permitirá que los cambios se transformen en la manera normal de la iglesia ministrar. Cuando eso suceda, dalo por cumplido. En cuanto a ese cambio en específico se refiere, la iglesia ya ha logrado hacer una transición exitosa. Eso, claro está, será siempre la meta, pero habrá que mantener el rumbo.

La esperanza del mundo

Hay una vida que espera

A Dios le importan los perdidos

El término *tragedia* no es lo suficientemente fuerte. No hay palabras para describir una atrocidad de tal magnitud. Faltaban cinco días para la Navidad. Un par de despiadados criminales habían fichado varias joyerías de nuestra área buscando la que mejor les conviniera robar. Cuando por fin lo decidieron, pusieron manos a la obra. Se presentaron a la puerta de la casa del dueño de la joyería fingiendo que entregaban un envío de correos. Su madre, que estaba de visita, los invitó amablemente a entrar.

A ella la mantendrían a punta de pistola mientras esperaban que los tres hijos de la casa, que no alcanzaban los trece años de edad, regresaran de la escuela. Cuando llegaron, obligaron al mayor de ellos a que llamara al papá, el cual arribó en solo minutos. Bajo amenaza de muerte de él y de su familia, fue obligado a abrir la caja fuerte que había en la casa. Ese delito de escalamiento no era tan lucrativo como robar una joyería, pero parecía menos arriesgado, más fácil y lo suficientemente rentable.

¡Oh, qué bueno si el suceso hubiera terminado con solo la pérdida de joyas y dinero! Mas no sería así. Esos dos lunáticos no lo permitirían. Uno por uno, asesinarían a todos los de la casa. Eso fue y sigue siendo una tragedia incomprensible. Nos enteramos por una llamada telefónica que nos hizo alguien que asistía a nuestra iglesia, y que era pariente del joyero. Nos pedía oración, consejo, auxilio y guía para lidiar con todos los problemas que la situación representaba. Por supuesto, la familia de la fe dijo presente. Si la iglesia no puede ser de apoyo en un tiempo como ese, ¿para qué es entonces? Hicimos todo lo que estuvo a nuestro alcance para ayudar a la familia y a la comunidad a lidiar con esa tragedia.

Lo que no supe hasta que me reuní con los familiares fue que ese hombre y sus tres hermosos hijos habían empezado a asistir recientemente a la iglesia. Resulta que estaba afrontando ciertas dificultades matrimoniales, situación que le hizo considerar sensibilizarse a la idea de Dios en su vida. Eso trajo como consecuencia que los miembros de la familia que asistían a nuestra iglesia lo invitaran y que gustosamente nos visitara con sus tres hijos. Les agradó tanto nuestra congregación que comenzaron a asistir regularmente.

Cuando me reuní con los familiares, se me informó que como resultado de estar asistiendo a la iglesia este hombre con sus tres hijitos habían aceptado a Cristo como su Salvador personal. Los pequeños habían sido alcanzados por medio de nuestro ministerio infantil. El papá había hecho la decisión de seguir a Cristo durante uno de nuestros servicios. Él mismo les había comunicado la decisión a sus familiares, así que sabían en cuál servicio y en qué lugar estuvo sentado cuando su vida fue eternamente cambiada. Eso no cambiaría la devastación de la tragedia humana en esa familia, pero sí había cambiado todo en cuanto a su destino eterno.

Cuando esa familia empezó a asistir, nuestra iglesia estaba conduciendo una encuesta. Conseguí el formulario en el que el papá había respondido proveyéndonos todos sus datos, y también dándonos las gracias por haber hecho que Dios y su verdad se volvieran tan relevantes para su vida, y animándonos a que siguiéramos adelante. Imagínate eso: de acuerdo a sus propias palabras, la razón por la cual ese hombre y sus hijitos habían venido a la fe era porque nuestra iglesia, en definitiva, les había presentado a Dios de manera relevante. Ellos eran una familia religiosa, pero nunca habían experimentado la verdad de Dios en un modo que se relacionara con la vida diaria. Cuando lo experimentaron, por fe en Dios, encontraron esperanza eterna. Hoy están en el cielo porque encontraron una iglesia que les habló sobre Dios en un idioma que pudieran entender.

La iglesia es la esperanza del mundo, si funciona bien

Estaré eternamente agradecido de que nuestra iglesia se encontrara funcionando bien cuando esa familia fue invitada. Todas las pérdidas y dificultades de la transición se volvieron insignificantes a la luz de la ganancia eterna en la vida de esa familia. Fui impactado de tal manera por esa experiencia que, todavía hoy, mantengo ante mi vista el formulario de encuesta de ese hombre. No quiero jamás olvidar de qué se trata realmente la iglesia. Nunca querré que se vuelva hacia sí misma, sea por causa mía o de otros. La iglesia es la única esperanza del mundo y debe continuar funcionando bien porque, como siempre, hay una vida que espera.

Este es el último capítulo, pero en realidad estoy terminando en donde la iglesia necesita empezar. Si no se entiende plenamente el valor de este capítulo, ni se acoge su contenido, no hay razón para que la iglesia entre en transición, ni tampoco la manera de lograrlo. Cambiar una iglesia sin que se comprometa la verdad resulta algo demasiado prolongado y difícil para alguien que no pueda mantenerse enfocado en aquello que motivó al Señor Jesús: la gente con desesperada necesidad de perdón, esperanza, socorro, gozo, promesas, propósito, amor, paz, seguridad y realización en Dios. A menos que el enfoque que impulse a las iglesias sea alcanzar esa clase de gente, siempre estarán buscando satisfacer las

> **Hoy están en el cielo porque encontraron una iglesia que les habló sobre Dios en un idioma que pudieran entender.**

necesidades y los deseos de los que ya son parte de la iglesia. Para que esta cambie debe mantener el enfoque del Señor Jesús que se señala en Juan 10.16: «También tengo otras ovejas que no son de este redil; aquéllas también debo traer». Para que una iglesia cambie, la familia de la iglesia debe recordar que «no se trata solo de ellos».

¿Por qué nos tiene que importar?

La pregunta que toda iglesia plantea cuando se le confronta con la idea de hacer la transición hacia la relevancia cultural es, «¿Por qué?» *¿Por qué nos tiene que importar que nuestra iglesia sea relevante?* La respuesta es sencilla. Fue la razón que llevó al Señor Jesús a hacer la transición del cielo a la tierra. Es la razón para que Él edifique su iglesia. Dios atesora a los perdidos y su iglesia debe hacer lo mismo.

Dios atesora a los perdidos, y su iglesia debe hacer lo mismo.

En Lucas 15.1-24, Jesús presenta tres relatos consecutivos en los que enseña exactamente la misma verdad. Y lo hizo por la misma razón que Él, de vez en cuando, repetía el nombre de alguien: para darle énfasis. Estaba cansado de que la gente le preguntara continuamente a qué se debía que se juntara con los cobradores de impuestos y los pecadores. Estaba cansado de que la gente no captara la idea. Por eso, aquí en Lucas 15, decidió presentar tres relatos y aclarar lo que motivaba su vida y su ministerio.

Los tres relatos trataban acerca de cosas perdidas pero de gran valor. Por supuesto, tú conoces los relatos. Uno trata del pastor a quien se le pierde una de sus cien ovejas. Eso hizo que dejara a las noventa y nueve para encontrar la perdida. Cuando la halló, montó una fiesta para celebrarlo. Otro relato trata de la mujer a la que se le perdió una de sus monedas. Esa moneda representaba una parte importante de sus posesiones. Por eso dejó todo lo demás a un lado y se dedicó a buscar la moneda. Cuando la encontró, llamó a cuanta persona conocía para celebrarlo. El tercer relato trata del papá que perdió a un hijo por causa de las decisiones destructivas que el hijo tomó. El padre, mientras esperaba por el regreso del hijo y oraba por él, dejó todo a un lado. Jesús describe cómo el padre ve al hijo a lo lejos cuando éste viene de regreso a la casa. Es claro que se pasaba el tiempo mirando al horizonte en espera de que el hijo regresara. El papá, cuando encontró a su hijo, montó una gran fiesta para celebrarlo.

El problema común

En esos relatos de Jesús nadie cuestionó la emoción y la celebración que causaron la oveja y la moneda encontradas. Pero en cuanto a la historia de ese hijo perdido que regresa a la casa, alguien sí se quejó de la conmoción y la celebración. Esa fiesta hizo que el hermano mayor montara otro festejo: el del lamento. Él había participado, y continuaría participando todo el tiempo, del gozo, la paz, la seguridad y los logros del padre, pero le dolió que este no le hubiera celebrado fiesta también a él.

El Señor Jesús, aquí en este último relato, se dirige a un problema común que uno encuentra entre los que pretenden ser sus seguidores, los de entonces y los de ahora: el de darse a valorar a los de adentro y enfocarse en ellos. Los valores, advirtió claramente el Señor, pueden ser distorsionados. Nadie tuvo problemas con que se celebrara el éxito empresarial o las ganancias financieras. Pero celebrar el regreso y el perdón de un extraviado sí enfrentó hostilidad. Qué triste. Aquí el Señor se estaba refiriendo claramente a los líderes religiosos que detestaban que Él orientara su vida y su ministerio hacia los pecadores. Pero también se refería a las iglesias de hoy, aquellas que dirigen sus ministerios hacia los que ya están adentro.

El resentido hermano mayor, por desdicha, representa a muchas iglesias cristianas de la actualidad. Los que asisten a esas congregaciones se resienten de lo que se gasta con entusiasmo y celebración en las personas que andan alejadas de Dios porque, según piensan, los que permanecen fieles son ellos. Se molestan por la manera en que esa gente viene y echa a perder sus pequeñas, cómodas y queridas congregaciones. Cuán revelador es esto de lo mucho que se han alejado de los valores de Jesucristo demasiadas de sus iglesias. Pero a esto precisamente se debe el que ellas necesiten cambiar. Y si no lo hacen, estarán poniendo en tela de juicio todo lo que el Señor ama y valora.

Tres verdades relevantes

Encuentro, en este pasaje bíblico, tres verdades relevantes que el Señor afirma. Primero que, para Dios, los perdidos son un tesoro. Aquí Él no deja lugar a malos entendidos en cuanto a por qué su ministerio está dirigido a los perdidos y quebrantados. Así como la oveja, la moneda y el hijo eran un tesoro para el pastor, la mujer y el padre, los perdidos lo son para Dios.

Segundo, el valor que Dios les da a los perdidos lo compelió a reordenar drásticamente su orden mundial para poder encontrarlos. Es sensato que el pastor, la mujer y el padre reordenaran completamente sus vidas para encontrar o reunificarse con aquello que realmente valoraban. Eso es lo que Dios ha hecho. Hubo una sola razón para que el Señor Jesús dejara el cielo y viniera a la tierra: ayudar a rescatar y darles esperanza a hijos e hijas maltrechos y rebeldes. Como lo dice 2 Corintios 8.9: «Porque ya conocéis la gracia de nuestro Señor Jesucristo, que por amor a vosotros se hizo pobre, siendo rico, para que vosotros con su pobreza fueseis enriquecidos».

Tercero, Dios se regocija más porque un perdido lo encuentre que por cualquier otra cosa. El hermano mayor no entendía eso, ni tampoco muchas iglesias lo entienden, pero esa es la realidad que inspira lo que Dios valora y celebra. El Señor Jesús lo específico claramente en Lucas 15.7: «Os digo que así habrá más gozo en el cielo por un pecador que se arrepiente, que por noventa y nueve justos que no necesitan de arrepentimiento».

La respuesta del Señor Jesús no dio lugar a dudas. El Señor Jesús dirigió su ministerio hacia los de afuera más que hacia los de adentro, porque eso es lo que Dios valora.

La retaguardia de la Gran Comisión

Mucho de lo que tantas iglesias valoran y celebran no tiene nada que ver con lo que Dios festeja. Eso trae como resultado que sean iglesias que más bien representan la retaguardia de la Gran Comisión. No invierten en alcanzar a gente nueva y ni siquiera se molestan en hacerlo. Por supuesto que lo justifican en términos espirituales. Dicen que están organizando la iglesia para que desarrolle creyentes que salgan y alcancen a los inconversos. En otras palabras, la iglesia se reúne para adorar y sale para evangelizar. Pero esa manera de ver las cosas acarrea un sinnúmero de problemas.

La iglesia primitiva no se organizó de esa manera. Lo que esa iglesia hacía era celebrar grandes eventos en los centros públicos, atrayendo a las multitudes a la adoración y la enseñanza. Era en ese marco que se predicaba el evangelio, y miles venían a la fe. Luego la iglesia se dividía en pequeños grupos que se reunían en las casas, a fin de profundizar en la adoración y la enseñanza. La evangelización más exitosa e impactante ocurría cuando la iglesia se reunía en público. Así claramente se ve que lo hacía en los Hechos de los Apóstoles.

¿Cómo pueden los creyentes alcanzar exitosamente a los inconversos si no les es posible comunicar la verdad de Dios en el idioma de la cultura? Si una iglesia no es culturalmente relevante, los creyentes que formen esa congregación no serán relevantes. No es sorprendente que las iglesias que hacen el reclamo de reunirse para adorar y salir para evangelizar, no estén alcanzando a nadie para Cristo.

Pero si alguna vez lo alcanzaran, ¿dónde aprendería el nuevo creyente acerca de vivir para Dios en un mundo real? Ciertamente no ocurrirá en una iglesia que no tenga conexión con el mundo real, ni lo entienda. No está ocurriendo ni va a ocurrir. Se buscan excusas para mantener las iglesias como están. Excusas para justificar el que no estén siguiendo al Señor Jesús dejando su comodidad a fin de revelar la verdad, el amor y la esperanza de Dios en el lenguaje y el contexto de la vida real.

Ahora, no quiero que se me malentienda en este particular. La retaguardia de la Gran Comisión es vital. Las iglesias deberán nutrir y desarrollar a los nuevos creyentes. Al igual que los padres con sus pequeños, a la iglesia se le ha asignado la responsabilidad de nutrir a los creyentes recién nacidos en una fe plena. Sin embargo, eso es algo que no se puede hacer a expensas de alcanzar a la gente para Cristo. De hecho, la Gran Comisión clarifica que la meta de desarrollar a los creyentes es para hacerlos seguidores del Señor, personas que dejen su comodidad, y que vayan al mundo y alcancen a más personas.

A menos que una iglesia cumpla su obligación con la vanguardia de la Gran Comisión, no tendrá a quién desarrollar en Cristo. Eso traerá como resultado que la congregación empezará a organizarse alrededor de los que ya han sido desarrollados. Y así sucede en muchas iglesias hoy, las cuales se vuelven egoístas, como el hermano mayor de Lucas 15. El Señor Jesús tuvo una razón para poner la vanguardia de la Gran Comisión adelante. La iglesia deberá poner atención a la vanguardia de la Gran Comisión si es que alguna vez podrá atender la retaguardia. Lo que debe impulsar la iglesia es la abnegación, ese valor moral que la llevará a alcanzar a los de afuera, a los que todavía no han experimentado la esperanza que los de adentro ya disfrutan.

Claro que en nada afectará el que se entrene a los creyentes para que vayan y sean luz en el mundo. Todo creyente debe vivir y compartir su fe. Primera de Pedro 3.15 lo hace inequívocamente claro: «Santificad a Dios el Señor en vuestros corazones, y estad siempre preparados para presentar defensa con mansedumbre y reverencia ante todo el que os demande razón de la esperanza que hay en vosotros». Esto ciertamente es parte de la estrategia de nuestra iglesia. Sin embargo, son demasiadas las congregaciones que justifican su irrelevancia cultural diciendo que es la responsabilidad individual de cada creyente ser luz del mundo. El Señor lo aclaró en Lucas 15: las iglesias necesitan reordenar sus ministerios alrededor de la meta de alcanzar a los perdidos. Necesitan operar en la vanguardia de la Gran Comisión.

La meta es seguir a Jesús

Jesús hizo exactamente esto en su vida y ministerio. Si una iglesia quiere cambiar, aunque sin componendas, es el ejemplo de Jesús el que tendrá que reclamar y seguir. Yo estoy consciente de que hacerlo así me resultó extremadamente útil como líder de la transición en nuestra iglesia. La gente se me quejaba de los cambios. Pero yo empezaba inmediatamente a comparar lo que estábamos haciendo con lo que Jesús hacía. Así que, aunque no les gustaran los cambios, no podían rebatirlos. Los perdidos eran un tesoro tal para el Señor Jesús que, literal y drásticamente reordenó la totalidad de su vida para ayudar a redimirlos. El

> El Señor Jesús dirigió su ministerio hacia los de afuera más que hacia los de adentro, porque eso es lo que Dios valora.

Señor se regocija más por un perdido que descubra y experimente su esperanza que por otra cosa. Nosotros, pues, no estábamos haciendo algo distinto. Estábamos sencillamente imitando a Jesús.

En Lucas 19.10, el Señor hizo claro que vino a este planeta por una razón: «vino a buscar y a salvar lo que se había perdido». Para lograrlo, sujetó la totalidad de su vida al cambio. ¿Por qué? Porque amaba verdaderamente a los perdidos. Muchas iglesias, a pesar de lo que ellas mismas puedan decir, no están dispuestas a cambiar porque no aman verdaderamente a los perdidos. Las iglesias necesitan evaluar constantemente este importante punto. Por lo general, saben qué palabras emplear. Tienen la contestación correcta para todo. Pero por sus frutos las conoceremos. La manera en que de verdad sienten acerca de los perdidos se comunica más claramente por lo que hacen para alcanzarlos. Es desafortunado que muchas no hagan ni sacrifiquen nada en ese sentido. Aman, viven y se sacrifican más por los edificios, las tradiciones y los programas, que por los perdidos. Tales iglesias son un pobre reflejo de Cristo en este mundo. Si las nuestras van a cambiar con éxito, deben comenzar a valorar y a celebrar lo mismo que Dios celebra. Eso fue algo que el Señor Jesús aclaró de una vez y por todas: Dios valora y celebra sobre todo que los perdidos vengan a la fe.

Compartir testimonios motiva a la gente

Yo he encontrado que la única manera eficaz de hacer que eso ocurra en una iglesia es compartiendo los testimonios de las vidas cambiadas. Eso motiva a la gente. Les hace querer ser parte de esa clase de vida, aun cuando les requiera un cambio.

Cuando nuestros ministerios no eran un medio para transformar vidas, les traía a consideración el valor de la gente, y el de un cambio de vida, y empleaba las historias de la Biblia para hacerlo. Cuando empecé este pastorado, hablaba mucho de la iglesia de Antioquía, como se describe en Hechos 11.10-21. Utilizaba ese relato para despertar la imaginación de nuestra gente en cuanto a llegar a ser algún día una iglesia que cambiara el mundo. También recurría a Hechos 2, y destacaba los tres mil que acudieron a Cristo, y le pedía a la iglesia que se imaginara las historias de las vidas cambiadas. Luego les aclaraba que el mismo Dios que se hizo presente en Hechos 2, está dispuesto a hacerse presente en nuestra iglesia hoy, si se lo permitimos.

Hoy, gracias a nuestra importante jornada de cambio sin componendas, puedo compartir relatos de nuestro propio ministerio. Son testimonios que hacen del arduo trabajo de pasar por una transición como iglesia, algo que haya valido cada brizna de sacrificio. La iglesia necesita ver esos testimonios a fin de que se emocione con que la gente encuentre a Cristo más que con ninguna otra cosa. A eso se debe que se los diga continuamente. También lo hablo con el personal de la iglesia. Y con los ancianos gobernantes. Y en las reuniones con los maestros y con los que influyen. Y en nuestros servicios. Si no logro que la iglesia se entusiasme alcanzando a la gente, no habrá en ellos entusiasmo para hacerlo. Por eso yo mismo avivo continuamente el fuego de mi propio entusiasmo, de modo que pueda contagiar a la iglesia. Y nada logra mejor tal cosa que una historia como la siguiente:

> **Si una iglesia quiere cambiar, aunque sin componendas, es el ejemplo de Jesús el que tendrá que reclamar y seguir.**

La primera carta de Rick

Estimado Pastor Brad: He visitado su iglesia dos veces y, al escucharlo, lo considero sincero, elocuente y versado. Aun así, no es suficiente para que ni siquiera me haga pensar de manera distinta acerca de la existencia ni el significado de Dios. Soy amigo de una dama que asiste a los cultos de la iglesia, y que estudia la Biblia regularmente siguiendo lo que usted y otros enseñan. Hablar con ella y con otros que han «renacido en Cristo» me es un ejercicio frustrante. Hago preguntas difíciles pero recibo respuestas de cajón que, la mayoría de las veces, me dejan sacudiéndome la cabeza por lo estrecho de la perspectiva.

Nací católico, pero después me alejé cuando llegué a adulto, y mi interés en la ciencia me llevó a poner más atención a las respuestas de causa y efecto que a las de fe y oración. Pasé tres años en el Lejano Oriente durante la guerra de Vietnam, y entré en contacto con lo que supuestamente (según la creencia cristiana) eran miles, si no millones de personas condenadas a un infierno cristiano por no haberse entregado a Cristo. Me preguntaba cuántos que ni siquiera habían oído mencionarlo, de todas maneras serían condenados.

En resumen, no acabo de convencerme de un Dios que fije leyes que condenen a la mayoría de los seres humanos a un infierno que ni entienden ni lo han ocasionado. He visto *La pasión de Cristo*, por Mel Gibson y he pensado que, si fuera verdad siquiera parcialmente, el hombre, Jesús, pagó un enorme precio por sus creencias. Además, si siquiera parte de la película fuera verdad, encuentro difícil creer que Él, por ser la clase de hombre que fue, hubiera creado un sistema de creencias con un enfoque tan estrecho, con Él como centro, y que no diera crédito por ningún bien que no se hiciera en su nombre.

Tengo planes de asistir a los cuatro servicios de fin de semana en los que usted intentará discutir los eventos cubiertos por *La pasión* [en efecto, completé la serie sobre *La pasión de Cristo*, la cual titulé: «¿Y qué si fuera verdad?»] y, mientras lo escuche, a usted y a otros, estaré pensando en los millones que están supuestamente en el infierno pero que nunca escucharon de Cristo. Si después de escucharlo, pienso que usted podría tener algunas de las respuestas, o admito que yo no las tenga todas, me gustaría algún día hablar con usted bajo la sombra de un árbol, en un tibio día de primavera, durante una hora o algo así, y darle la oportunidad de que su fe irresistible se atrinchere contra mis aparentemente inamovibles objeciones.

Esa carta me dejó boquiabierto. ¡Qué excelente oportunidad para compartir la verdad de Dios con ese hombre! La realidad es que utilicé a Rick como mi enfoque durante la preparación y presentación de la serie. Me esmeré asegurándome de que presentaría lo relacionado a la verdad en un lenguaje y contexto, y de una manera, en que las personas como él pudieran interesarse y entenderla plenamente, la aceptaran o no.

Seis meses después, otra carta de Rick

Sé que usted probablemente sea uno de los hombres más ocupados del planeta. Pero he decidido escribirle de todas maneras. Le escribí hace unos meses contándole mi búsqueda de Dios y algunas de mis dudas. Usted me contestó, y su carta me hizo iniciar una investigación que todavía continúa.

¿He encontrado a Dios? No estoy seguro. Pero he empezado a pensar que puede que Él me haya encontrado a mí. No estoy seguro de mi creencia en Dios, pero quiero que sepa que creo en usted, y en su visión para la Iglesia de NorthRidge. [Es claro que en tan breve declaración este hombre estaba enunciando patentemente a qué respondió el que nos hubiéramos sometido a una transición como iglesia.] Le escuché hablar el domingo 20 de septiembre en su servicio de las 11:15 de la mañana [ese fue el servicio en el que presenté la visión para la construcción de nuestro centro para la formación espiritual; y, por supuesto, hice claro que lo importante no eran las instalaciones, sino las personas], y me aclaró un sinnúmero de cosas. Haré un donativo para la fase tres.

Todavía sigo perplejo con eso. No importa cómo presente la visión de Dios y sus valores, siempre hay cristianos a los que no convenzo de que ofrenden. ¡Pero aquí estaba un ateo que quería ofrendar! ¡Qué alentador!

Poco tiempo después, otra carta más de Rick

Pastor Brad, solo un par de líneas para dejarle saber que me alegra que usted y su iglesia estén aquí. Soy el que era ateo pero que ahora es agnóstico. [Eso me causó risa. Era obvio que el hombre se encontraba en su propio peregrinaje espiritual. Era que todavía no había llegado a la raya de la meta de la fe, o no la había cruzado.]

No estoy seguro de que Dios exista, pero sigo buscando. Si no hubiera sido por la amiga que me trajo a la Iglesia de NorthRidge, ya habría dejado hacía tiempo la escabrosa senda que representa esta búsqueda de Dios.

Su iglesia es reveladora para alguien que ha abandonado la religión desde hace mucho tiempo. Quiero darles las gracias a todos por estar siempre disponibles mientras busco lo que usted y tantos otros parecen ver con claridad.

Esta última frase realmente me cautivó. El hombre había llegado al punto en que podía admitir que estaba vacío y sin esperanza. Su mente no había alcanzado el punto de la aceptación, pero quería desesperadamente experimentar el propósito, la paz y la realización que otros estaban viviendo en nuestra iglesia. Sus cartas me alentaban grandemente. Me revelaban que, desde la perspectiva y la experiencia de ese hombre, nuestra iglesia funcionaba. No éramos perfectos, pero la realidad de la esperanza de Dios brillaba. La transición había sido exitosa y de valor eterno. Pero eran cartas que también me entristecían. Yo sabía que personas como él alrededor del mundo no tenían una iglesia a la que asistir que estuviera comprometida con la comunicación de la verdad de Dios en un lenguaje que pudieran entender. Aquí hubo otro motivo para que empezara a hablar a otras iglesias acerca de nuestra historia y las lecciones que habíamos aprendido. Toda iglesia tiene el potencial de alcanzar a personas como Rick. Pero deben estar dispuestas a cambiar sin componendas.

Su carta continuaba diciendo: «La Iglesia de NorthRidge hace que el preguntarse acerca de Dios sea interesante. Y que a menudo también sea divertido».

Aquí teníamos a un individuo que había rechazado completamente a Dios, pero que estaba asistiendo a la iglesia por diversión. Ahora bien, esta es una declaración que debe hacer reflexionar a la iglesia. A mí me hizo reflexionar. Si alguien tiene derecho a divertirse es la gente que ha sido hecha libre de los dañinos efectos del pecado. Sin embargo, demasiadas iglesias, debido a la manera en que ministran, hacen ver al cristianismo como una maldición para gente aburrida. Eso no debe ser así. Después de todo, los que andan sin la esperanza de Dios usan la diversión como un medio para esconderse de la realidad, entre tanto que los que están en Cristo pueden divertirse, ya que su realidad es asombrosa.

El hombre terminó la carta así: «De modo que yo, como usted, los domingos, en el futuro previsible, estaré en la Iglesia de NorthRidge».

Rick, que ahora se considera un agnóstico, ha hecho un considerable progreso. De hecho, durante el transcurso del tiempo representado por estas cartas, ya ha progresado más que lo que muchos creyentes y líderes en algunas iglesias en años. Es triste pero cierto.

Un par de meses después...

Pastor Brad, no sé si se acuerda de mí... pero soy el agnóstico que se sentía orgulloso y superior de ya no ser ateo. ¿Me recuerda? Le escribo para decirle que ya terminé mi búsqueda, porque el 3 de diciembre encontré a Dios.

Muchos arguyen que las iglesias que cambian para volverse culturalmente relevantes, diluyen la verdad a fin de hacer fácil la fe, pero eso en verdad no es el caso con la nuestra, ni tiene que serlo con ninguna. Las iglesias pueden cambiar con miras a una comunicación eficaz de la verdad divina sin necesidad de comprometerla. Cuando Rick escribe en esa carta que ha encontrado a Dios, no está hablando de un Dios del tipo diluido, de pensamiento positivo o «ayúdate a ti mismo». No está hablando de un Dios del tipo «todos los caminos llevan al cielo». No ha encontrado a un Dios fácil que hemos fabricado comprometiendo la verdad. Este ateo convertido en agnóstico y vuelto seguidor de Jesucristo nos ha hecho ver claramente lo que ha querido decir con que ha encontrado a Dios: «Ahora creo que Jesucristo fue y es el enviado de Dios para la humanidad y para la tierra, que murió por nuestros pecados, que son tantos como los granos de arena de una playa».

Es claro que nosotros no cambiamos a ese hombre. Lo más que podemos hacer es inspirar a una persona; solo Dios puede transformarla. Sin embargo, al cambiar nuestra iglesia para que comunicara eficazmente la verdad de Dios en un lenguaje y en un contexto cultural que le permitiera a ese hombre identificarse con ese contexto y entenderlo, creamos la oportunidad de exponerlo a la verdad transformadora de Dios. Él había rechazado la iglesia durante años, pero cuando le removimos todos los obstáculos culturalmente innecesarios, al fin pudo ver a Cristo Jesús. Tal hecho ha cambiado su vida para siempre. Nuestros cambios, aunque difíciles, fueron de valor eterno.

> Lo más que podemos hacer es inspirar a una persona; solo Dios puede transformarla.

Una carta reciente de Rick

Pastor Brad, si fuera posible hablarles a los miembros y a los que asisten a la Iglesia de NorthRidge acerca de la Iglesia de NorthRidge, esto es lo yo les diría. Habían pasado treinta y cinco años desde la última vez que entré a una iglesia antes de entrar por las puertas de NorthRidge y ser recibido como un amigo perdido hacía mucho tiempo. Nada de parafernalia religiosa en las paredes, ni gente vestida con vestimentas y ornamentos pontificios, pero sí voluntarios a granel, sin remuneración estoy seguro, que me sirvieron de guía, y un sentir en el ambiente de que algo grande estaba por comenzar.

No encontré altar, ni bancas, ni cirios, ni cubículos en forma de hileras de máquinas de lavar ropa en una lavandería para remover los pecados y las manchas de la existencia humana.

Regresé para la serie sobre *La pasión de Cristo*, y me impresionó la presentación lógica así como el mensaje conciso e inteligible, aun para un ateo inquisitivo como yo, y comencé a percatarme de que no todas las iglesias han sido creadas iguales, y que esta no era como ninguna de las que yo había oído en esos treinta y cinco años durante los cuales, como en el poema «Las huellas», Dios a menudo me cargaba sin yo ni siquiera saberlo. De haber encontrado una congregación como la de NorthRidge cuando era más joven, no habría estado perdido esos treinta y cinco años. No hubiera pecado de la manera en que lo he hecho. Quizá habría sido capaz de ayudar mejor a los demás, y entender mejor por qué lo estaba haciendo y por qué lo quería hacer. Como el diamante virgen, NorthRidge ha sido cortada y pulida casi a la perfección, aunque los miembros estén continuamente pendientes del mínimo defecto, a fin de pulirla aun más, de modo que refleje la visión que tienen de proveernos ayuda a todos nosotros. No conozco empresa ni iglesia que dé tanto y con tanta liberalidad, pero que no dé mucha razón para que aquellos que no dan se sientan culpables.

Lo que tenemos aquí no es una NorthRidge, la inmutable aspiradora financiera que usa los fondos para sostener a una elite togada y privilegiada, cuyos métodos y mensaje no han cambiado en treinta y cinco años. Antes, tenemos una iglesia que enseña a los niños y a los turbados, para que no tengan que caminar en el desierto de las almas perdidas, como pasó conmigo durante aquellos demasiado largos y solitarios años, una iglesia que trata de cambiar tan rápidamente como el clima en el estado de Michigan, a fin de mantenerse al ritmo de la relevancia cultural, de modo que la Palabra y las obras de Dios alcancen a aquellos que les da sueño porque se aburren de oír lo mismo cada vez. En lo personal, me gusta esperar los veinte o treinta minutos que tardo en lo que puedo salir del estacionamiento. Eso me da tiempo para meditar en el mensaje que he escuchado y para contemplar ese vasto mar de potencial humano inexplotado que me rodea, y que salen como si huyeran del arca después de cuarenta días y cuarenta noches. Si pudiera dar más lo haría, con tal de ayudar a abrirle camino para que otros quinientos vehículos salieran más rápidamente del estacionamiento y empezaran la obra de Dios de nuevo otra vez.

¿Sabes que ahora hay cuatro maneras de encontrar dirección para la vida? Está el norte magnético, la estrella del norte, el musgo en el costado norte de los árboles y en las piedras del camino y la Iglesia de NorthRidge. Te pregunto: ¿sabes realmente lo que posees en esta iglesia? Y si lo sabes, ¿estás haciendo todo lo que puedes para ayudar a que este extraordinario diamante que es NorthRidge refleje su mensaje aun más brillantemente ante los ojos de los niños y de los perdidos? Yo también estaba perdido, y gracias a NorthRidge, y a los que la sostienen para que viva, ahora he sido encontrado. No lo habría logrado sin ustedes. Sin ustedes, ni siquiera lo hubiera intentado.

Al leer esta carta, la cual no pedí que se me escribiera, no pude sino suspirar palabras de gratitud a Dios. Hubo tiempos en que me preguntaba si las inconveniencias de guiar a una iglesia a través del cambio valían la pena, pero ya hace mucho que esos pensamientos han sido suplantados por miles de confirmaciones. Confirmaciones de vidas eternamente cambiadas, vidas que le importan a Dios, vidas como la de ese hombre, que pudieron haberse perdido para siempre si nuestra iglesia no hubiera llegado a funcionar debidamente. Ha valido la pena y más.

Para mí, las cartas de Rick les proveen rostro a aquellos de los que el Señor Jesús hablaba en Lucas 15. Aquellos que vagan en un mundo perdido, pero que siguen siendo un tesoro para Dios. Un tesoro tal que hizo que reordenara drásticamente su mundo para buscarlos y salvarlos. Y para que cada vez que los encuentre, se regocije. Trae una sonrisa a mis labios pensar que el cielo se esté regocijando por todo lo que está ocurriendo en estos días en nuestra iglesia. Mi pasión ahora es ayudar a otros pastores y líderes, y a otras iglesias, a que también puedan sonreír así. ¡Cuán hermoso sería este mundo si todas las iglesias de Dios estuvieran tocando vidas como la de Rick!

Tú decides

A muchos pastores, líderes e iglesias se les hace difícil creer que el cambio pueda ser posible en sus congregaciones, pero lo es. Si hubieran visto nuestra iglesia cuando llegué, nunca habrían creído que una carta como la de Rick hubiese podido ser escrita sobre ella. Creer que nuestra iglesia podía cambiar era quizá una idea imposible, pero Dios siempre ha sido el Dios de lo imposible. El problema es que, la mayoría de las veces, esto se le olvida al pueblo de Dios, o no quiere creerlo. Si Dios lo ha hecho en nuestra iglesia, lo puede hacer en cualquier otra. Lo podrá hacer en tu iglesia. Todo lo que Dios necesita es que su pueblo, gente como tú, crea en su poder, y que abrace su propósito y pasión por la iglesia.

La gente alrededor del mundo, de cara a una eternidad sin Cristo, espera por una iglesia que sea lo que el Señor Jesús quiso: la esperanza del mundo. Si lo va a ser o no, se reduce a solo una cosa: escoger. ¿Escogeremos o no, nosotros los pastores, los líderes y el pueblo de Dios, seguir a Cristo? Él dejó el cielo para buscar y salvar a los perdidos. Ahora nos pide que abandonemos nuestra comodidad para que busquemos y salvemos a los perdidos. Si no lo hacemos, la iglesia continuará fracasando con su propósito y luchando por su supervivencia. Si lo hacemos, veremos a nuestras congregaciones cambiar de una manera jamás imaginada. Las iglesias se volverán lo que deben ser... la esperanza del mundo.

La gente alrededor del mundo, de cara a una eternidad sin Cristo, espera por una iglesia que sea lo que el Señor Jesús quiso: la esperanza del mundo.

Cambiar la iglesia nunca será fácil, como lo he expresado en este libro, pero es posible y valdrá la pena. Es posible porque con Dios nada es imposible. Vale la pena porque los perdidos son un tesoro para Dios. Pero la decisión es tuya. Oro que Dios use esta obra para inspirarte a hacer una decisión que jamás lamentarás: cambiar tu iglesia sin comprometer la verdad de Dios. La razón es eterna: *¡hay una vida que espera!*

Acerca del autor

Brad Powell, es el pastor principal de la Iglesia NorthRidge, a la que asisten más de 12,700 cada semana. Bajo el liderazgo de Brad, NorthRidge efectuó una transición de una iglesia moribunda a una iglesia vibrante y contemporánea que da a conocer la Palabra de Dios. Brad comunica su mensaje de *Cambio sin compromiso* como un orador frecuente por todo el mundo y como anfitrión de su convención anual. Él y su esposa Roxann tienen tres hijos adultos.

Hay información y recursos adicionales de Brad Powell disponibles en línea en

BradPowellOnline.com

o comunicándote con

la Iglesia de NorthRidge

49555 North Territorial Road

Plymouth, MI 48170

Teléfono: 734.414.7777

NorthRidgeChurch.com